W0360097

Helga Grimm

Mitarbeit und Beratung: Ingbert Grimm

# ... und weiter geht's mit allen Sinnen
# Band 1: miteinander leben, lernen, lachen

Ideen für den fächerübergreifenden Unterricht
vom 1. bis zum 4. Schuljahr

## Reisen und unterwegs sein – in der Ferne, in der Nähe



## Kinder aus fremden Ländern



## Zurück in die Vergangenheit

# I. Ausgangspunkte ... und weiter geht's ...

**Mit allen Sinnen**
**Sinn suchen**

in einer Zeit, in der Werte verwischen,
in der Vorbilder schwinden wie Schemen im Nebel,
in der ein Zerrspiegel von Nord nach Süd
das Bild unserer Welt verunstaltet.

**Sinn suchen in einer ungerechten Welt!**

**Mit allen Sinnen**
**Sinn suchen**

in einer Zeit, in der Lebensräume schwinden,
in der der Feuerball Sonne gefährliche Strahlen schickt,
Flüsse ihr schmutziges Wasser ins trübe Meer wälzen,
die Erde unter Müllhalden zu ersticken droht
und Menschen und Pflanzen verkümmern
in einer bedrohlichen Luft.

**Sinn suchen in einer unwirtlichen Welt!**

**Mit allen Sinnen**
**Sinn suchen**

in einer Zeit, in der Familienstrukturen zerbersten
und Staub aufwirbeln, in dem die Kinder zu ersticken drohen,
in einer Zeit, in der alle aneinander vorbeihasten,
sich keine Minute der Besinnung gönnen,
auf der Suche nach Geld und Wohlstand vereinsamen.

**Sinn suchen in einer haltlosen Welt!**

**Mit allen Sinnen**
**Sinn suchen**

in einer Zeit, die zum passiven Konsumieren einlädt
und zur Flucht mit Mitteln, die in den Ruin reißen,
in einer Zeit, in der Lösungen mit Gewalt gesucht werden
oder mit Wegschauen.

**Sinn suchen in einer Welt, die uns falsche Spiegel vorhält!**

**Lasst uns trotz alledem aufbrechen, mit den Kindern Wege beschreiten,**
**neue Wege zu neuen Zielen!**

## II. Abenteuer Lernen

Wenn Lernen zum Abenteuer wird, bekommt es etwas Spannendes, etwas Aufregendes. Es wird zu einer Aktion, die mit einer großen Erwartungshaltung besetzt ist und zum Wagnis ebenso reizt, wie zum bewussten Eingehen auf zu erwartende Strapazen. Wer sich auf das Lernen als Abenteuer einlässt, weiß um sein Ziel, doch wird er keine ausgetretenen Wege beschreiten um dieses zu erreichen. Er wird die Ursprünge suchen, Seitenlinien untersuchen, er wird versuchen Zusammenhänge zu finden. Niemals wird er die Gegebenheiten passiv an sich vorbeirauschen lassen, er wird sich vielmehr mit allen Sinnen auf sie einlassen.

Eine Abenteuerreise verlangt eine intensivere Planung als eine Pauschalreise. Der Reisende muss sich um mehr Informationen bemühen, er muss mehr Dinge mit auf den Weg nehmen, es werden mehr Entscheidungen von ihm gefordert. Auch dieses Bild ist ohne Abstriche auf das Abenteuer Lernen zu übertragen. Dafür ist das Erleben jedoch ein völlig anderes: Langeweile ist so gut wie unmöglich, der Reiz des Neuen, Unbekannten treibt vorwärts. Wenn Stress auftritt, ist es kein negativer, das Denken hemmender, sondern ein positiver, der Höchstleistungen zulässt. Wenn sich jemand auf ein Abenteuer eingelassen hat, kann auf Fremdantrieb weitgehend verzichtet werden. Wer sich einmal auf einen Weg gemacht hat, ist unterwegs, selbst wenn er zurückgehen sollte.

Ein Abenteuer kann niemals als Gängelung erlebt werden. Jeder begibt sich selbstständig auf den Weg. Jedes Kind findet Anregungen und Arbeitsmittel, die es zum eigentätigen Forschen und Probieren anregen. Die Arbeitsangebote sind vielfältig. Jeder kann Aufgaben finden, die seinen besonderen Fähigkeiten und Begabungen entgegenkommen, die seinem individuellen Leistungsstand gerecht werden. So können Über- oder Unterforderungen vermieden, Unsicherheiten und Ängste abgebaut werden!

Deshalb wollen wir mit unseren Schüler/innen aufbrechen zum **Abenteuer Lernen:**

Ausprobieren und Experimentieren

Hinausgehen und Aufeinanderzugehen

Kinder- und Sachbücher lesen

Theater spielen

Zusammenkünfte und Feste arrangieren

fächerübergreifend • handelnd • multisensorisch • projektorientiert.

### 1. Keine Angst vor Projekten – Planung ist alles!

Wenn man die Beschreibung eines Projekts liest, könnte man verunsichert werden und sich fragen:

Wie soll ich das alles unter einen Hut bringen?

Wie organisiere ich das alles?

Wie werden meine Schüler darauf reagieren?

Wie schaffe ich es bloß, die Materialien immer bereit zu haben?

Solche Fragen könnten in der Tat mutlos machen. Doch man muss wissen: So ein Unterrichtsprojekt ist keine statische Sache, sondern ein Vorhaben, das sich entwickelt, immer in Bezug auf die Menschen, die daran beteiligt sind.
Die Ideen hier in diesem Buch wollen Anregungen geben. Die Projektleiterin muss für sich selbst entscheiden, welche sie gerne nachvollziehen oder abändern, und was sie lieber hinzufügen oder weglassen möchte. Außerdem müssen noch Freiräume bleiben für die Ideen und Neigungen aller Mitbeteiligten. Das ganze Unternehmen ist jedoch schon so gut wie gelungen, wenn wir die Planungsarbeiten sorgfältig durchführen.

Man muss wirklich keine „Astrid Lindgren" sein, wie es einmal eine Kollegin formuliert hat, um sich ins Abenteuer Lernen zu begeben. Man braucht ein wenig Mut, vielleicht, um Ideen zu verwirklichen. Ein wenig Mut, um den ersten Schritt auszuprobieren, ein wenig Mut auch zur Lücke. Es muss ja nicht gleich ein Großprojekt sein, auch Einzelideen, die Sie dem Buch entnehmen, können so viel Spaß machen und Lernerfolge bringen, dass Sie sich bestimmt gerne weiterwagen werden!

In den Projekten, die hier in diesem Buch vorgestellt werden, war der Ausgangspunkt jeweils das Sachkundethema.

#### a) Auswahl des Themas und Festlegen der Zeit

Wer einmal projektorientiert mit seinen Schülern gearbeitet hat, wird sich selbst immer wieder gerne auf das Abenteuer Lernen einlassen wollen. Doch nicht alle Themen können in gleicher Weise zum Großprojekt ausgeweitet werden.

Deshalb steht zunächst einmal die Entscheidung: Welches Projekt wollen wir in diesem Schuljahr im besonderen Maße ausarbeiten?

Danach ist zu überlegen:
Ist eine Jahreszeit für die Projektdurchführung besonders günstig?

Wenn wir ein biologisches Thema anstreben, werden wir das Projekt unbedingt in die Jahreszeit legen, in der wir entweder pflanzen oder ernten wollen.

Wollen wir als Zielprojektion ein Klassen- oder gar Schulfest anstreben, müssen wir überlegen, ob das Ende des Projektes mit einem jahreszeitlichen oder schulischen Höhepunkt zusammenfallen soll.

*Man wird nicht in Zeitdruck kommen, wenn man die vorgegebenen Lernziele mit projektorientierten Lerninhalten besetzt*

Nach diesen Vorüberlegungen wird die Projektdauer abgeschätzt. Hier wird man sich nach den jeweiligen Richtlinien der Bundesländer orientieren müssen, d. h. man muss abklären, wie viele Stunden für das jeweilige Thema im Rahmenplan vorgesehen sind. Danach kann man endgültig die vorgesehenen Wochen im Stoffverteilungsplan festlegen.

Nach dieser Vorarbeit können wir zuordnen: In welchen Fächern lassen sich Unterrichtseinheiten zum gewählten Thema finden?

Man wird nicht in Zeitdruck kommen, wenn man die vorgegebenen Lernziele mit projektorientierten Lerninhalten besetzt. Da der pädagogische Wert dieser Art zu lernen inzwischen unumstritten ist, haben sich auch die Richtlinien das fächerübergreifende Unterrichten zum Ziel gesetzt, was unsere Planung wesentlich erleichtert.

☛ Man legt pro Unterrichtswoche ein großes Blatt (oder auch mehrere Blätter) an und unterteilt dieses in die beteiligten Unterrichtsfächer. Hinter dem Fach vermerken wir die zur Verfügung stehende Stundenzahl. Und nun wird es spannend, denn jetzt schauen wir uns um, was es zu diesem Thema so alles an Interessantem zu sammeln und zu entdecken gibt.

Da so etwas auch Schülern Spaß macht, denken wir daran, auch für ihre Anregungen „Luft" einzuplanen oder markieren uns eigene Programmpunkte, auf die wir gegebenenfalls verzichten könnten, wenn die Schülerinnen und Schüler andere Ideen einbringen sollten. Es sind ja auch Freiräume in den Lehrplänen vorgesehen, so dass wir gegebenenfalls die Zeit auch einmal überziehen und einen Exkurs anhängen können.
Doch auch das muss in der Jahresplanung mit vorgesehen werden.

Sehr interessant wird es auch, wenn wir passende Themen aneinanderreihen. So können wir beispielsweise *Schülern in anderen Ländern* über unseren „Heimatort" berichten oder ihnen von bestimmten „Pflanzen und Tieren" bei uns erzählen.

**b) Literatursuche**

Es gibt wunderbar gestaltete **Sachbuchreihen**, die in anschaulicher, kindgemäßer und verständlicher Form sowohl geistes- als auch naturwissenschaftliche Stoffe Kindern nahe bringen.

Es ist auf jeden Fall sinnvoll, solche Bücher neben den benutzten Schulbüchern für die Schülerinnen und Schüler bereitzuhalten, damit sie an interessanten Themenstellungen frei weiterarbeiten können, Bildmaterialien für eigene Darstellungen finden und Hintergrundwissen für eine Bilderbuchproduktion zur Hand haben.
Wenn man nicht ausreichend viele Bücher für die Schule anschaffen kann (aber ich denke, sie wären eine sinnvolle Anlage für das an Festen erwirtschaftete Geld), stehen öffentliche Büchereien sicher auch gerne zur Verfügung, wenn man den Zeitpunkt für das geplante Projekt rechtzeitig bekannt gibt und die Bibliothekarin bittet, Bücher zum Thema für einen bestimmten Zeitraum zur Verfügung zu halten.

Eine großartige Bereicherung für jeden Unterricht, ich möchte behaupten für jedes Unterrichtsfach, ist die Lektüre erzählender Literatur, seien es nun Bilder-, Kinder- oder Märchenbücher. Die Kinder werden beim Lesen auch auf emotionaler Ebene in einen Bereich eingeführt. Sie lernen Bezugspersonen kennen, seien es nun Buchkinder oder Tiere, mit deren Augen sie die neu zu erforschende Problematik betrachten können. Sie erleben beim Lesen gewissermaßen Zeitumstände oder Umweltproblematiken hautnah mit, so dass sie in hohem Maße zur Weiterbeschäftigung mit einem Thema motiviert sind.
Leider haben viele Kolleginnen eine gewisse Scheu, die Lektüre ganzer Bücher in den Unterricht einzubringen. Ich möchte aber auch die größten Skeptiker unbedingt ermutigen, einen Versuch zu wagen, denn Bücher lesen ist eine Bereicherung für jeden Menschen. Und wo sollte er es lernen, wenn nicht in der Schule? Ich schlage Ihnen zu jedem Thema einige Bücher vor. Selbstverständlich können Sie auch nur eines davon oder ganz andere wählen. Die Projekte können Sie trotzdem durchführen.

**c) Materialsammlung**

Da wir das Lernen als Abenteuer angehen wollen, bleiben wir nicht nur beim Lesen, Hören und Anschauen. Also halten wir Ausschau nach Materialien, mit denen wir konkret handelnd umgehen können. Das können Gegenstände für eine Ausstellung oder Spiele sein, die die Kinder oder wir selbst von zu Hause mitbringen, die wir entweder für die Schule kaufen oder die uns ihre Besitzer eventuell vorführen oder leihweise zur Verfügung stellen.

Einige Dinge werden wir aber auch in Fächern wie Textiles Werken, Bildende Kunst oder Sachkunde mit den Schülerinnen und Schülern zusammen selbst herstellen. Bei dieser Verfahrensweise erarbeiten sich die Kinder sehr viel Hintergrundwissen.

Gegebenenfalls müssen wir schon im Vorfeld des Projektes mit einer Materialsammlung für diese Arbeiten beginnen (z. B. Pflanzenteile zum Färben, Abfallmaterialien zum Basteln).

Auch Zeitungsartikel, bebilderte Artikel aus Illustrierten und Fachzeitungen, Postkarten, Kalenderbilder und Fotos sollten zur Verfügung stehen. Sie lassen sich für Bilderbücher, Wand- oder Schulzeitungen verarbeiten.

Bei einem Projekt sollten wir auch schon bei diesen Vorarbeiten die ganze „Schulfamilie" mit einbeziehen. Auch Kinder und ihre Eltern überlegen und sammeln gerne mit, wenn sie rechtzeitig von unserem Vorhaben wissen. Es macht allen Beteiligten Spaß, eine bunte Palette von Arbeitsmaterialen zusammenzutragen. Denn Arbeiten, das in große Zusammenhänge eingebettet ist, das ein Miterleben von der Projektion bis zur Fertigstellung des Produktes beinhaltet, ist ein sinnvolles und deshalb sinnerfülltes Arbeiten. Dies gilt sowohl im handwerklichen als auch im geisteswissenschaftlichen Bereich!

### d) Bereitstellung von Musikstücken und Liedern

Musik aus bestimmten Zeiten, Musik aus themenbestimmenden Ländern und Landschaften, Musik aber auch, die angesprochene Elemente wie Wind oder Wasser untermalen kann, schafft eine gelöste Stimmung, die alle „hellhörig" werden, die alle aufmerken lässt, und die jeden Hörer unmerklich mit ins Thema hineinzieht.

---

*Wir brauchen Musikstücke und Lieder nicht nur zum Theaterspielen oder für Tanzaufführungen, wir benötigen sie auch zum Stillwerden, zum Sammeln und Aufmerksamwerden auf unser Thema*

---

Schon zu Beginn unserer Planung durchforsten wir alle möglichen Liederbücher nach geeignetem Liedgut, denn singen sollten wir nicht nur in der Musikstunde, sondern auch beim Malen oder einfach mal so zwischendurch.

Wir brauchen Musikstücke und Lieder nicht nur zum Theaterspielen oder für Tanzaufführungen bei Festen, wir benötigen sie auch zum „Stillwerden", zum Sammeln und Aufmerksamwerden auf unser Thema. Wir setzen sie bei großen Festen genauso sehr zur Einstimmung der Besucher ein, wie zum Beruhigtwerden der mitwirkenden Schülerinnen.

Auch hier hören sich alle am Projekt Beteiligten um, damit ein großes Spektrum verschiedenartiger Musikstücke von der Klassik bis zu neuesten Produktionen bereitsteht. Manchmal sind hier auch öffentliche Sendestationen oder Theater bereit Hilfestellung zu geben, einer unter vielen Anlässen die Kinder Briefe schreiben zu lassen!

☛ Bei allen Vorführungen, die sich an die Öffentlichkeit wenden, sind die entsprechenden Bestimmungen der GEMA zu beachten! (Siehe z. B. GEW Jahrbuch Baden-Württemberg, Stichwort GEMA)

### e) Fachleute einladen

Zum Abenteuer Lernen gehört es auch, sich auf Menschen einzulassen. Deshalb überlegen wir uns, welche Gesprächspartner zu den ausgewählten Themen in Frage kommen, wen wir für die Erarbeitungsphasen oder zu den Festen einladen können, wen wir vor Ort besuchen sollten.

Das können die Eltern oder Großeltern der Kinder sein, aber auch, wenn wir viel Glück oder persönliche Beziehungen haben, Autoren oder Bildende Künstler. Professionelle Märchenerzähler, Puppenspieler oder Theatergruppen kommen gerne in die Schule. Wir müssen uns rechtzeitig umhören, wer von ihnen Beiträge zu unserem Thema im Repertoire hat.

Wir können einen Handwerker bitten etwas über seine Tätigkeit zu erzählen oder einen Landwirt. Wenn möglich sollte der Vortragende der Vater eines der Kinder sein, der weiß, mit welcher Sprache er sich an Grundschüler wenden kann. Wir sollten aber auf jeden Fall mit den betreffenden Personen über die Länge und die inhaltlichen Punkte ihres Beitrages im Vorfeld sprechen, damit nachher niemand enttäuscht sein muss.

### f) Heraus aus der Schule, an den Ort des Geschehens

In vielen Fällen ist es sinnvoll, die Gegebenheiten auch vor Ort kennenzulernen. Bäume, Blumen und Sträucher sollte man unbedingt einmal „live" betrachtet, beschnuppert und befühlt haben, Tiere auf dem Bauernhof kennen zu lernen ist etwas ganz anderes, als sie auf Abbildungen anzuschauen.

Zu vielen Lerngegenständen gibt es in Museen, Burgen, Schlössern oder Kirchen betrachtenswerte Dinge. Vielleicht müssen wir schon im Vorfeld unseren Schulausflug, unsere Wandertage mit einplanen!

## 2. Hinein ins Abenteuer!

### a) Ausprobieren und experimentieren

Zum Projekt gehört das Handeln. Gegenstände werden betrachtet, untersucht, befühlt und mitunter beschnuppert. Sie werden zu Ausstellungen arrangiert, sie werden um- oder aufgebaut. Da wir möglichst alle Fächer mit einbeziehen wollen, bleibt uns dazu auch ausreichend Zeit.

Andere Dinge werden von den Schülern und Schülerinnen selbst hergestellt und auf ihre Besonderheiten und Funktionen hin ausprobiert. Sie können, wenn das Projekt abgeschlossen ist, als Spiel- oder Erinnerungsgegenstände aufgehoben werden, man kann sie verschenken oder auf Flohmärkten oder Basaren verkaufen.

Die Schüler werden Pflanzversuche starten, ihre Pflanzen betreuen, pflegen und vielleicht sogar ernten und eine Speise daraus zubereiten.

Essen und trinken sind ganz elementar. Gemeinsam etwas kochen, um dann zusammen um einen Tisch zu sitzen und die Speisen zu genießen, schafft ein Gefühl von Zusammengehörigkeit und Gemeinschaft. Schon deshalb sollten Kochaktionen mit Schulklassen durchgeführt werden.
Manchmal, bei Themen wie *Gesundes Frühstück, Leben in anderen Ländern, Feste und Feiern im Jahresverlauf* oder *Herbst und Ernte,* gehört das gemeinsame Kochen dazu wie das Wasser zum Schwimmunterricht! Jede Kochaktion ist schon ein kleines Projekt für sich. Man muss Rezepte lesen, Einkaufszettel schreiben oder absprechen, wer welche Zutaten bringt, man kann zusammen auf den Wochenmarkt gehen oder zum Erzeuger.

Arbeiten die Kinder mit frischem Obst und Gemüse, machen wir vor dem Waschen Kimspiele und natürlich auch Riech- und Fühlspiele, bei denen die Kinder mit verbundenen Augen die Frucht durch Befühlen oder Beschnuppern erraten müssen. Beim Schälen und Zerschneiden lernen die Schüler wieder auf anschauliche Weise Begriffe wie *Schale, Fruchtfleisch, Kern* usw. kennen.
Während des Gar- oder Backvorgangs werden an verschiedenen Stationen Rezeptbücher gestaltet, Schautafeln gemalt und beschriftet, den Namen der Früchte bestimmte Eigenschaften zugeordnet oder auch Fantasiegeschichten geschrieben oder Tischsets angefertigt.

### b) Ganzschriften lesen

Die Lektüre von Kinderbüchern im Unterricht ist kein Novum. Es stellt eine wesentliche Bereicherung nicht nur der Leseerziehung dar, denn Lesen bildet!

Auch das Vorlesen von Büchern hat seinen Stellenwert. Nicht nur, weil die Kinder so schon frühzeitig mit dem Medium Buch vertraut werden, sondern auch, weil Sprachkompetenz und Fantasie beim Zuhören gefördert werden.

Deshalb empfehle ich bereits Klassenbüchereien ab dem ersten Schuljahr. Die Eltern werden durchaus ermuntert die Bücher, die ihre Kinder mit nach Hause bringen, auch vorzulesen. Manche Kinder können schon von Anfang an, andere im Laufe des Schuljahres immer größere Textpassagen selbst übernehmen.

Sollte der Wunsch Bücher auszuleihen im Laufe der Schuljahre einmal nachlassen – obwohl die Klassenbüchereien jedes Jahr unter den vier Jahrgängen weitgehend ausgetauscht werden, also immer wieder neu sind – halte ich es für durchaus legitim, einen Werbefeldzug für Bücher zu veranstalten, indem ein Buch bis zu der ersten spannenden Stelle vorgelesen und dann erst zur Ausleihe freigegeben wird. Zweifellos setzt spätestens jetzt der „run“ auf das betreffende Buch ein.

---

*Ich empfehle Klassenbüchereien bereits ab dem ersten Schuljahr*

---

Die Vorstellung bestimmter Bücher kann ein Kind übernehmen, nachdem die Lehrerin dies an einigen Beispielen vorgemacht hat.

Bei Büchern, die erst sehr lange ins Handlungsgeschehen einführen oder sich viel Zeit nehmen, die Personen oder Handlungsorte einführend zu beschreiben, erzählen wir lieber an, und lesen ab der Stelle vor, an der der erste Spannungsbogen aufgebaut wird.

Stellen wir nun auf einem Büchertisch verschiedenartige Bücher zu einem bestimmten Thema aus, ist die Motivation noch schneller gegeben, denn meist wollen alle Grundschülerinnen ihren Beitrag leisten können. Durch das Einbeziehen von Bilderbüchern, deren Textumfang oft nicht mehr als ein Lesestück im Lesebuch ausmacht, können auch Kinder mit noch nicht allzu gut ausgeprägter Lesefertigkeit und -fähigkeit mitmachen.

Doch wie geht man vor, wenn man, wie in vielen unserer Projekte, die Lektüre für möglichst alle verpflichtend machen muss, weil man mit dem Buch oder von dem Buch ausgehend mit den Kindern arbeiten möchte?
Besonders in diesem Fall würde ich vorschlagen, dass die Lehrerin das Buch selbst vorstellt, um bei den Kindern wirklich eine Erwartungshaltung aufbauen zu können.

Hierzu sitzen alle im Kreis. Man kann nun die Umschlagseite betrachten lassen und den Titel bekannt geben, wenn wir, was zweckmäßig wäre, mit vier bis fünf Exemplaren arbeiten, legen wir die Bücher so in den Kreis, dass man von allen Seiten eine Titelseite betrachten und die Schrift lesen kann. Gerne werden die Kinder ihre Vermutungen und Erwartungen ins Gespräch einbringen.

Daraufhin wird ein wenig Einführendes erzählt oder gleich ein Stück Text vorgelesen. Danach gibt es wiederum mehrere Möglichkeiten:

Die Kinder unterhalten sich über das bisherige Buchgeschehen und überlegen, was wohl weiterhin passieren könnte.
Die Kinder erhalten eine gestalterische Aufgabe. Sie schließen die Augen, machen sich ihre Vorstellungen und hören dabei eine passende Musik. Ist die Musik zu Ende, gehen alle an ihren Platz und führen die Aufgabe aus.
Wir lassen die Schüler in Gruppen über mögliche Kleinprojekte beraten und denkbare Aktionspläne aufstellen. Wir sprechen gar nicht mehr über das Gelesene, sondern verteilen nur die Leseabschnitte, die Kinder für den nächsten Tag vorbereiten sollen.

So werden die Bücher Tag für Tag weitergereicht. Das Vorlesen wird nicht zur Farce, weil die Zuhörer wirklich gespannt darauf sind, wie es wohl weitergeht. Weniger handlungstragende Abschnitte werden auch erzählt, sie können von interessierten Lesern am Ende dieser Phase nachgelesen werden.
Bei Bilderbüchern ist es oft sinnvoll, den Text als Ganzes vorzulesen und danach sofort in die Bearbeitungsphase einzusteigen. Erfahrungsgemäß lesen Grundschülerinnen das Buch auch dann noch einmal gerne selbstständig.

Man kann ein Buch mit einem nicht zu großen Textumfang auch in der Leseecke deponieren und das Lesen als Auftrag für die Freiarbeitphase geben. Das ist vor allem dann gut möglich, wenn man mehrere Ausgaben zur Verfügung hat. Nach einem vorher bestimmten Zeitraum treffen sich dann alle wieder zum Gespräch über das Buch.

☛ Schwächere Leser erhalten kleine Textabschnitte mit dem Auftrag, diese dafür fließend und betont vorzulesen. Wer keinen Arbeitsauftrag zu dem Buch übernommen hat, liest an diesen Tagen passende Texte im Lesebuch oder bearbeitet andere Bücher zum Thema. Auf ähnliche Art und Weise werden wir auch vorgehen, wenn jedes Kind sein eigenes Buch gekauft hat.
Vermeiden sollten wir auf jeden Fall monotone Lesestunden, in denen nacheinander alle Kinder vorlesen sollen und andere leise mitlesen müssen.

### c) Bilderbücher selbst gestalten

Vielleicht denken Sie jetzt: Wunderbar! Aber wie soll das denn konkret zugehen? Hier 25 oder mehr durchaus motivierte Kinder und dort ein Bilderbuch, das durch Zusammenarbeit aller erst eines werden soll! Es hat wirklich den Anschein eines Lernabenteuers! Doch es ist eines, das zwar spannend und interessant sein kann, aber durchaus leicht zu bewältigen ist.

Kinderleicht ist wirklich die Anfertigung eines Sammelbandes. Man stelle sich vor, da haben sich über zwanzig Kinder die Mühe gemacht, Geschichten über Gespenster zu schreiben oder Geschichten über ihren Wundergarten oder sonst irgend etwas. Da haben sie diese Geschichten, mühsam oft, mit ihrer schönsten Sonntagsschrift ins Reine geschrieben und auch noch sehr schön illustriert.
Und nun kann diese Geschichte vielleicht nicht einmal vorgelesen werden, weil doch alle Schüler und Schülerinnen sich melden und weil die Stunde so kurz ist und weil ... Gut, die Lehrerin wird sie noch lesen und vielleicht etwas dazuschreiben. Aber dann? Dann wird das Heft zugeklappt und die Geschichte gerät in Vergessenheit.

Das wird nicht passieren, wenn alle ihre Erzählung auf ein DIN-A4-Blatt schreiben und wenn diese Blätter gesammelt und zu einem Buch gebunden werden. Man kann besonders gelungene Ausgaben dieser Art auch kopieren, so dass jedes Kind ein Exemplar mit allen Geschichten erhält. In diesem Fall sollte man allerdings darauf achten, dass die Zeichnungen nicht farbig ausgeführt werden. Hinterher kann man die einzelnen Seiten des eigenen Buches ja anmalen.

Aber wie soll es zugehen, wenn alle an einer zusammenhängenden Geschichte arbeiten, z. B. an der Weiterführung eines gelesenen Buches? Auch das ist möglich, wenn man in gezielten Teilschritten vorgeht:

• Gesprächskreis

Wir überlegen, was in unserer Geschichte passieren soll. Soll unser Buch lustig oder traurig sein oder einfach nur spannend? Welche handelnden Personen sollen darin vorkommen? Die aus dem Buch oder frei erfundene? Wo soll die Handlung stattfinden? Wie soll das Buch enden?

• Szenische Aufteilung der Handlung

Da die Geschichten der Kinder sehr oft reihenden Charakter haben, können wir die Handlungsabfolge in Handlungsbilder, in Szenen aufteilen.
Wir besprechen mit den Schülern: Also, zuerst ist X da und tut dies. Wer will dazu ein Bild malen? Dann

trifft er Y und sagt dies. Aber Y möchte nicht mitmachen. Wer malt hierzu ein Bild? X geht zu Z, der gerade da und da ist ...
Diese kurzen Handlungsschritte hat der Lehrer oder die Lehrerin schon beim Fabulieren der Kinder mitnotiert. Nun werden nur noch die Namen der ausführenden Kinder dahinter geschrieben.

• Bildgestaltung

Wir lassen die Kinder in Partnerarbeit ans Werk gehen, d. h. jedes malt zunächst einmal ein Bild, der Text wird dann gemeinsam bearbeitet. Selbstverständlich einigen wir uns vor dem Gestalten auf die geeignete Technik und besprechen, welche Haarfarbe und Frisur, welche Kleidung in welcher Farbe die handelnden Personen unserer Geschichte haben sollen, damit sie vom Betrachter auch als solche zu identifizieren sind. Um Schwierigkeiten zu vermeiden, legen wir z. B. fest, dass X grüne Hosen und ein hellblau gestreiftes Hemd tragen soll, dass Y ein knallrotes Kleid anhat und Z immer in blauen Hosen und gelbem Pulli dargestellt wird. Ebenso differenziert werden die Frisuren bestimmt.

• Handlungsverlauf mit den Bildern darstellen

Sind die Bilder fertig, werden sie alle in einer langen Reihe ausgelegt, die zusammengehörenden liegen übereinander. Beim Anordnen wiederholen die Schüler und Schülerinnen noch einmal die im Erzählkreis festgelegte Handlung. Jeder kann nun sehen, welchen Part der Geschichte er übernommen hat und dazu einen kleinen Text formulieren.

• Texte schreiben

Gemeinsam erarbeiten die Partner nun ihre Textpassage. Danach werden die Texte unter die entsprechenden Bilder gelegt und im Zusammenhang gelesen. Mit Feuereifer gehen die Kinder dann ans Verbessern der Texte, wenn sich gewisse Wiederholungen in den Satzanfängen eingeschlichen haben oder einzelne Wörter zu oft vorkommen. Im Anschluss daran werden die Manuskripte eingesammelt und vom Lehrer auf Rechtschreibfehler hin überprüft.

• Textgestaltung

Das Buch soll auch im Outfit einheitlich sein. Deshalb sollen die Kinder ihre Texte in der Schuldruckerei setzen, mit Buchstabenstempeln drucken oder mit dem Schriftprogramm eines PCs gestalten. Werden beim Stempeln Fehler gemacht, kann man eventuell die Stelle überkleben. Ins Buch wird in diesem Fall die Kopie der Textseite geklebt.
Von sehr großem Vorteil ist es, wenn die Kinder mit dem Schriftprogramm eines PC arbeiten können. Schriftbild und Schriftgröße können optimal gewählt werden. Die Gestaltung der Seite lässt sich beliebig variieren und ästhetisch anordnen.
Wenn Kinder beim Schreiben Fehler machen, ist das überhaupt kein Problem, denn sie lassen sich problemlos korrigieren. So bekommen die Schüler eine große Schreibsicherheit. Überhaupt trägt das Aneinanderfügen der Buchstaben durch Tastendruck sehr stark zur Rechtschreibförderung bei. Schon vor Jahren hat man aus diesem Grund Schreibmaschinen für die Förderung von Kindern mit einer Lese-Recht-schreib-Schwäche eingesetzt.

Ein großer Nachteil dabei war jedoch die meist sehr kleine Buchstabengröße und die mühsame Fehlerkorrektur. Nachdem diese Schwierigkeiten bei der Arbeit mit dem PC völlig überwunden sind, haben wir für unsere Grundschülerinnen ein optimales Übungsgerät, das bei einer offenen Unterrichtsgestaltung auch sehr gut eingesetzt werden kann. In freien Arbeitsphasen oder beim Arbeiten an Stationen können die Kinder nach Absprache nacheinander, einzeln oder im Partnerteam am PC arbeiten.

• Fertigstellen des Buches

Bunte DIN-A3-Seiten werden zusammengebunden. Dies kann mit einer Stanz- und Bindemaschine geschehen oder mit einem Spezialklebeband. Auf diese großen Seiten werden nun die beschrifteten und bemalten Seiten aufgeklebt, so dass immer auf einer aufgeklappten Buchseite Text und Bild gleichzeitig zu sehen sind.

---

*Als die geeignetste Form des Kindertheaters hat sich in all den Jahren das Aktionstheater herauskristallisiert, bei dem alle Kinder mit einbezogen sind*

---

### d) Theater spielen

Zum Abenteuer Lernen gehört das Theaterspielen. Denn Theaterspielen heißt Sprache „live" erleben. Theaterspielen heißt Sprache „handelnd erleben", heißt in Bewegung sein, auf andere zugehen, das Miteinander suchen.

Als die geeignetste Form des Kindertheaters hat sich in all den Jahren das **Aktionstheater** herauskristallisiert. Aktionstheater bedeutet hier: Alle Kinder sind ins Geschehen mit einbezogen. Einige dafür besonders begabte Schüler übernehmen die Sprechrollen, die anderen folgen als Zuschauer dem Geschehen von Handlungsort zu Handlungsort, werden zu Gästen oder zu Marktbesuchern, je nachdem, wo das Stück gerade spielt. Doch irgendwann im Spielverlauf haben auch sie ihren Auftritt als Tänzer, Artisten, als eine bestimmte Tiergruppe oder als Festgäste, die am Festmahl teilnehmen.

Für das Aktionstheater brauchen wir den ganzen Raum. Er wird in Schauplätze aufgeteilt, an denen die jeweiligen Szenen spielen.

Demgegenüber steht das eher herkömmliche **Vorspielen für Zuschauer**. Aber auch bei diesen Spielstücken werden Tanzgruppen und Chöre eingebaut, damit alle Kinder irgendwann einmal auf die Bühne kommen und von ihren Eltern gesehen werden können. Spielszenen mit den verschiedensten Puppen oder Schattenfiguren werden als kurze Geschichten in den Handlungsverlauf eingeblendet, so dass auch die Kinder, die sich nicht in den Vordergrund wagen, bei der Aufführung mitwirken können.

Für sehr große Feste, für die man weniger Vorbereitungszeit einplanen konnte, eignen sich **pantomimische Darstellungsformen**.

Einzelne Kinder können hierzu den Text über Mikrofon für alle gut hörbar vorlesen, die Mitspieler führen dazu die Bewegungen, d. h. die Mimik und die Gestik aus. In der Vorbereitungszeit für diese Art von Spiel üben die Schülerinnen neben dem gestaltenden Lesen auch das genaue Hinschauen. Denn man muss die Abfolge von Bewegungen zuerst einmal genau beobachten, bevor man sie überzeugend nachspielen kann. Diese Art von Spiel hat den Vorteil, dass das Lampenfieber nicht so hoch ist. Die einen haben ja den Text vor Augen, die anderen hören, was sie jetzt gerade tun sollen.

Schließlich vergessen wir nicht das **Stegreifspiel**. Bei dieser Spielart lernen die Kinder das Miteinander-Sprechen, das Aufeinander-Zugehen, die Kommunikation im weitesten Sinne. Ein Spiel, dem in einer Zeit, in der Sprache sehr oft auf gruppenspezifische Modewörter reduziert wird, eine ungeheuer große Bedeutung zukommt.
Diese Spielform kann sich aus den verschiedensten Situationen heraus entwickeln. Eine Gruppe kann eine gehörte oder gelesene Geschichte nach- oder weiterspielen oder einen eigenen Handlungsverlauf entwickeln. Die Kinder können selbst als Schauspieler auftreten oder mit Handpuppen, Marotten, Stabpuppen oder Marionetten spielen.

• Theaterspielen auch ohne Bühne?

Nur wenige Grundschulen dürften eine Aula oder ein entsprechendes Zimmer mit einer technisch ausgestatteten Bühne besitzen. Doch das kann und darf kein Hinderungsgrund sein, mit den Kindern Theater zu spielen. Die Elemente, die dem Theater seinen Zauber, seine besondere Atmosphäre verleihen, sind **Licht und Musik**.

Licht kann Gegenstände, aber auch Menschen verändern. Im jeweils anderen Licht können Dinge und Personen völlig verfremdet und damit neu, aufregend und interessant wirken. Wird etwas ins rechte Licht gesetzt, wirkt es auf den Betrachter positiv!

---

*Man sollte sich auf keinen Fall scheuen, klassische Musik im Zimmer einer Grundschulklasse anklingen zu lassen*

---

Musik trägt unmittelbar hinüber ins Reich der Fantasie. Sie versetzt Spieler und Zuschauer in Stimmungen. Sie kann beruhigen, an- oder aufregen oder sogar aufputschen. Sie lässt Ahnungen von fernen, traumhaft schönen Zielen in uns anklingen oder verschüttete Erinnerungen wach werden. Musik baut eine innere Welt auf, die unsere Theaterwelt vertieft. Man sollte sich auf keinen Fall scheuen, klassische Musik im Zimmer einer Grundschulklasse anklingen zu lassen. Wenn Kinder ruhig sein dürfen und ein wenig träumen, lassen sie sich genauso gerne ins Reich der Melodien entführen, wie beim Umsetzen der Musik in Bewegung.

Sehr gerne führen sie feierliche Spielhandlungen zu den festlichen Klängen großer Opernchöre aus. Spieler und Zuschauer sind gleichermaßen fasziniert und gebannt von der Ausstrahlung des Zusammenspiels großer perfekter Musik und kindlich naiver Umsetzung im Spiel.

Beides, Illumination und Töne, können wir auch im Klassenzimmer arrangieren. Für die Musik erweist sich eine Verstärkerbox, an die man auch ein Mikrofon anschließen kann, als sehr günstig. Wenn Kinder das Spiel selbst mit ihren Instrumenten begleiten können, haben wir eine optimale Spielsituation.

Für die Beleuchtung brauchen wir einige kleinere Scheinwerfer in verschiedenen Farben und einige starke Breitstrahler. Wenn wir unsere erste Gage eingespielt haben, sollten wir für dieses Geld ein Regiepult kaufen, damit wir das Licht heller und dunkler werden lassen können. Danach käme die Anschaffung eines „Blitzers“ für zerhacktes Licht, ein Punktstrahler und Schwarzlicht.

Die Scheinwerfer können wir in Ermangelung von Spezialständern notfalls an Kartenständern befestigen, die kleinen Farbscheinwerfer lassen sich überall anklammern.
Noch besser ist es, wenn wir die Bühne aus Stangenmaterial aufbauen und die Scheinwerfer an diesen Stangen anbringen. Steht kein Etat dafür zur Verfügung, können wir vielleicht von einem Handwerker Gerüststangen ausleihen. Dieses Material hat den Vorteil, dass wir eine sehr stabile Bühne errichten können, in die sich auch ein erhöhter Dielenboden einlegen lässt.

Vorhangstoffe oder Tücher, die sich aus Fabrikverkäufen günstig erstehen lassen, werden als stimmungsvoller Bühnenhintergrund über diese Stangen gehängt. Besondere Effekte lassen sich auch mit verschiedenen Folien erzielen. Ein weißes Tuch, kann als Schattenleinwand gespannt werden, an seiner Stelle kann man natürlich auch eine große Pleximilchglasscheibe aufhängen. Besonders schöne Effekte lassen sich mit Seidenstoffen erreichen! Die Spieler können sich während einer Aufführung vor einem Publikum vor ihrem Auftritt hinter dieser Tuchwand aufhalten, dort stehen auch die notwendigen Requisiten, gut verborgen vor den Augen der Zuschauer. Sollten einmal zunächst alle Geldmittel fehlen, klammern wir die Tücher an Seile, die wir quer durch den Raum spannen. Wenn wir schwere, ausrangierte Vorhänge verwenden, brauchen wir ein Stahlseil. Selbstverständlich kann ein Bühnenaufbau auch aus großen Kisten, aus bemalten Kartons oder Metallkisten bestehen, je unkonventioneller, desto interessanter!
Ich denke, Kindertheater ist immer ein junges Theater. Es sollte Mut zum Experimentieren haben, Mut zum Abenteuer Lernen!

### e) Schulfeste veranstalten

Das Abenteuer Lernen ist vielschichtig, ganzheitlich. Es braucht zum Gelingen die ganze Schulfamilie. Wer Ausstellungsgegenstände anfertigt, wer Theaterstücke einübt, will diese auch einem Publikum präsentieren. Hierzu werden die Familien der Kinder eingeladen. Wenn aber Besucher kommen, weshalb sollte man da nicht ein Fest arrangieren?

Schulfeste, vor allem diejenigen, die ein großes Projektthema abschließen, sind unvergessliche Höhepunkte im Leben eines Kindes. Sie ermöglichen die Einbindung aller ins Schulleben, sie sind auch notwendige Repräsentationen der Institution Schule nach außen. An solchen Festtagen wird klar und oft auch durch die Medien offenkundig gemacht: Schule ist ein Ort, der Kultur vermittelt, Schule ist ein Ort, an dem Kultur stattfindet!

---

*An solchen Festtagen wird klar und oft auch durch die Medien offenkundig gemacht: Schule ist ein Ort, der Kultur vermittelt, Schule ist ein Ort, an dem Kultur stattfindet*

---

Sicher, bis für so ein Fest alles arrangiert ist, bis der Festsaal ausgestaltet, die notwendigen Speisen und Getränke bereitgestellt sind, Spiele und Tänze eingeübt wurden, Einladungen geschrieben, Absprachen mit Schulträger und Hausmeister getroffen wurden, bis schließlich alles zu klappen scheint und nichts außer Acht gelassen worden ist, bedeutet dies ein Bündel Arbeit, das zwei oder drei Lehrer allein nicht bewältigen können.

Wir brauchen die Mithilfe aller!
Doch die ist zu bekommen. Sehr viele Eltern wissen um die Bedeutung einer glücklichen Kindheit, einer harmonischen Schulzeit. Alle wollen ihre Kinder vor den Folgeschäden einer verlorenen Kinderzeit bewahren und viele wissen um den Zusammenhang von Lernerfolg und Wohlfühlen in der Schule. Deshalb, denke ich, sind die meisten von ihnen zu einer Mitarbeit zu bewegen.
In einem vorbereitenden Elternabend stellen wir das Projekt vor. Wir überlegen, welche Arbeitsmittel wir zusammentragen können. Wir sprechen darüber, welche Exkursionen, Besichtigungen, Besuche möglich und wünschenswert sind, und wir bitten die Eltern um ihre Mitarbeit, insbesondere beim Fest.

Damit unsere Planung nicht im Sand verläuft, bringen wir bereits an diesem Abend Listen mit, in die die anwesenden Eltern eintragen können, ob und welche Kaffee-, Kuchen- oder sonstigen Sachspenden sie erbringen können oder ob und wann sie beim Aufbau, beim Verkauf, beim Abwasch oder den Aufräumarbeiten helfen können. An dieser Stelle klären wir auch, wer, vielleicht sogar durch besondere Beziehungen, sich um den Getränkeeinkauf oder um Preise für Spiele der Kinder oder eine Tombola oder Ähnliches kümmern kann.
Nichtanwesenden Eltern überreichen wir Kopien dieser Listen durch ihre Kinder, damit auch sie sich irgendwo eintragen können.

Durch das direkte Eintragen in eine oder nur wenig kursierende Listen können Doppelbelegungen und „Hohlzeiten" vermieden werden. Wir können sie selbstverständlich auch durch die Kinder in den einzelnen Stadtteilen oder Wohnvierteln innerhalb eines bestimmten Zeitraums weiterreichen lassen.
Sollten die Eltern dieses doch recht offene System ablehnen, können wir auch jeder Familie ein eigenes Infoblatt zukommen lassen, mit der Bitte den Abschnitt mit ihrer Zu- oder Absage abzutrennen und wieder an die Schule zurückzugeben.

☛ Ganz besonders harmonisch verlaufen diese Festvorbereitungen an Schulen, die einen Förderverein haben. In diesem Idealfall lassen sich bei einer guten Zusammenarbeit die pädagogischen und wirtschaftlichen Faktoren von vornherein verteilen und zur allgemeinen Zufriedenheit lösen.
Falls Sie keinen Förderverein haben, aber wissen möchten, warum es sinnvoll sein kann, einen zu gründen und wie man das dann macht und was man dabei beachten muss, lesen Sie nach im Hosentaschenbuch *Förderverein gründen*, Bestell-Nr. A447, Lichtenau: AOL-Verlag.

# III. Zielpunkte

### Lernwege, Wege für Kinder

Weil Kinder schon Menschen sind,
und nicht erst werden müssen,
sollte der Weg schon Ziel sein.
Nicht die Angst vor dem Geprüftwerden
darf sie um die nächste Biegung treiben,
sondern die Spannung,
die Neugier auf dahinter Verborgenes.
Schule, ein Stück Lebensweg,
nicht nur – der Weg ins Leben.

### Lernorte, Plätze für Kinder

Weil Kinder Kinder sind,
brauchen sie Räume zum Wohlfühlen,
Räume, die Begegnungen ermöglichen,
und anregen, Welt zu entdecken,
Räume auch zum Leisewerden,
um Gedanken zu ordnen.
Lernorte als Lebensräume,
die Geborgenheit vermitteln
und Wachstum zulassen.

### Lernverhalten, Kinderglück

Weil Kinder junge Menschen sind,
müssen sie in Bewegung sein.
Sie brauchen Anregungen und Chancen,
die ihnen ermöglichen,
die Dinge und die Welt zu bewegen.
Sie sollen sich aufmachen und Teile sammeln,
Teile, um sie zusammenzufügen,
zu einem sinnvollen Ganzen.
Lernen als Anreiz
zum sinnlichen Wahrnehmen.

### Lernwelt, Lebenswelt

Weil Kinder Menschen unter Menschen sind,
sollten sie Platz haben
in einer lebendigen, erhaltenswerten Welt.
Weil Kinder Menschen unter Menschen sind,
brauchen sie Schulen,
die offen sind für alle,
Schulen voll Leben,
die das Abenteuer Lernen
als Teil eines Kinderlebens betrachten
und nicht als Zukunftsprojektion.

# Meine Mama, mein Papa, meine Familie

## I. In der Familie leben wir zusammen

Eine Familie kann ihren Kindern Geborgenheit und Lebensmut vermitteln, sie kann aber auch ein Kinderleben langweilig oder traurig erscheinen lassen, oder es gar zerstören.

Entscheidend dafür sind gar nicht so sehr die äußeren Strukturen der Familie, also ihre Größe und die Anzahl der Familienmitglieder, auch nicht die materiellen Gegebenheiten wie Einkommen oder Wohnverhältnisse, entscheidend erscheint vielmehr das Miteinander-Auskommen, das Einander-Helfen, Aufeinander-Eingehen-Können der Familienmitglieder untereinander. Und genau in diesem Bereich soll unsere Unterrichtseinheit einsetzen.

Unsere modernen Familien sind meistens Kleinfamilien, Eltern oder Alleinerziehende mit oft nur einem oder zwei Kindern. Großeltern leben nur noch selten in derselben Wohngemeinschaft.

Leider ist in vielen dieser Familien der Zeitmangel – keine Zeit mehr füreinander haben – zu einem prägenden Element geworden. Berufstätigkeit beider oder eben des einzigen Elternteils mit zusätzlicher Belastung durch die Hausarbeit entlassen unsere Kinder schon sehr früh in die Eigenverantwortung. Dies kann zu einem positiven Umdenken bezüglich festgefahrener Rollenstrukturen führen, es kann ein zeitiges Selbstständig-Werden der Kinder zur Folge haben, es kann aber auch einzelne Familienmitglieder, insbesondere die jüngsten und die ältesten vereinsamen oder verunsichert werden lassen. Unsere kleinen Familien sind zerbrechlich geworden, anfällig gegen Störungen von außen, die innerfamiliäre Konflikte nach sich ziehen können. Und das ist es, was unseren Kindern oft Angst einflößt.

Auf der anderen Seite wollen die Eltern ihre Kinder für die entgangenen Zuwendungen entschädigen, was zur Folge hat, dass häufig ein übersteigertes Konsumverhalten oder ein termingebundenes außerschulisches Bildungs- und Freizeitangebot an die Stelle der elterlichen Fürsorge tritt.
Wir können diese Zeitströmungen beobachten, aber wir sind nicht in der Lage sie abzuändern oder gar aufzuhalten. Wir wollen jedoch versuchen Wege zu finden oder sie aufzuzeigen, die zu dem Ziel führen, das Gefühl der Zusammengehörigkeit der einzelnen Familienmitglieder zu erhalten und zu fördern.

Kinder brauchen ihre Eltern, deren Zeit und Zuwendung wie Nahrung und Kleidung. Eltern brauchen Zeit zum Luftholen und Entspannen. Wir wollen es uns zur Aufgabe machen, diese beiden Zeitkomponenten auf einen Nenner zu bringen.

Die Bücher, die dieser Einheit zugrunde liegen, bieten Beiträge und bringen Vorschläge für eine solche Synthese. Sie ermöglichen es, Einsichten und Gemeinsamkeiten zu entdecken, die ein gemeinsames Erleben der verschiedenen Generationen ermöglichen. In diesem Sinne: „Erzähl mir mehr ...!“

## II. Buchbetrachtung

### 1. *E. Dietl:* „Papa, wach auf!“ (Thienemann)

Der Papa in *E. Dietls* Buch ist müde, fürchterlich müde, so müde, dass er sich deswegen keine Gewissensbisse mehr macht. Vergeblich versucht Pauline, seine kleine Tochter, ihn aus den Federn zu locken. Sie ist aktiv, fidel und versucht alles um ihren Papa aufzuwecken. Aber weder Kuschelbiene, noch Zeitung, weder Indianertanz auf dem Federbett, weder Trompeten- noch Trommelkonzert können Florian, den Vater, aus den Federn reißen. Selbst das schöne Bettfrühstück hilft nichts, Florian schläft sogar auf dem Fußboden weiter, als sie ihm die Bettdecke wegziehen will, und er aus dem Bett herausrutscht.

Erst als es still wird, als von Pauline nichts mehr zu sehen und zu hören ist, treibt ihn die Sorge um sie heraus und lässt ihn in der ganzen Wohnung suchen.

Nachdem er sie dann endlich gefunden hat, sind beide so müde, dass sie sich erst nochmal ins Bett kuscheln. „Und dann,“ verspricht Papa, „dann stehen wir auf, ganz bestimmt!“

Die Bilder zu dem einfach strukturierten, gut zu erschließenden Text vermitteln Lebensfreude. Es gibt immer und überall irgendetwas zu entdecken. Sie sind humorvoll und passen so zum Grundtenor des Bilderbuches. Die abgebildeten Personen auf dem Bild über Florians Bett ändern zum Beispiel ihren Gesichtsausdruck entsprechend dem Handlungsverlauf der Geschichte. So nimmt das abgebildete Elternpaar einen geradezu entsetzten Gesichtsausdruck an, als Pauline ihre Lärmmaschinen einsetzt, während der Junge zu lächeln beginnt.

Die beiden handelnden Personen in diesem Buch sind durch und durch positiv einzustufen.
Pauline weckt ihren Papa nicht aus reiner Bosheit, sondern einfach nur, weil sie so lebenslustig ist. Und Florian schläft nicht aus Desinteresse, sondern eben weil er nun mal so müde ist.
Wir können uns gut vorstellen, dass dieses unternehmungslustige Paar nicht um gute Einfälle verlegen sein dürfte, sobald erst einmal beide hellwach sind, und wollen deshalb hier unsere Unterrichtsaktivitäten ansetzen.

### 2. *M. Mai:* Nur für einen Tag. (Reihe: Der Blaue Rabe, Ravensburger)

Die Familie dieses Buches, Mutter, Vater und Tochter, lebt glücklich und harmonisch zusammen. Man hat Verständnis füreinander. Das geht sogar so weit, dass Papa mit Anna die Rollen tauscht, um ihr Gefordertsein in der Schule besser verstehen zu können. Für einen Tag geht Papa in die Schule und Anna ins Büro.

Aus dieser Ausgangskonstellation heraus entwickelt sich folgerichtig die interessante Handlung, die vor allem das Schulleben in einem neuen Licht aufleuchten lässt. Durch den durchgeführten Rollentausch erwacht das Verständnis füreinander. Und dieses Bemühen, die Welt des anderen einmal aus dessen Perspektive zu sehen, soll im Mittelpunkt unserer Arbeit mit dieser Lektüre stehen.

☛ Ein treffendes Beispiel für einen Rollentausch innerhalb der Familie ist auch das Buch „Mama hat heut frei“ von *M. Mai,* in dem im besonderen auf die Rolle der Frau als Hausfrau und Mutter eingegangen wird. Bei der Arbeit mit diesem Buch lassen sich vor allem Formen und Möglichkeiten des gegenseitigen Helfens finden und entwickeln.

### 3. *C. Castle, P. Bowman:* „Erzähl mir mehr, Großvater Bär!“ (Coppenrath)

„Komisch, dass meine Mutter auch mal so klein war wie ich!“ sagt der kleine Bär, als er mit Großvater Bär alte Familienfotos betrachtet. Die beiden sympathischen Bären haben eine Schatzkiste voller Familienfotos gefunden. Großvater Bär muss mehr und mehr zu den einzelnen Bildern erzählen, während die beiden gemütlich beieinandersitzen. So lernt der kleine Bär seine Familie, die Geschichte seiner Familie kennen, von den Urgroßeltern bis zu ihm selbst.

Sehr gerne betrachten die Kinder, und nicht nur sie, die einfühlsam gemalten Bilder der beiden Teddybären, die dem Betrachter ein Gefühl von Harmonie vermitteln und dabei sehr diskret Wege anbahnen, die Enkelkinder und Großeltern zueinanderfinden lassen. Der Text, der mit einfachen Worten „einen kostbaren Augenblick der Begegnung zweier Generationen festhält“, wird sowohl Kinder als auch Großeltern begeistern.
Deshalb erarbeiten wir den Text mit den Kindern so, dass sie einen Teil den Großeltern vorlesen können, die dann eventuell selbst die Rolle des Vorlesers übernehmen.

Zu den Fotos von der eigenen Familie kommen sie dann spätestens beim letzten Satz des Bilderbuches: „Hier kannst du Fotos von dir und deiner Familie einkleben.“

### 4. *Willi Fährmann:* Meine Oma war Erfinderin. (Arena)

In diesem Buch wird aus der Perspektive des Enkelkindes einiges aus dem Leben seiner Großmutter und damit von den Kindertagen seiner Eltern erzählt. Die Geschichte gibt Einblick in eine Zeit, in der man noch mit großer Selbstverständlichkeit fünf Kinder zu versorgen hatte, in der eine Vierzimmerwohnung noch vierundzwanzig Mark achtzig kostete und der Vater zu Fuß zum weit entfernten Arbeitsplatz ging. Da musste man schon so einiges erfinden, wie z. B. die englische Suppe, um durchzukommen.

Ein Buch, das dazu anregen kann, dass Großeltern und Enkelkinder miteinander ins Gespräch kommen, vielleicht sogar, um gemeinsam interessante Erfindungen wie „Katzenaufzüge“ zu machen, wenn die übrigen Erwachsenen das Verständnis für einige Dinge nicht aufbringen können.

### 5. *E. Dietl:* Paulas Pechtag. Reihe: Der kleine Bücherbär (Benziger Edition)

Wenn keiner Paula versteht und keiner Zeit für sie hat, wenn einfach alles schief geht, dann kann Paula nur noch zu ihrem Opa. Und der nimmt sich Zeit für sie, auch wenn er ausnahmsweise mal selbst eigentlich keine hat. Er erzählt eine Geschichte, die über Paulas Kummer hinausweist, weil sie so herrlich grotesk ist, dass „Pech haben“ schon wieder lustig wirkt. Wenigstens für die nicht unmittelbar selbst Betroffenen!
Auch dieses Buch gibt wichtige Impulse für das Einanderverstehen und Näherkommen der beiden verschiedenen Generationen.

### 6. *I. Kötter:* Cocker & Co. (Arena)

Ein Buch, das in einer herrlich unbekümmert frischfrechen Sprache, witzige Ideen aufgreift und sie in einer spannenden, abenteuergeladenen Handlung integriert. Da Oma Wilhelmine „mehr Power“ hat als Mama und Papa zusammen, besucht sie Tom, der sich von seiner Umwelt vollkommen missverstanden fühlt, gerne im Seniorenheim. Seine Oma versteht ihn, sie findet Zeit um mit ihm zu reden, obwohl sie gerade so eine Art Detektivbüro eröffnet hat. Als dann ein großer Diebstahl aufzuklären ist, vergisst Tom, der Ich-Erzähler, seinen Kummer schnell, denn nun muss er sich ja in die Aufklärungsarbeiten stürzen.

Dieser „Kinderkrimi voller Witz" fesselt seine Leserinnen und Leser von der ersten bis zur letzten Seite. Die klar aufgebaute Handlung steckt voller Überraschungen. Das Buch bietet Ansatzpunkte zur Einübung einer werkimmanenten Interpretation, denn einige Textpassagen liest man nach der überraschenden Aufklärung der beiden Fälle gerne noch einmal nach, um sich darüber zu wundern, dass man den Worten zuerst eine andere Bedeutung beigemessen oder über sie hinweggelesen und für nicht so wichtig erachtet hatte. So ganz nebenher werden zwischenmenschliche Beziehungsgefüge, menschliche Stärken, aber auch Schwächen und Unvollkommenheiten gezeichnet und sehr diskret auch Lösungsmuster angedeutet.

☛ Da Tom der einzige Mensch ist, der Cocker, den zugelaufenen Hund, verstehen kann, und dadurch einige Missverständnisse zwischen Mensch und Tier zutage treten, eignet sich das Buch auch sehr gut als Lektüre bei der Lerneinheit „Tiere". Auch die Einstellung zur Tierhaltung gäbe einen interessanten Ansatzpunkt, wenn man mit den Schülern zum Beispiel der Frage nachgeht: „Weshalb hat der Papagei an Brust und Hals keine Federn mehr?"

### 7. Aladin und die Wunderlampe Märchen aus 1001 Nacht

Dieses Märchen aus 1001 Nacht, in dem es um die Liebe des armen Aladins zu der Tochter des Sultans geht, vermittelt einen Einblick in die Form der Brautwerbung und Eheschließung im Orient.
Aladin, der nichtsnutzige Sohn eines armen Schneiders, wird durch den Besitz der Wunderlampe, eines Zauberringes und verschiedener Edelsteine aus einer Höhle so reich, dass seine Mutter es wagen kann, beim Sultan für ihn um die Hand der Prinzessin Bedrulbudur anzuhalten, die Aladin eigentlich nicht einmal hätte anschauen dürfen. Die beiden müssen noch viele Intrigen und Gefahrensituationen durchleiden und überwinden, bis sie endlich am Ende des Märchens das glückliche Paar sind, das sich die Herrschaft teilen und viele Jahre regieren kann.

Es gibt viele verschiedene Fassungen dieses Märchens, was zur Folge hat, dass einzelne Textpassagen gekürzt oder auch verändert erscheinen. Gegebenenfalls muss man dann den Text im Theaterstück dem Text der Märchenerzählung angleichen.

### 8. *N. Heidelbach:* Mama in ZS. Der bunte Hund, Nr. 35 (Beltz & Gelberg) *N. Heidelbach:* Papa in ZS. Der Bunte Hund, Nr. 36

Zwei herrlich unkonventionelle Bildergeschichten, die Mamas und Papas einmal völlig anders zeigen. Da gibt es Tiermamas, die ihre Kinder einfach in fremde Nester setzen oder die sich für ihren Nachwuchs in Hängematten verwandeln. Manche Tierpapas bringen ihre Babys alleine auf die Welt, wieder andere fressen ihren Kindern das Beste weg.

Erfrischend grotesk werden die großen, fast seitenfüllenden Bilder dadurch, dass diesen Tiereltern jeweils kleine Menschenkinder zugeordnet werden.

### 9. *A. Becker, M. Scharff-Kniemeyer:* Und was wird aus uns? (Ravensburger)

Leider ist das Familienglück kein beständiges. Weil immer wieder Familienstrukturen zerbrechen und immer mehr Kinder mit diesem Problem fertig werden müssen, sollten wir dieses wichtige Bilderbuch in diese Unterrichtseinheit miteinbeziehen. Es geht auf die Gefühle der betroffenen Kinder ein und gibt Anregungen zum Nachdenken und zum Sprechen.

### 10. *Monika Hartig:* Paules Schwur (Arena Taschenbuch)

Es ist schlimm für einen Jungen wie Paule, wenn ihn alle schief ansehen, weil sein Vater Alkoholiker ist, wenn er auf Grund vieler Negativerfahrungen das Vertrauen in seine Mitmenschen verloren hat. Es ist furchtbar, wenn in der Familie jegliche Geborgenheit fehlt, weil es den einzelnen Familienmitgliedern an Zeit und Kraft mangelt, aufeinander einzugehen oder auch nur ein wenig aufeinander zuzukommen. *Monika Hartig* zeigt in diesem packenden Kinderbuch wie eine Sucht einen Menschen physisch und ihn und seine ganze Familie psychisch zerstören kann. Und es gibt ja nicht nur eine Sucht!

Anhand von Beris Familie kommt auch die Abhängigkeit vom Nikotin zur Sprache. Aber die beiden Kinder, endlich nicht mehr allein mit ihren Problemen, suchen und finden Wege zur Überwindung und zur Prophylaxe.

Ein Buch, das man eigentlich zur Pflichtlektüre erheben sollte! Es passt unbedingt in die Einheit „Familie", es gibt aber wertvolle Hilfestellungen bei der Behandlung von Suchtkrankheiten und ihrer Vorbeugung. In der spannend aufgebauten Handlung werden Strukturen und Zusammenhänge bei Suchtkrankheiten sichtbar, die Betroffenen Hilfe bieten und Außenstehende vor Fehlverhalten bewahren können.

## III. Aktivitäten

### 1. Papa, wach auf! Heute gibt es ein supergesundes Schulfrühstück.

In einem Gespräch im Anschluss an die Lektüre des Buches beschließen wir, mit den Eltern oder Großeltern zusammen ein gemeinsames Schulfrühstück zu machen. Das erfordert natürlich eine genaue Vorplanung.

#### a) Planung: Was wollen wir frühstücken?

Nach einem Gespräch über das gesunde Frühstück einigen sich die einzelnen Tischgruppen darüber, was jeder von ihnen mitbringt. Notizzettel werden geschrieben, zu Hause wird nachgefragt, was jeder mitbringen darf, dann wird in der Gruppe noch einmal abgestimmt, verglichen und bestätigt.

#### b) Schmuckblatt

„Mein Vorschlag zum Schulfrühstück"

Jedes Kind gestaltet ein Schmuckblatt mit seinem Frühstücksbeitrag. Es darf gestempelt, gedruckt, in Schönschrift geschrieben, gemalt und geklebt werden.

#### c) Einladungen gestalten

Die Einladungskarte ist rund, hat also die Form eines Frühstückstellers. Der Text wird dem Tellerrand entlang rundum geschrieben. In der Mitte erhält der Teller ein schönes Muster.

Noch origineller ist es, den Einladungstext auf eine flache runde Tonscheibe einzuritzen und den so entstandenen Einladungsteller nach dem Brennen zu überreichen.

Die dritte Variante besteht darin, ein Ei auszublasen, gründlich auszuspülen und die Einladung auf einen kleinen Zettel zu schreiben, der in das Ei gesteckt wird. Zum Schluss wird das Ei noch bunt beklebt und wirkt nun auf die Gäste zunächst äußerst rätselhaft.

#### d) Tischschmuck

Jede Kindergruppe überlegt und bespricht, unter welches Motto sie ihren Tisch stellen möchte, und was die einzelnen Gruppenmitglieder dazu mitbringen oder basteln können.

**Blumentisch**

Die Kinder gestalten große bunte Blumentischsets. Die Blütenform wird in harmonisch aufeinander abgestimmten Farben in drei verschiedenen Größen ausgeschnitten, danach wird das jeweils kleinere Blütenteil auf das größere aufgeklebt.

Aus Krepppapier werden Blumen gebastelt, die an Blumendraht gesteckt und in kleine Vasen gestellt werden.

Die Kinder bringen Garten- oder Wiesenblumen. Sie können ebenfalls in Vasen gestellt oder als Blütenkränze um die Teller gelegt werden. Aus Löwenzahn können Ketten und Kränze hergestellt werden.

**Steinsammlertisch**

Die Tischsets werden aus graubraunem Papier, eventuell in Form eines Ovals ausgeschnitten. Marmorierte Sets erhalten wir, wenn wir verschiedene Erdfarbentöne aus Wasserfarben ermischen, diese auf eine Glasplatte spritzen und einen Farbabdruck machen.

Ein interessantes Muster ergibt sich auch, wenn man dunkelbraune Farbtupfer auf ein Papier spritzt, diese verbläst und dann zwei auf diese Art und Weise vorbereiteten Papiersets aufeinanderlegt und mit der flachen Hand darüberwischt.

Die Kinder bringen Steine mit, die sie gesammelt oder gefunden haben und legen sie auf ihrem Tisch aus.

Aus Kieselsteinen können Steinmännchen oder Steintiere geklebt und bemalt werden; sehr einfach herzustellen sind bunte Käfer und Schnecken. Auch abstrakte Farbmuster, die mit Klarlack übersprüht werden, wirken sehr reizvoll.

**Tisch der Tiere**

Die Tischsets werden in Tierform ausgeschnitten und bemalt oder bedruckt. Als weitere Dekoration bringen die Kinder kleine Plüschtiere mit oder gestalten Falttiere aus Pappe. Auch aus Ton, Knete oder einer Modelliermasse lassen sich schöne Tiere für unseren Tischschmuck herstellen, im Herbst fertigen wir sie aus Naturmaterialien wie Kastanien, Haselnüssen, Eicheln, Bucheckern, Tannen- und Fichtenzapfen.

**Meerestisch**

Der gesamte Tisch wird mit einem blauen Tuch, einer blauen Glanzfolie oder einem blau eingefärbten Papier bedeckt. Darauf legen wir Sets in Form grüner oder gelber Inseln. Neben die Teller stellen wir Papierpalmen, die aus zusammengerollten, oben zweimal eingeschnittenen und dann teilweise auseinandergezogenen Papieren (siehe Zeichnung) hergestellt werden. Bunte Faltschiffe in allen Farbvarianten schwimmen malerisch auf der blauen Fläche. Dazwischen liegen Muscheln und andere Fundstücke aus dem letzten Ferienaufenthalt.

Es ist wirklich erstaunlich, wie kreativ Kinder beim Gestalten solcher Tische sein können. Auf einem Tisch fuhr bei unserem Schulfrühstück doch tatsächlich eine kleine Modelleisenbahn im Kreis, auf einem anderen war eine ganze Straßenanlage mit Modellautos und Legohäusern aufgebaut. Die verschiedenen Tische gaben vielfältige Impulse für die Ausgestaltung von Kindergeburtstagen, bei denen der Tischschmuck dann natürlich mit einem übergeordenten Thema korrespondierte.

**e) Durchführung**

Die einzelnen Tischgruppen dekorieren ihre Tische schon in der letzten Schulstunde des Vortages. Wenn dann die Familien kommen, stellen die Kinder nur noch Teller, Tassen und Saftgläser dazu, legen Besteck und Servietten daneben, während die Muttis in der Schulküche Tee, Kaffee, Milch und Kakao kochen (sofern sie die Getränke nicht schon fertig in Thermoskannen mitgebracht haben).
Gemeinsam richten wir dann nur noch zur Demonstration ein „Müsli“ an und tauschen dabei Müslirezepte und -tipps aus.

Damit alle Frühstücksteilnehmer von allem probieren können, werden die Speisen und Getränke zu einem bunten Frühstücksbüffett zusammengestellt.
Wenn nun alle Tische gedeckt sind und das Büffett angerichtet ist, gehen zunächst einmal alle Frühstücksteilnehmer um alle diese „Sehenswürdigkeiten herum, um die einzelnen Kunstwerke zu betrachten und zu begutachten, vielleicht auch, um sie zu fotografieren. Im Anschluss daran wird jeder Teilnehmer gebeten, seine Stimme für „Mister Tisch“ abzugeben, denn der am schönsten gestaltete Frühstückstisch sollte prämiert werden.
Vor der Auszählung geht es allerdings ans Genießen und Verspeisen!
Nach dem Frühstück singen dann alle gemeinsam das Lied: Papi, wach auf ... von *Rolf Zuckowski*, ein großer Spaß, besonders auch für die anwesenden Väter.

☛ Man sollte sowohl mit den Kindern als auch mit den Eltern bei den Vorbesprechungen auch auf die Wahl des Geschirrs eingehen, um hier eine gewisse Stimmigkeit zu erreichen. Auch Kinder wissen es zu schätzen, wenn sie von einem schönen Teller speisen dürfen und werden entsprechend sorgfältig damit umgehen.

Natürlich sollten sie auf keinen Fall das beste Porzellan im Schulranzen oder einer Stofftasche befördern! Aber wenn die Muttis oder Vatis selbst dabei sind und nach dem Frühstück vielleicht auch selbst spülen, weil für die Kinder der „normale“ Unterricht weitergeht, kann auch hier eine sorgfältige Wahl viel zur ästhetischen Erziehung der Kinder beitragen.

**Benjamins Müsli-Rezept**

Was hat Benjamin vergessen? Welche Zutaten würden das Müsli noch verfeinern?

Wir machen ein Frühstück
Erst richten wir das
Müsli! Wir nehmen eine
Schüssel und schütten
Rosinen,Nüsse,(Zucker)
und getrocknete Früchte
hinein. Und Milch dazu
und es ist fertig.

**f) Das lebende Bilderbuch**

Nun sollen unsere Besucher noch Gelegenheit bekommen das Bilderbuch „Papa, wach auf!" live zu erleben.
Der Text wird, auf mehrere Kinder verteilt, gestaltend vorgelesen, die Handlung synchron dazu pantomimisch dargestellt.
Als Kulissen reichen Decken und Kissen, wichtiger sind die verschiedenen Requisiten, deren Bereitstellung die Kinder zu einem sehr genauen, sinnentnehmenden Lesen veranlasst.

**g) Woher kommen unsere Frühstücksbrötchen?**

Der Weg vom Korn zum Brot, sprich Frühstücksbrötchen, soll für unsere Schülerinnen und Schüler aktiv handelnd nachvollziehbar gemacht werden.
Da ist zunächst einmal die Wanderung an Kornfeldern vorbei. Wir fragen einen Bauern, ob wir einen Ährenstrauß pflücken dürfen. Vielleicht finden wir auch Ähren auf einem Stoppelfeld oder haben das Glück, dass in unserer Klasse Kinder sind, die zu Hause noch Landwirtschaft haben und uns einen Strauß mitbringen können.
Zunächst einmal betrachten wir die verschiedenen Ähren sehr genau, beschreiben ihre Unterschiede und Eigenheiten und sortieren sie schließlich nach den verschiedenen Getreidearten, damit die Kinder Weizen, Hafer, Roggen und Gerste unterscheiden lernen. Wir überlegen, was aus den einzelnen Getreidearten hergestellt wird.

Nun klopfen wir die Körner aus den Ähren, unterscheiden Körner und Spreu und wissen, was es heißt „das Korn dreschen".
Zwischen zwei flachen Steinen mahlen wir das Korn aus und erhalten unser erstes selbstgemachtes Mehl. Größere Mengen lassen sich auch in einer Kaffeemühle mahlen, vielleicht bekommen wir sogar ein kleine Getreidemühle geliehen.

**Brötchen backen**
Rezept: 1kg Mehl, 2 Würfel Hefe mit etwas Honig,
1 Esslöffel Salz, 500 ml Wasser
Ofentemperatur 200 Grad
Backzeit ca. 15 Minuten.

Für unser Brot mischen wir einige Mehlsorten, die wir entweder selbst hergestellt haben oder die die Kinder mitgebracht haben. Vorher achten wir auf die verschiedenen Farben und die Konsistenz der einzelnen Sorten.
In eine kleine Mulde, die wir ins Mehl gedrückt haben, geben wir fein zerbröselte Hefe mit etwas Honig und lauwarmem Wasser und lassen den Vorteig gehen. Danach geben wir Wasser und Salz dazu und kneten den Teig kräftig durch. Nach dem Gehen formt sich jedes Kind ein Brötchen aus und setzt es auf ein Backblech.
Wieder muss der Teig in die Höhe gehen. Danach werden unsere Brötchen mit einem scharfen Messer eingeritzt und zusammen mit einer kleinen Schüssel Wasser in den Ofen gegeben.
Für viele Kinder ist es ein Wunder, dass Brot mit so einfachen Zutaten zubereitet wird. Um so größer ist dann die Freude, wenn es bald schon im ganzen Schulhaus herrlich nach frischem Brot duftet.

**h) Raumschmuck**

Da ist zunächst einmal der Ährenstrauß selbst, der einen Hauch von Erntedankstimmung vermittelt und nie verwelkt. Vielleicht legen wir dieses Projekt sogar in diese Zeit und feiern gemeinsam ein kleines Erntedankfest.

Herausgelöste Körner der verschiedenen Getreidearten geben wir schichtweise in ein schmales Zylindergefäß, so dass wir sehr dekorative Ringe in schön abgestuften Farbnuancen erhalten.

**Webarbeit mit Ähren**
Als Untergrund für unsere Ähren brauchen wir ein grobes Gewebe, durch das sich die Stohhalme gut stecken lassen.

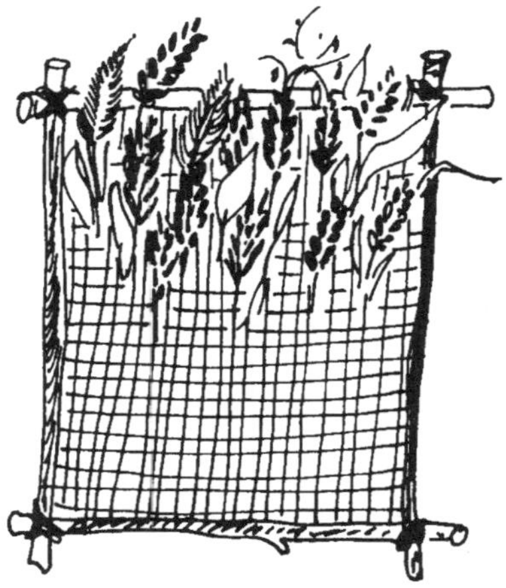

Wir wählen dazu einen Bindfaden oder eine Schnur und spannen eine Kette auf einem Schulwebrahmen mit einem Fadenabstand von etwa 0,5 cm. Mit demselben Garn und Abstand weben wir die Kettfäden ein.

In dieses lockere aus dem Rahmen herausgelöste Gewebe „weben" wir nun die Strohhalme auf verschiedener Höhe und in unterschiedlicher Dichte ein, so dass wir durch die im oberen Drittel herausstehenden Ähren ein spannungsreiches Muster erhalten. Diese Arbeit wird nun auf einen Untergrund aufgeklebt, den wir schon vorher gestalten müssen: Hierzu werden die getrockneten Hüllblätter einer Maispflanze ziegelförmig auf eine Pappe geklebt, so dass eine einheitliche, aber interessant strukturierte Fläche entsteht.

Eine andere Möglichkeit besteht darin, für den Webrahmen vier kleine Aststücke zu einem Rechteck zusammenzubinden und in diesen bleibenden Rahmen die Kette zu spannen.

✂ Bindfaden oder Schnur für die Kette,
Schulwebrahmen oder Rahmen aus
Ästen oder Holzlatten

**2. Kommt, mit!**
**Wir unternehmen etwas zusammen.**
– Großer Familienaktionstag –

### a) Vorüberlegungen

Überraschend viele Eltern unserer Schüler üben ein kunsthandwerkliches Hobby aus oder besuchen Kurse, um sich kreativ zu betätigen. Ein Gespräch bei einem Elternabend bringt Begabungen auf vielerlei Ebenen zutage. Es gibt Eltern, die töpfern, weben, malen, stricken; die mit Metall oder Holz arbeiten, die besonders schönen Tischschmuck herstellen oder hübsche Kinder- und Puppenkleider nähen. Bestimmt werden sich immer wieder einige von ihnen bereit erklären, diese Kunst nicht nur ihrem eigenen Kind, sondern auch dessen Mitschülern an einem Aktionsnachmittag weiterzugeben.

Interessant und vielschichtig wird eine solche Aktion, wenn sich mehrere Klassen gemeinsam daran beteiligen, so dass sich die Tätigkeiten auch über mehrere Räume verteilen können.
Wichtig ist auch die gründliche Vorbereitung und die Motivierung der Kinder.

☛ Wenn Sie in Ihrem Unterricht das Problem „Sucht- und Suchtverhalten" behandeln müssen, weil es entweder der Lehrplan so vorschreibt oder eine Situation es notwendig erscheinen lässt, werden Sie vermutlich im Vorfeld auch hierüber mit den Eltern Ihrer Schülerinnen und Schüler sprechen. Bei diesem Anlass würde sich eine Querverbindung zu unserem Vorhaben anbieten; denn wer einer Sucht verfallen ist, sucht auch meistens etwas – nämlich Liebe und Zuwendung. Dieser Mangel, der sich für die Kinder oft darin ausdrückt, dass die Eltern keine Zeit für sie haben, könnte mit einem solchen Projekt, wie wir es anstreben, aufgefangen werden.

Deshalb (und warum nicht?):
**Aktions-Familientag als Suchtprophylaxe!!**

### b) Ausstellung

Zwei, drei Tage vor der eigentlichen Aktion bringen die Eltern, Großeltern oder sonstigen Verwandten einige ihrer Werke in die Schule und stellen in einem abgeschlossenen Raum, vielleicht im Gruppenraum der Schule, ein bunte Ausstellung zusammen.

Alle beteiligten Klassen erhalten dann die Gelegenheit mit ihrem Lehrer oder ihrer Lehrerin diese Ausstellung zu besuchen, um sich einen Überblick über die vielen verschiedenartigen Tätigkeiten zu verschaffen. Ziel dieses Besuches ist es, für jedes Kind sich zu überlegen, auf welchem Gebiet es beim Aktionsnachmittag gerne arbeiten möchte. Selbstverständlich sollen sich die Schülerinnen und Schüler untereinander und mit ihren Lehrkräften beraten.

Nach dem Besuch trägt sich dann jedes Kind in eine der ausgelegten Listen ein, damit die Teilnehmer möglichst gleichmäßig auf die verschiedenen Gruppen verteilt sind.

**Mögliche Angebote:**

- Bildteppich weben
- kleine Stoffmarionetten nähen
- Handpuppen mit Pappmachéköpfen
- einen Gebrauchsgegenstand töpfern
- Holz-, Glas- oder Seidenmalerei
- Bastelarbeit zur Jahreszeit
- Falt- oder Flechtarbeit
- Masken bauen oder Gesichtsmasken schminken und dazu eine Kurzszene improvisieren
- Backen und Kochen in der Schulküche
- Arbeiten mit Salzteig

Kinder beim Teppichweben

Noch bevor die Kinder am Aktionsnachmittag kommen, richten die Eltern die Tische für die Arbeitsgruppen her.

Material und Arbeitsmittel werden bereitgelegt, so dass die Arbeit ohne irgendwelche Hindernisse beginnen kann und die Eltern nicht unnötigerweise in Stress geraten. Wenn dann die Kinder kommen, wissen sie bereits, wer ihr Ansprechpartner ist und können sich sofort an den richtigen Gruppentisch setzen.

☛ Die Lehrerinnen sollten an diesem Nachmittag keine eigene Arbeitsgruppe zu betreuen haben, denn trotz aller Vorausplanungen und aller Vorbereitungen werden doch immer wieder einige Dinge fehlen oder mit ihrer Hilfe geklärt werden müssen.

Wichtig erscheint mir, dass alle Kinder an diesem Aktionstag etwas herstellen, das sie nach der gemeinsamen Teerunde auch zeigen oder ausstellen können, und dass die Eltern sich gegenseitig Tipps geben können, was man mit Kindern an verregneten Sonntagnachmittagen Interessantes machen kann.

Wir sollten die benötigten Materialien zunächst einmal aus unserem Schuletat zur Verfügung stellen, damit die aktive Teilnahme für die Schülereltern nicht zu einer finanziellen Frage werden muss.

#### c) ein Dankeschön-Bilderbuch

Die Dankeschöntexte auf S. 25 kann man zusammen mit den Schülerinnen und Schülern in situationsbezogener Form erstellen oder auf die vorgegebenen zurückgreifen, sie kopieren, von den Kindern illustrieren und zu Minibüchlein heften lassen.
Alle Eltern, die in irgendeiner Form am Aktionsnachmittag beteiligt waren, ob nun aktiv oder als Tee- oder Kuchenspender, erhalten ein solches Buch.

### 3. Kind und Familie

Das Thema „Meine Familie" darf nicht einfach an den Kindern vorbeirauschen wie etwa eine Betrachtung über „Die Lebensweise der Elefanten". Das Kind soll sich während dieser Unterrichtseinheit mit allen Sinnen als Mitglied dieser seiner Familie verstehen und begreifen lernen, durchaus im Unterschied zu allen möglichen anderen Familienstrukturen. Deshalb ist der Fragebogen auf Seite 27 dazu angelegt, in der Familie Gespräche zwischen Eltern bzw. Großeltern und Kindern anzuregen.

Die Eltern sollen sehen, was ihr Kind bereits über die eigene Familie weiß und was noch nicht, was es vielleicht noch gar nicht wissen kann, weil noch niemand mit ihm darüber gesprochen hat.

Sehr gute Ansprechpartner in diesem Bereich wären die Großeltern. Wir bereiten hierfür mit den Kindern den Text aus dem Bilderbuch „Erzähl mir mehr, Großvater Bär!" von *C. Castle* und *P. Browman* vor, so dass sie eine Textpassage gut vorlesen können. Vermutlich werden dann die Großeltern gerne dazu bereit sein, mit dem Enkelkind das Bilderbuch anzuschauen und vielleicht auch selbst daraus vorzulesen.

Danach ist der Schritt und der Griff zu den eigenen Familienfotos bestimmt nicht mehr weit und die Kinder können, wie der kleine Bär im Buch, ihre eigene Familie durch Wort und Bild besser kennen lernen.

☛ Selbstverständlich können wir im Bezug auf die Großeltern das Thema auch dahingehend ausweiten, dass wir Fragebögen erstellen über die Schulzeit der Großeltern und diese bitten, zum Erzählen in die Schule zu kommen oder Tonbandaufnahmen bei einem Besuch in ihrer Wohnung machen. (Vergleiche Seite 93 zum Thema „Schule früher".)

Sehr interessant sind auch Ausstellungen von verschiedenen Dingen aus der Kinderzeit der Großeltern, die aufgrund der Erzählungen von Opa und Oma beschriftet und mündlich kommentiert werden. Gespräche ergeben sich ganz von selbst, wenn wir an einem Nachmittag den Familien unser Spiel „Aladin" vorführen und uns nach dem Stück kunterbunt zusammensetzen und erzählen.

### 4. Rollentausch
Einander besser verstehen lernen

„... überhaupt ist die Schule auch Arbeit. Wenn du's nicht glaubst, geh doch mal hin!" sagt Anna zu ihrem Bilderbuch-Papa. Und dann tauschen sie die Rollen. Jeder taucht nun ein in die Welt des anderen und muss sich darin zurechtfinden, jeder wird plötzlich mit den größeren und kleineren Problemen des anderen konfrontiert. Anna kann aus ihrer Perspektive in der Welt der Erwachsenen Veränderungen anbringen, Papa erlebt in der Schule längst vergessene Reglementierungen: Er darf nicht essen, wenn er Hunger hat, er muss sich mit Problemen auseinandersetzen, die ihn nicht interessieren, er erlebt sich aufgrund von Zurechtweisungen vor der Gruppe als Versagertyp. Nach diesen Erlebnissen sieht er das „zur-Schule-gehen" auch als Arbeit, sogar als fremdbestimmte Arbeit.

Dieser im Buch geschilderte Rollentausch wird sich natürlich in der Realität nicht so ohne weiteres nachvollziehen lassen, schon gar nicht für eine ganze Schulklasse! Trotzdem wollen wir den Denkansatz aufgreifen, um durch Rollentausch neue Perspektiven aufzudecken. Eltern, Kinder und Lehrer (bei uns hat sogar der Schulleiter mitgespielt!) sollen an einem „ganz normalen" Schultag einmal die jeweilige Sehens- und Erlebensweise der anderen Gruppe nachvollziehen dürfen.

**Wenn der Himmel grau und verhangen ist,**
**holen wir unsere Farben, Mama und ich.**
**Dann malen wir eine gelbe Sonne in einen blauen Himmel**
**und rote Blumen in eine grasgrüne Wiese.**

**Wenn es draußen beginnt zu regnen und zu stürmen,**
**hämmern wir, lauter noch als das tosende Wetter**
**in unserer Werkstatt,**
**mein Papa, meine Schwester und ich.**
**Wir bauen Häuser für die Eisenbahn**
**und ein Bett für die Puppe.**

**Wenn der eiskalte Wind sein schauriges Lied singt,**
**weben wir bunte puppenstubengroße Teppiche,**
**während es aus dem warmen Ofen duftet**
**nach Äpfeln, die mit Nüssen und Honig**
**gefüllt sind.**

**Wenn der Himmel blau ist, gehen wir hinaus,**
**spielen auf grünen Wiesen zwischen roten und gelben Blumen**
**und spüren die warme Sonne auf unserer Haut.**

**Wenn aber die Sonne heiß vom Himmel brennt,**
**plätschern wir übermütig am murmelnden Bach**
**und fühlen die weiche Erde zwischen unseren Zehen.**

**Und wenn das Wetter ist, wie es ist, und nicht besser,**
**besuchen wir Theater und Burgen, Schlösser und**
**Ausstellungen, Museen und Büchereien.**
**Wir ziehen uns die richtigen Kleider an**
**und wandern im Regen.**

**Wenn wir dann eines noch fernen Tages nicht mehr mit euch**
**gehen wollen, weil unsere Freunde rufen,**
**dann könnt ihr hoffen, dass wir nicht auf zugigen Bahnhöfen**
**herumlungern, um mit verbotenen Mitteln**
**in Züge ohne Wiederkehr zu steigen,**
**denn ihr habt es nicht versäumt,**
**uns bessere Wege zu zeigen.**

Soweit sich Eltern dazu bereit erklären, übernehmen sie für die eine oder andere Unterrichtsstunde die Regie; eine Stunde gestalten die Kinder in der Lehrerrolle, eine Stunde übernimmt die Lehrkraft, damit sich auch die Eltern wieder einmal als richtige Schülerinnen und Schüler fühlen können.

### a) Eltern als Lehrerinnen und Lehrer

Stunden, die die Eltern gerne halten wollen, liegen sehr oft im musischen Bereich (vergleiche Aktionstag, den man natürlich alternativ durchführen kann), aber auch Sportstunden, wenn wir aktive Eltern aus dem Vereinsleben gewinnen können, ebenso eine Musikstunde, in der ein Tanz oder ein Lied eingeübt werden kann oder eine musikalische Erzählung von allen Anwesenden mit Orff'schem Instrumentarium begleitet wird.
Sehr beliebt ist auch an diesem Tag eine kleine Kochstunde. Man kann z. B. mit allen Anwesenden eine Pizza belegen und während die „Kochlehrerin" mit zwei, drei erwachsenen Helfern in der Küche weiterwirkt, mit den anderen in die Turnhalle gehen und dort gemeinsame Spiele, aber auch Wettspiele, zwischen Eltern und Kindern durchführen.

### b) Kinder als Lehrerinnen und Lehrer

Kinder lesen gerne einen Text vor und befragen die Eltern dann über den Inhalt. Besonders viel Spaß macht es ihnen auch, den Song des Tages vorzutragen und die Eltern mitsingen zu lassen.

**Song des Tages**

Meine Mama geht mit mir heut' in die Schule,
in die Schule, in die Schule,
meine Mama geht mit mir heut' in die Schule,
meine Mama ist 'ne ganz besond're Frau,
wau, wau.

Meine Mama hat 'nen Füller mit Beleuchtung ...

Meine Mama hat 'nen Bleistift mit Motörchen ...

Meine Mama hat 'nen Kuli mit Sirene ...

Meine Mama hat im Schreibheft zwei Tomaten ...

Meine Mama hat ein Schulbuch mit vier Rädern ...

Die Schülerinnen und Schüler erfinden mit Wonne weitere Strophen für dieses Lied, das nach der Melodie von „Meine Oma fährt im Hühnerstall Motorrad" gesungen wird.

### c) Familienschulstunde

Da ist zunächst einmal das Rechnen. Damit Kinder und Erwachsene gleichermaßen gefordert werden, üben wir uns im Zählen: Die Lehrkraft stellt sich halb hinter die leicht aufgeklappte Tafel und macht auf der Rückseite Klopfzeichen. Dann wird die Anzahl der gemachten Schläge abgefragt. Ohne einen Kommentar zu geben, werden viele Spielteilnehmer nach ihrem Ergebnis gefragt. Erst dann kommt die Auflösung. Dieses Spiel wird dann interessant, wenn die Abfolge der Klopfzeichen sehr unregelmäßig, also mit größeren Pausen und dann wieder sehr schnell erfolgt. Nun sind alle gleichermaßen gefordert, Kinder und Erwachsene.

Auch Partnerarbeit ist gefragt. Am schönsten ist es, wenn immer ein Kind mit einem Erwachsenen zusammenarbeiten kann.
Nach dem alten Spiel „Holler, boller, Rumpelstock, wie viel Hörner hat der Bock?" klopft man mit den Fingern rhythmisch auf den Rücken seines Partners, setzt dann einige Finger fest auf und fragt den Partner: „Wie viele Finger steh'n?" Zur Differenzierung kann man sich natürlich gegenseitig auch Ziffern und ganze Rechnungen auf den Rücken schreiben.

Im Bereich Deutsch haben wir mit den Schülerinnen und Schülern einen Fragebogen vorbereitet und auch schon im Unterricht ausgefüllt, auf dem das Kind Angaben zu seiner ureigensten Person gemacht hat (siehe Seite 27 und 28). Die Eltern erhalten nun, solange die Kinder mit der Lehrkraft ein kleines Spiel durchführen oder etwas vorgelesen bekommen, einen entsprechenden Fragebogen, auf dem sie die Antworten ihres Kindes nachempfinden sollen. Sie müssen dabei genau überlegen: Was hat mein Kind hier wohl geantwortet?
Danach vergleichen Eltern und Kinder ihre beiden Fragebögen, werten sie aus und lesen die empfohlenen Ratschläge. Die anwesenden kleinen Geschwister werden in der Zeit weiter von der Lehrkraft betreut.

☛ Diese Fragen gehen nur die Betroffenen selbst etwas an. Die Kinder sollen sie also alleine ausfüllen und in einer ihrer Mappen oder Hefte ohne Korrektur(!) aufbewahren. Man sollte ihnen auch vorher sagen, dass ihre Eltern sie lesen werden, denn einige Kinder haben auch schon im Grundschulalter ihre Geheimnisse.

### d) Rollenspiele

Eltern und Kinder spielen eine lustige Episode aus ihrer Familie als Sketch vor. Wenn keine Spontaneinfälle kommen, geben wir ein vorbereitetes Blatt aus (siehe Seite 32), auf dem Kinderwitze – Zeitschrift „Flohkiste" – mit kurzen Spielanleitungen abgedruckt sind.

Solche lustigen Einlagen eignen sich selbstverständlich auch für alle möglichen Familienfeiern. Nach anfänglicher Skepsis werden sie deshalb immer wieder gerne ausgeführt.

## Das weiß ich schon über meine Familie

**1.** Mein Name: ______________________________

Mein Geburtstag: ______________________________

**2.** Personen, die zu meiner Familie gehören:

______________________________

______________________________

**3.** Meine Großeltern heißen:

______________________________

______________________________

**4.** Meine Mutter hat ☐ Schwestern und ☐ Brüder.

Mein Vater hat ☐ Schwestern und ☐ Brüder.

Meine Tanten heißen: ______________________________

Meine Onkels heißen: ______________________________

**5.** Meine Mutter ist ☐ Jahre alt. Mein Vater ist ☐ Jahre alt.

**6.** Meine Geschwister sind: ____________________ ☐ Jahre alt.

____________________ ☐ Jahre alt.

____________________ ☐ Jahre alt.

____________________ ☐ Jahre alt.

**7.** Wir wohnen in der ____________________ Straße, Nummer ________

**8.** Die Berufe meiner Eltern sind: ____________________ (Mutter)

____________________ (Vater)

**Auswertung durch Vater oder Mutter:**

Du kennst unsere Familie schon sehr gut, prima! ☐

Du weißt schon genau Bescheid. Vielleicht hast du einiges nur vergessen? ☐

Ich werde dir noch viel über unsere Familie erzählen müssen! ☐

Kommst du von einem anderen Stern? ☐

## Das bin ich!

**1.** Menschen, mit denen ich am liebsten zusammen bin:

Am liebsten spiele ich mit ______________________________

Wenn ich krank bin, sollte immer ______________________________ bei mir sein.

**2.** Meine Lieblingsfarbe: ______________________________

**3.** Mein Leibgericht: ______________________________

Das esse ich überhaupt nicht gern: ______________________________

**4.** Dahin würde ich am liebsten reisen: ______________________________

**5.** Am liebsten würde ich __________ Uhr aufstehen und um __________ Uhr ins Bett gehen.

**6.** Dieses Buch gefällt mir am besten: ______________________________

**7.** Diese Fernsehsendung sehe ich am liebsten: ______________________________

**8.** Mein größter Wunsch: ______________________________

______________________________

______________________________

______________________________

______________________________

## Was denkt, meint, wünscht ... mein Kind?

**1.** Menschen, mit denen es am liebsten zusammen ist

beim Spielen: ____________________

im Krankheitsfall: ____________________

**2.** Seine Lieblingsfarbe: ____________________

**3.** Sein Leibgericht: ____________________

Speisen, die es gar nicht mag: ____________________

**4.** Sein begehrtestes Reiseziel: ____________________

**5.** Am liebsten würde es __________ Uhr aufstehen und um __________ Uhr zu Bett gehen.

**6.** Dieses Buch gefällt ihm am besten: ____________________

**7.** Seine Lieblings-Fernsehsendung: ____________________

**8.** Der größte Wunsch meines Kindes: ____________________

____________________

____________________

Im Zweifelsfall können Sie auch zwei Vermutungen aufschreiben. Sie können auch für sich selbst so einen Fragebogen anfertigen und Ihr Kind vermuten lassen!
Gemeinsame Auswertung von Eltern und Kind

☐ Die meisten Punkte stimmen überein!
Wir kennen uns gut. Zur Belohnung machen wir in den nächsten Tagen etwas ganz Tolles zusammen.

☐ Einige Punkte stimmen überein, aber nicht die Mehrzahl:
Wir wissen viel voneinander, haben aber auch unsere kleinen Geheimnisse.
Wollen wir ein wenig darüber reden?

☐ Keine, fast keine Übereinstimmung:
Komm, wir kuscheln uns in einer gemütlichen Ecke zusammen und sprechen miteinander!

### e) Kennst-du-mich-Spiele

Eine Kindergruppe steht hinter einem Vorhang. Die Kinder strecken nur die Hände bzw. nackten Füße heraus. Die betreffenden Eltern bekommen die Aufgabe ihr Kind an diesem einzigen sichtbaren Körperteil zu erkennen. Nachher werden auch hier die Rollen vertauscht. Ein Kind bekommt die Augen verbunden. Es muss eine Reihe von Erwachsenen abtasten um seine Eltern zu erraten.
Einige Mitspieler müssen einen Piepston von sich geben. Kinder bzw. Eltern müssen sagen, der wievielte Ton von ihrem Familienmitglied gekommen ist.

### f) Ein kleines Geschenk für die unterrichtenden Eltern

Nach einem solchen Familientag sind sich bestimmt alle Kinder darüber einig, dass der Tag „prima" war. Kinder, deren Eltern aktiv tätig waren, werden aber auch erzählen, dass es einige Vorbereitungen und vielleicht etwas Überwindung gekostet hat, bis so eine Stunde gehalten werden konnte. Deshalb sollen und wollen sich alle bedanken. Gemeinsam sammeln wir Stichpunkte wie: „Die Pizza hat super geschmeckt! Ballspielen mit den Eltern hat Spaß gemacht! Danke, für die schöne Musikstunde ..." Jedes Kind schneidet nach dem Umfahren einer Schablone rote Herzen aus und schreibt seine Sätze darauf.

Wenn alle fertig sind, werden die Herzen sortiert und alle, die an eine bestimmte Person gerichtet sind, mit grüner Wolle zu einer Kette aufgefädelt. Die Ketten binden wir an einen kleinen Zweig, so dass ein schönes Mobile entsteht, das die Kinder der betreffenden Eltern mit nach Hause nehmen dürfen.

### 5. Wer macht was?

Bei diesem Spiel geht es darum, dass die Mitglieder einer Familie die anstehenden Aufgaben untereinander verteilen, damit es nicht zu Überlastungen des Einzelnen kommt. Nach unserem Gespräch schreibt jedes Kind Sätze auf, wer in einer fiktiven Familie welche Aufgabe übernehmen könnte.
Die Gruppenmitglieder lesen sich ihre Vorschläge vor und besprechen sie. Nach dieser ersten Übung spielt die Gruppe ein „Onkel Otto sitzt in der Badewanne-Spiel" nach folgender Vorgabe:

Onkel Lopi • putzt • mit dem Wischlappen.
das Waschbecken • im Bad.

**Helferbuch**

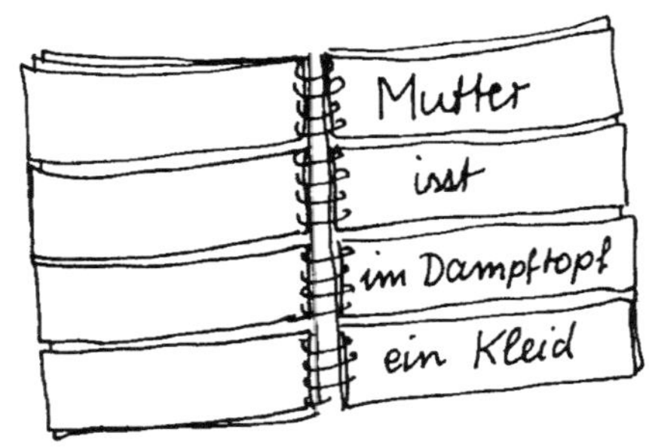


Das Helferbuch müssen wir vorbereiten:
Für unsere 16 Sätze brauchen wir 16 verschiedenfarbige DIN A4-Blätter und zwei dicke Kartons für den Bucheinband. Alle diese Blätter werden an einer Seite mit der Stanzmaschine gestanzt. Danach können die bunten Blätter in vier Querstreifen zerschnitten und zwischen den beiden Deckblättern in einen Bindering geheftet werden.
Nun können die Schülerinnen und Schüler die Satzglieder (siehe hierzu Seite 33 auf DIN A3 vergrößern) zerschneiden und untereinander auf die viergeteilte Seite kleben. Nach der Fertigstellung können sie nun die einzelnen Blatt- und damit die Satzteile durcheinanderblättern und auf diese Weise viele neue, oft witzige Sätze erlesen.

✂ 16 Seiten farbiges Papier (110 g), DIN A4,
2 Tonpapierbögen DIN A4, Binderücken.
Stanz- und Bindegerät (Fa. Ibico)

### 6. Viele Familien – vielerlei Wohnungen Freizeitverhalten als Lebensform

Zwei große Bestrebungen, die für unsere Zeit als kennzeichnend angesehen werden können, sind das Bemühen um Freiheit und Streben nach Individualität. Mehr freie Zeit haben für mehr individuelle Tätigkeiten ist wohl eine folgerichtige Konsequenz infolge der Technisierung, Automatisierung, Spezialisierung der Arbeitsbereiche im Berufsleben.

Freie Zeit wird genutzt für Freizeitbeschäftigungen, die für viele sinn- und richtungsweisend sind, sei es auf ökologischem, kulturellem oder sportlichem Ge-

biet. Wir betrachten mit unseren Schülern mehrere Familien um festzustellen, in welchen Bereichen sich die einzelnen Familienmitglieder engagieren und in welcher Form das in ihrem Familienleben zum Ausdruck kommt.
Wir entdecken, dass oft sogar das Umfeld einer Familie dieser Lebensauffassung entspricht und gestalten in durchaus karikierender Form einen Wohnbereich für einen ganz bestimmten Familientyp.

**a) Fernsehfamilie**

Ein leeres Fernsehgehäuse dient als Wohnhaus für unsere Fernsehfamilie. Ein kleines Fernsehgerät, kleine Schachtel mit ausgeschnittenem Bildschirm, steht im Zentrum der Wohnung. Durch dieses Gerät können beim Spielen Bildstreifen geschoben werden. Sehr beliebt sind selbsterfundene Werbesendungen. Die Einrichtung kann aus allen möglichen Puppenmöbeln bestehen, wichtig ist nur, dass sie um das Fernsehgerät zentriert werden. Auch ein Puppenbett, bzw. eine flache Schachtel mit Deckchen und kleinen Kissen wird aufgestellt, natürlich mit Zweitfernseher.

Haben die Kinder erst einmal Spaß an der Parodie gefunden, stellen sie fast vor jedem Sesselchen ein Minigerät auf, „damit es keinen Streit unter den Familienangehörigen gibt“.

☛ Bildröhre vom Fachmann ausbauen lassen, Implosionsgefahr! Das Fernsehgehäuse eignet sich auch für Spielszenen zum Thema „Fernsehen“ und für „Live-Werbesendungen“.

**b) Öko-Familie**

Unsere Ökofamilie wohnt in einem Korb, in einem Holzkasten oder in einem Blockhaus aus Ästen. Die Möbel werden von den Kindern aus Holzklötzen selbst geklebt, handgewebte Teppiche aus selbstgesponnener Schafwolle liegen auf dem Boden und auch in den Bettchen, kleine Körbe und selbstgefertigtes Tongeschirr ergänzen die Einrichtung. Auch die Püppchen, die das Ökohaus bewohnen sollen, werden aus Wolle hergestellt.

**c) Familie Metallix-Techniko**

Familie Metallix-Techniko bewohnt ein ausgedientes Blech- oder Stahlgehäuse und hat Möbel, die aus Dosen hergestellt werden. Die Vorhänge bestehen aus Metalldrehspänen, alles in dieser kühlen Wohnung glänzt und blitzt. Notfalls helfen wir mit Metallfarbe nach. Selbstverständlich spielen die Kinder dieser Familie mit kleinen Metallautos, für die Erwachsenen werden Minimaschinen aus Abfallmaterial konstruiert, gleichmäßig lackiert und zur „Arbeitserleichterung“ überall aufgestellt.

**d) Familie Plastiko**

Familie Plastiko wohnt selbstverständlich in einem großen Plastikcontainer oder einer Plastikwanne. Alle Möbel und alles Arbeitsgerät besteht ebenfalls aus diesem Material. Wenn wir nicht genügend Plastikmöbelchen auftreiben können, stellen wie sie aus Steckbausteinen her. Vorhänge, Teppiche, Bettzeug und selbst die Bilder an den Wänden, einfach alles wird aus Plastikfolie hergestellt.
Tja, und die Bewohner? Keine Frage! Die Kinder bringen sie dutzendweise mit!

**e) Familie Sporti**

Familie Sporti wohnt in einer grünen Kiste, die an ein Fußballfeld erinnert.
Auf dem grünen Fußboden wird ein Sportfeld aufgezeichnet und überall stehen kleine Übungsgeräte herum, die aus Verpackungsmaterial gebastelt wurden. Minibälle, Bindfadenseile, Kegel (Spielfiguren) ergänzen das Ambiente und auf den Tischen stehen Mini-Flaschen mit der Aufschrift „Krafttrunk“ .

**f) Familie XYZ**

Diese Familie soll in einer ganz gewöhnlichen Puppenstube wohnen und eine Durchschnittsfamilie zeigen, wie sie sich die Kinder als typisch vorstellen.
Schließlich bilden wir noch Gruppen für ganz bestimmte Wohnbereiche wie Indianerfamilien im Tipi, Steinzeitfamilien in der Höhle oder fahrendes Volk im Wohnwagen, bis unsere ganze Klasse in viele Kleingruppen aufgeteilt an einem solchen Teilprojekt arbeiten und erfinden kann.

In einer Kurzspielszene stellt jede Gruppe dann den Klassenkameraden ihre Familie vor, Bildergeschichten zu den einzelnen Familien werden erarbeitet und als Wandzeitung ausgestellt.

Manchmal passieren in einer Familie so sonderbare Dinge, dass man erst nach langer Zeit über sie lachen kann.
Vielleicht könnt ihr mit eurer Mutter oder eurem Vater so eine Szene vorspielen?
Bestimmt hättet ihr beim nächsten Fest die Lacher alle auf eurer Seite!
Nachstehend einige Vorschläge.

Aber!! Was noch schöner wäre: Habt ihr in eurer eigenen Familie schon einmal so etwas Ähnliches erlebt? Das wäre doch der Spaß bei der nächsten Familienfeier!

Der Vater schimpft:
„Wieder keine einzige Zahl im Lotto richtig!"
„Mach dir nichts draus", tröstet ihn Julia,
„mir ging's gestern in der Mathearbeit genauso!"

**Das könnte man noch dazu spielen:**
Stimme aus dem Radiogerät verliest die Lottozahlen. Vater (oder Mutter) vergleicht angestrengt.
Das Kind hält ein Heft auf dem Rücken und schaut zu.
Nach den Worten des Kindes schlägt der Erwachsene die Hände vors Gesicht oder sinkt in sich zusammen.

Die Mutter fragt ihren Sohn, wo er denn so lange gewesen sei.
„Herbert und ich haben Briefträger gespielt. Wir haben die ganze Siedlung mit Post versorgt."
„Ja, aber woher hattet ihr die vielen Briefe?"
„Aus deinem Nachtschrank, Mami. Die beiden Päckchen mit den rosa Schleifen drumherum."

**Das könnte man noch dazu spielen:**
Mutter schaut immer wieder aus dem Fenster. Sie ruft nach dem Kind, schaut auf die Uhr, geht wieder ans Fenster, ruft ...
Nach der Szene erschrickt die Mutter.
Wie könnte man das spielen? Vielleicht sagt sie noch, dass das die Liebesbriefe von Vater waren!?

Mutter: „Wie siehst du denn wieder aus?"
Klein Fritzchen: „Ich bin ins Gras gefallen!"
„Aber Gras ist doch nicht so schlammig!"
„Doch, nachdem die Kuh es gefressen hat!"

**Das könnte man noch dazu spielen:**

Sven liest in einem Abenteuerbuch.
Er fragt: „Mutti, darf ich später einmal ein Räuber werden?"
„Ja", meint die Mutter zerstreut,
„aber nur, wenn du sehr brav bist!"

**Das könnte man noch dazu spielen:**

| | | | |
|---|---|---|---|
| Onkel Lopi | fliegt | mit dem Flugzeug | bis nach Amerika. |
| Mutter | fegt | mit dem Besen | die Küche aus. |
| Onkel Lopi | fährt | mit dem Omnibus | in die Stadt. |
| Vater | erklärt | mit Händen und Füßen | den Weg zum Supermarkt. |
| Oma | rührt | mit dem Kochlöffel | in der Suppe. |
| Mutter | tippt | mit der Schreibmaschine | einen Brief. |
| Tante Erna | füttert | mit einer Flasche Milch | ein kleines Kätzchen. |
| Großvater | klopft | mit dem Teppichklopfer | einen Teppich. |
| Lisa | schreibt | mit dem Füller | die Hausaufgaben. |
| Andreas | rechnet | mit dem Taschenrechner | eine schwere Rechnung. |
| Opa | isst | mit Messer und Gabel | einen Hasenbraten. |
| Mutter | kocht | im Dampftopf | frisches Gemüse. |
| Der Papagei | singt | mit krächzender Stimme | im Vogelkäfig. |
| Großmutter | näht | mit der Nähmaschine | ein Kleid. |
| Mutti | bügelt | mit einem Bügeleisen | Vaters Hemden. |
| Florian | schält | mit dem Küchenmesser | einen Apfel. |

## IV. Familien aus anderen Kulturkreisen

### 1. Die türkische Familie und ihre Feste

Größere Kinder aus türkischen Familien kommen zu uns in die Klasse und erzählen uns von den Besonderheiten ihrer Familien. Besonders interessieren die Kinder zwei Fragenkomplexe:

a) Welche Feste feiert ihr?
b) Gibt es bei euch bestimmte Sitten und Bräuche?

Ali erzählt: „Ein großes Religionsfest bei uns ist das Schlachtfest. An diesem Tag machen sich die Männer ganz hübsch. Sie nehmen eine extra Dusche. Die heißt bei uns *Abdest.* Dann gehen sie in die Moschee und beten. Dann wird das Schaf oder die Ziege geschlachtet. Dabei wird auch gebetet. Am Abend, wenn alles fertig ist, nehmen sie das Fleisch mit nach Hause. Die Frauen richten an diesem Tag zu Hause ein Festessen. Wenn die Männer kommen, küssen ihnen die Frauen die Hände. Dazu wird man aber nicht gezwungen. Die kleinen Kinder bekommen an diesem Fest Geld geschenkt. Am zweiten und dritten Tag wird das Fleisch versorgt. Es gibt oft die ganze Woche über Essen mit viel gutem Fleisch.
Das Fastenfest dauert auch drei Tage. Nach dem Fasten wird viel süßes Gebäck gemacht. Man gratuliert den Großen, dass die Fastenzeit vorüber ist. An diesen Tagen kommt viel Besuch. Für die Besucher gibt es gutes Gebäck.
Ein Fest hat Atatürk den Kindern geschenkt: Das Kinderfest am 23. April. Beim Fest singen die Kinder Lieder, sagen Gedichte auf oder spielen ein Theaterstück. Am Abend tanzen bei uns dann alle, auch die Eltern."

Beim Thema *Bräuche* interessierte die Kinder, vermutlich wegen des geplanten Theaterstückes „Aladin", besonders die Hochzeit.
Alle konnten beobachten, dass türkische Mädchen oft strenger erzogen werden als die Jungen. Viele müssen Kopftücher tragen, viele dürfen nicht alleine zu Veranstaltungen gehen.

### 2. Märchenspiel in 5 Akten
### – I. Auf dem Bazar –

*Musik! Händler und Kunden, Kinder und Gaukler bewegen sich stumm auf der Bühne. Musik leiser!*

**Erzähler:** Vor vielen, vielen Jahren lebte in einer Stadt mitten im fernen sagenumwobenen Orient ein Junge namens Aladin. Und es geschah, dass Aladins Träume Wirklichkeit werden sollten.

*Aladin tritt vor, verneigt sich und geht wieder zu seinen Freunden zurück.*

*Musik lauter, Marktgeschehen pantomimisch!*
*Musik aus!*
*Kunde tritt an den Stand des Tuchhändlers. Sie begrüßen sich.*

**Kunde:** Ich wünsche einen Stoff von allerbester Qualität! Er sieht sich um. Äh, äh, dieses farbenprächtige Gewebe hier, gäbe ein treffliches Gewand.

*1. Helfer legt es ihm um und geht bewundernd um ihn herum.*

**1. Helfer:** Wahrhaftig, einzigartig! Eure Bewunderer, oh Herr, werden euch zu Füßen liegen.

*Der Kunde dreht und wendet sich, streicht über den Stoff.*

**Kunde:** Und – was kostet diese Farbenpracht?

**Händler:** Fünf Goldstücke – pro Meter!

*Er macht eine Verbeugung.*

**Kunde** *(verlegen)*: Oh, mmm, – der Stoff ist mir zu grell und auch zu rau! Was kostet denn diese schlichte Seide da? Die würde mir wirklich besser stehen!

*2. Helfer legt ihm das Seidentuch um und bewundert ihn.*

**2. Helfer:** Sehr schön! Dieser Stoff ist wie für euch geschaffen.

**Kunde:** Tja, und der Preis???

**Händler:** Drei Goldstücke!

**Kunde:** Oh, ich glaube, das Gewebe ist zu dünn für einen starken Mann.

*Er wühlt in den Stoffen herum und zieht ein einfaches weißes Tuch hervor.*

**Kunde:** Und was kostet dieses strahlende Weiß?

**Händler:** Nur ein einziges Goldstück – pro Meter. *(Setzt ein schlitzohriges Lachen auf).* Wirklich preiswert! Fast geschenkt.

**Kunde:** Gut! Gut! Davon nehme ich. Wie viele Meter brauche ich für ein Gewand?

**Händler:** Nun ja, wenn es schön fallen soll - - - mhm, mhm, - - - *(er umkreist den Kunden)* zwei bis drei Meter!

**Kunde:** Was? Seid ihr wahnsinnig? Ich brauche gerade so viel wie um mich herumgeht! Und die Rechnung, die könnt ihr mir in den kommenden Wochen gelegentlich vorbeischicken! Adebargasse 19.

**Händler:** Gewiss, mein Herr! *(zu seinen Helfern)* Nehmt Maß!

*Er dreht den Finger in der Luft, die Helfer wickeln den Kunden in das Tuch und ziehen ihn unter dem Gejohle von Aladin und seinen Freunden davon.*

**Kind 1:** Ha, ha, ha! Kommt alle! Das müsst ihr euch ansehen!

**Kind 2:** Geschieht ihm recht, dem alten Geizhals!

**Kind 1:** Da schaut, der Schlangenbeschwörer beginnt!

**Kind 2:** Schnell, schnell! Hierher!

*Vorstellung des Schlangenbeschwörers:*
*Junge mit Turban, Lendenschurz und Flöte sitzt vor einem Deckelkorb in dem sich ein aufgerolltes, dickes Tau befindet. Etwa 20 cm hinter dem Anfang wird eine dünne Angelschnur befestigt, die über eine Rolle, notfalls nur eine Öse an der Decke führt. Kinder hinter den Kulissen ziehen nun vorsichtig zum beginnenden Flötenspiel im Takte der Musik an der Schnur und bringen damit die Schlange zum Tanzen. Mit einiger Übung kann man sie sogar am Ende des Tanzes wieder in den Korb zurücksinken lassen. Am besten eignet sich Andinomusik der Los Paraguayos. Das Kind könnte natürlich auch selbst Flöte spielen.*

*Am Lebensmittelstand, das Gedicht*
*„Frische Fladen“*

**Frische Fladen**

Frische Fladen,
Süße Stückchen
Gibt's an meinem Stand,
Türkisch' Honig,
Zimt und Zucker
Aus dem ganzen Land.

Kauft die Pollen
Frisch von Bienen
Und die ollen Ölsardinen,
Ein feines Brot aus Marzipan
Und Tabak
Für den starken Mann.

Große Früchte,
Feine Früchte,
Leute, kauft sie ein!
Hier Melonen,
Da Zitronen,
Sagt, was darf es sein?

☛ Für Kinder, die gerne auswendig lernen, gibt es eine Fülle von Gedichten von **James Krüss**. An dieser Stelle wäre geeignet: **James Krüss:** „Marmelade, Schokolade“ aus: „der wohltemperierte Leierkasten“ hg. von James Krüss, Bertelsmann Jugendbuch Verlag, Gütersloh o. J.

*Die Bettlerjungen stibitzen ein Gebäckstück. Eine wilde Verfolgungsjagd beginnt. Alle Marktbesucher beteiligen sich.*

**Krämer:** Haltet, den Dieb! Haltet ...!

*Aladin zieht seinen kleinen Freund hinter einen Stand und zeigt den Verfolgern die falsche Richtung. Die anderen Bettelkinder laufen lachend hinter ihnen her, Aladin und der kleine Dieb ebenso.*

*Schnelle Musik während der ganzen Szene.*

**Waffenhändler:** Scharfe Schwerter, harter Stahl, edle Herren, trefft die Wahl! Säbel krumm und Degen spitz, Waffen schärfer als ein Blitz!
Werte Herren, kommt heran! Kauft nur Waffen bei Haku-Kahn! Herren, Krieger, Edelleute, macht mit Hakus Waffen reiche Beute!

**Käufer:** Hm, lass er seine Waffen prüfen!

**Händler:** Mit was darf ich dienen?
*(Viele Verbeugungen)*

**Käufer:** Zeige er den Säbel!

*Er bekommt ihn gereicht und befühlt ihn.*

**Käufer:** Du liebe Güte! Der taugt ja gerade, um einen Pudding zu zerteilen. Hat er nichts Besseres zu bieten?

**Händler:** Oh, ich Unwürdiger, ich ahne, der Herr ist ein Kenner. Hier, edler Krieger, eine Waffe, die euch ebenbürtig ist.

**Kunde** *(nach Überprüfung, laut)*: Will er mich beleidigen? Ich begehre eine Waffe! Kein Gerät zum Orangen schälen!! Zeige er etwas Besseres! Oder ...

*Er schwingt sein eigenes Schwert. Der Händler beginnt zu zittern und holt unter vielen Verbeugungen unter dem Ladentisch einen Degen hervor.*

**Händler:** Hi-hi-ier bi-i-itte!

*Diesmal strahlt der Kunde.*

**Kunde:** Den nehme ich! Nenne er den Preis!

*Pantomimisch geht der Handel weiter.*
*Die Puppenspieler rufen.*

**1. Puppenspieler:** Ihr Damen, Herren, Publikum! Nehmt Platz im Auditorium! Bestaunt in meinem Schau-Theater den wilden Drachen Tut-et-Natar.

**2. Puppenspieler:** Ihr Buben, Mädchen, kommt und seht, wie es dem Drachen gleich ergeht! Herzu! Nehmt Platz! Das Spiel fängt an: Vom Drachen und dem klugen Mann.

*Drachentanz* (Hier kann das Stück „Abul ad Azar und der Drache Tut-et-Natar“ aus *ABC mit allen Sinnen* auf Seite 134 gespielt werden!)

*Beifall! Spieler kommen hervor, verbeugen sich und sammeln auf der Bühne Geld ein.*

**1. Zuschauer:** Gut, gut, eure Geschichte!

**2. Zuschauer**: Wirklich ein kluger Mann!

*Leise Musik. (Traummelodie)*
*Der Traumverkäufer macht große Seifenblasen. Man nimmt dazu am besten ein Seifenblasenset mit einem großen Ring (Durchmesser 12 - 15 cm) aus einem Spielwarengeschäft.*
*Einige Marktbesucher versammeln sich um ihn. Traumverkäufer mit einem buntsortierten Bauchladen.*

**Traumverkäufer:** Träume! Träume! Ich biete Träume!

**Herr:** Träume? Träume – und sonst nichts?

**Traumverkäufer:** Träume! Buntschillernd wie das Leben! Träume! Rund wie das Glück!!

*Musik lauter. Seifenblasen. Der Herr schaut den Träumen nach.*

**Herr:** Ach, deine Träume sind zerbrechlich!

**Traumverkäufer:** Aber nicht die Erinnerung an sie!

**Herr:** Blendwerk! Äffisches Zeug! Behalte deine nichtsnutzigen Träume!

*Musik und Spiel mit den Seifenblasen weiter.*
*Aladin und die Kinder streunen um den Traumverkäufer.*

**Aladin:** Ooooh, Herr, ich, ich hätte gerne einen Traum! Was soll er kosten?

*Der Traumverkäufer betrachtet ihn ernst und lange. Dann sagt er.*

**Traumverkäufer:** Für dich , Aladin, für dich kostet er den Mut ihn anzunehmen.

*Aladin nickt. Musik und Seifenblasen.*

**Erzähler:** Und der Traumverkäufer schuf ihm seinen Traum, den Traum, so leuchtend wie heißes Feuer, den Traum, so klar und zerbrechlich wie die ungeschönte Wahrheit!

*Melodie wird leise, klingt aus.*
*Trompeten, Trommelwirbel ... Palastwächter rufen:*

**1. Wächter:** Plaaaatz! Platz gemacht!

**2. Wächter:** Aaaaaaalle – die Augen abwenden!

**1. Wächter:** Aaaaaaalle – die Augen bedecken!

**2. Wächter:** Kein menschliches Wesen darf die Pracht unserer schönen Prinzessin sehen!

**1. Wächter:** Todesstrafe für den, der sich nicht an das Gebot des Sultans hält!

**2. Wächter:** Platz für ihre Majestät, die Prinzessin Bedrulbudur!

*Trommelwirbel, Trompete ... Alle rennen panikartig auseinander und verstecken sich hinter den Marktständen. Nur Aladin wagt es, hervorzuschauen. Prinzessin mit Hofstaat geht vorbei.*
*Musik leiser.*

**Erzähler:** Alle befolgten den Befehl des Sultans. Nur Aladin, der Sohn des Schneiders Mustafa, wagte es, einen Blick auf die Prinzessin zu werfen. Ihre Schönheit ließ ihn erschauern. Sie war eine Farbe seines Traumes. Sie war ein Teil seiner glasklaren Wahrheit!

**II. Vor der Stadt**

*Musik, Panflöte. Drei Frauen mit Wasserkrügen. Aladin geht im Hintergrund vorüber. Die Frauen setzen die Krüge ab und wischen sich die Stirn.*

**1. Frau:** Habt ihr den gesehen? *(zeigt nach hinten)* Aladin, der nichtsnutzige Herumstreuner!

**2. Frau:** Ja, ja! Seine arme Mutter kann einem nur Leid tun! So einen Taugenichts zum Sohn zu haben, ist wahrlich eine Strafe des Himmels!

**1. Frau:** Man sagt, sein Vater, der selige Schneider Mustafa, Allah sei ihm gnädig und schenke ihm das Paradies, sei aus Kummer darüber gestorben, weil Aladin zu keinem Beruf tauge!

**2. Frau:** Weil er nichts lernen wollte! Zuerst hat ihn sein Vater zu sich in die Lehre genommen *(sie spricht ganz spitz)*, aber weder dieses, noch irgendein anderes Handwerk war fein genug für den edlen Jüngling.

*Die beiden lachen boshaft.*
*Eine dritte Frau, Aladins Mutter, kommt hinzu.*

**Mutter:** Lästert nicht! Wer kann wissen, was seine Bestimmung ist? *(bewundernd)* Er soll den Mut gehabt haben sich einen Traum zu kaufen!

*Die anderen Frauen hämisch ...*

**1. Frau:** Na und! Solch ein Firlefanz passt zu dem! Aber sonst??

**Mutter:** Seid froh, dass eure Söhne bessere Burschen sind!

**1. Frau voller Stolz:** Das kann man wohl sagen. Mein Sohn ist sicher einer der Besten! Dort kommt er gerade. Hört nur, wie schön er singen kann! Das Lied eines Vogels ist nichts im Vergleich zu seiner wohlklingenden Stimme!

*Der Junge geht singend vorüber. Die Frauen nicken ihm freundlich zu.*

**2. Frau:** Doch seht, dort drüben ist mein Sohn! Schaut nur, wie vortrefflich er es versteht, das Rad zu schlagen! Sicher ist er der Beste!
*(spöttisch zu der dritten Frau)* Doch nun, Frau Nachbarin, hat euer Sohn auch solch eine großartige Begabung?

**Mutter:** Seht doch, da kommt er! Lasst mich kurz überlegen!

*Aladin kommt, grüßt, nimmt den Krug seiner Mutter ab und spricht:*

**Aladin:** Mutter, ich will dir den schweren Wasserkrug nach Hause tragen, damit du nicht so schleppen musst!

*Aladin ab. Die beiden anderen Frauen schauen betreten vor sich hin.*
*Der Zauberer, der bisher unbemerkt an einen Baumstamm gelehnt im Hintergrund saß, tritt hervor. Die Frauen erschrecken, die zwei schnappen ihre Krüge, alle drei rennen davon.*
*Der Zauberer ruft ihnen hinterher.*

**Zauberer:** Na? Na, welcher Sohn ist nun der beste???

*Musik, Panflöte. Aladin kommt zurück.*
*Der Zauberer geht auf Aladin zu.*

**Zauberer:** Halt, mein Junge! Sag an! Bei Allah, diese Ähnlichkeit! Bist du nicht der Sohn des Schneiders Mustafa?

**Aladin:** Ja, Herr! Ich bin Aladin, Mustafas Sohn. Aber – mein Vater ist schon lange tot.

**Zauberer** *(klagend)*: Oh großer Kummer! Schreckliches Elend! So treffe ich meinen geliebten Bruder nicht mehr lebend. Oh, Junge! Oh, Aladin! Und ich hatte mich so sehr auf ein Wiedersehen gefreut!

*Er wendet sich ab und wischt sich über die Augen.*

**Aladin:** Mein Vater hat mir nie erzählt, dass er einen Bruder hatte.

**Zauberer:** Wahrscheinlich aus Kummer, mein Sohn, weil ich schon in jungen Jahren auf und davon in die Welt gezogen bin. Aber ich will alles wieder gut machen! Ich werde für dich und deine Mutter sorgen. Das verspreche ich. Hier, mein Junge, gib dieses hier als erstes Zeichen deiner Mutter!

*Er reicht ihm einen Lederbeutel. Aladin entnimmt ihm ein Goldstück, prüft es mit den Zähnen und strahlt.*

**Zauberer:** Doch bevor du zu deiner Mutter eilst, noch eine kleine Bitte. Dort unten, in dieser Höhle dort, in die ich leider nicht hineingelangen kann, steht eine alte Öllampe, die ich gerne haben möchte. Hole diese noch schnell und ohne zu zögern heraus! Dann wollen wir uns gemeinsam auf den Heimweg machen!

*Er gibt ihm einen großen Ring.*

**Zauberer:** Hier, mein Junge, stecke dir diesen Ring an den Finger! Falls dir in der Höhle irgendeine Gefahr drohen sollte, drehe daran! Und nun beeile dich!!

**Aladin:** Gerne, Oheim! Ich werde schnell wieder zurück sein. Doch haltet mir den Lederbeutel bis ich wieder hier bin.

*Musik, Traummelodie.*
*Aladin hinter der Schattenwand. Er holt die Öllampe und steckt sie unter sein Hemd. Dann bestaunt er die Edelsteine.*

**Aladin:** Bunt, bunt sind sie! Farben aus meinem Traum!

*Er sammelt ein, so viele er tragen kann und geht zum Höhleneingang zurück.*

**Zauberer** *(steht neben der Leinwand)*: Reiche mir die Öllampe heraus!

**Aladin:** Ich kann nicht, Oheim! Ich habe alle Hände voll!

**Zauberer lauter:** Reiche mir die Öllampe!

**Aladin:** Es geht wirklich nicht, Oheim! Helft mir bitte heraus, dann will ich euch die Lampe gerne geben.

**Zauberer** *(drohend)*: Zuerst die Lampe! Oder – du sollst meine Macht fühlen!!!!

**Aladin:** Ich kann doch nicht! Wirklich, ich habe ...

*Donnergrollen und Blitzen.*
*(Den Donner kann man durch Schütteln von großen Blechstücken erzeugen oder aus der Geräuschkonserve einer Schallplatte für Filmvertonung einspielen.)*

**Zauberer:** Oh, du Verruchter! Ich bin ein mächtiger Zauberer aus Afrika! Seit Jahren trachte ich danach, in den Besitz dieser Lampe zu kommen. Und du wagst es, sie mir zu verweigern? Zur Strafe sollst du für immer in dieser Höhle bleiben!

*Licht hinter der Schattenwand wird an- und ausgeknipst. Blitz und Donnergrollen. Zauberer ab.*
*Aladin schluchzt. Er legt die Edelsteine zur Seite und setzt sich. Traurige Musik.*

**Aladin:** Mutter! Oh, Mutter! So hilf mir doch!

*Musik.*

**Aladin:** Zerbrechlich! So zerbrechlich war mein Traum!? Doch – halt – halt! Der Ring! *(Er springt auf.)* Was hat der Zauberer gesagt? Daran drehen! Also ...

*Blitz, Donner. Der Geist des Ringes erscheint. Aladin weicht erschrocken zurück.*

**Geist:** Was willst du? Ich bin bereit dir zu gehorchen als dein Sklave, als Sklave dessen, der den Ring am Finger hat.

*Aladin kommt langsam hervor. Er sammelt die Edelsteine wieder auf, ohne dabei den Geist aus den Augen zu lassen.*

**Aladin:** Geist des Ringes, ich befehle dir, bringe mich zum Haus meiner Mutter!

*Musik. Geist und Aladin ab.*

### III. Im Hause Aladins

*Aladins Mutter geht unruhig auf und ab. Sie schaut aus dem Fenster.*

**Mutter:** Wo dieser Aladin sich nur wieder herumtreibt? Seit Stunden warte ich schon auf ihn.

*Aladin klopft heftig an die Tür. Sie öffnet.*

**Aladin:** Mutter, oh, Mutter, es war schrecklich!!

**Mutter:** Was war schrecklich, mein Sohn? Komm, setze dich hierher und erzähle!

**Aladin:** Ach, es war so viel. – Zuerst, ja, da habe ich die Prinzessin Bedrulbudur gesehen. Oh, sie ist schön, Mutter!

**Mutter:** Bist du von Sinnen? Darauf steht die Todesstrafe!

**Aladin:** Mutter, ich will sie zur Frau haben!

**Mutter** *(lacht bitter)*: Oh, Aladin, du Träumer! - Sohn einer mittellosen Schneiderswitwe! Und begehrt die Tochter des Sultans.

*Sie schüttelt unwillig den Kopf.*

**Mutter:** Deshalb bist du also so lange weggeblieben!?

**Aladin:** Nein, nicht nur. Ich bin danach wie von Sinnen durch die Straßen, über die Plätze und zur Stadt hinausgelaufen, du weißt ja. Und dann habe ich den Oheim getroffen, den Bruder meines Vaters.

**Mutter:** Lügner! Dein Vater hatte keinen Bruder! Bei Allah, nein!

**Aladin:** Ja, aber zuerst hat es der Zauberer behauptet. Und warte! Er hatte mir doch sogar einen Beutel mit Goldstücken für dich gegeben.

*Er wühlt in seinen Taschen, legt zuerst die Edelsteine und stellt dann die Öllampe auf den Tisch.*

**Aladin:** Oh weh, ich hatte ihm den Beutel ja zum Halten gegeben, bevor ich in die Höhle steigen musste.

**Mutter:** Aladin, du redest wirres Zeug. Schlafe jetzt und erzähle mir morgen alles in Ruhe.

**Aladin:** Mutter, ich habe schrecklichen Hunger!

**Mutter:** Tut mir leid, mein Sohn, es ist nichts mehr zu Essen im Haus und auch kein einziges Geldstück mehr, um etwas kaufen zu können.

**Aladin:** Du, Mutter, könntest du nicht die Glitzersteine verkaufen?

**Mutter:** Ach, sicher wertloses Zeug! Aber warte, diese alte Öllampe da, könnte man vielleicht noch gebrauchen. Ich werde sie schön sauber machen, und dann bringt sie vielleicht noch das Geld für ein frisches Brot.

*Sie holt einen Lappen und beginnt an der Lampe zu reiben. Donner, Blitz, der Geist der Lampe erscheint. Die Mutter fällt in Ohnmacht, Aladin springt zur Seite. Der Geist verneigt sich und spricht.*

**Geist:** Was willst du? Ich bin der Geist der Lampe. Ich bin bereit, dir zu gehorchen als dein Sklave und als Sklave aller derer, welche die Lampe in der Hand haben, sowohl ich als die anderen Sklaven der Lampe.

**Aladin:** Ich habe Hunger. Bringe mir etwas zu essen!

*Musik. Geist ab.*
*Aladin bemüht sich um seine Mutter.*
*Der Geist kommt wieder und trägt mit zwei Dienern das Essen auf.*
*Aladin und seine Mutter setzen sich an den Tisch, der Geist legt ihnen die Speisen vor.*

**Aladin:** Sage mir Geist, diese Glitzersteine da, sind sie etwas wert?

**Geist:** Sie sind von einer solch seltenen Größe und Schönheit, wie es nur Edelsteine sein können, die man in verzauberten Erdhöhlen findet.

**Aladin:** Danke! Du kannst gehen! Ich rufe dich wieder, wenn ich dich brauche.

**Geist:** Immer zu Diensten, oh Herr!

*Aladin und seine Mutter speisen, die beiden Diener bedienen sie.*

*Tischmusik.*

**Mutter:** Ein herrliches Mahl! Und schau nur, Aladin, die Schüsseln sind aus feinstem Silber!

**Aladin:** Und die Teller! Pures Gold! Mutter, jetzt brauchen wir nie wieder Not leiden. Wir sind reich! Und nun, bitte, bitte, liebe Mutter, gehe zum Sultan und halte für mich um die Hand seiner Tochter an! Nimm alle Edelsteine hier als Brautgeschenk! Der Sultan wird sicher nicht nein sagen, wenn er diese Schätze sieht. Die Diener können sie ja tragen.

**Mutter:** Aladin, bist du wahnsinnig?

**Aladin:** Mutter, ich habe die Schönheit der Prinzessin gesehen. Sie ist ein Teil meines Traumes. Ich kann ohne sie nicht mehr leben. Bitte, Mutter!!!

**Mutter:** Armer Junge, es ist der pure Wahnsinn! Aussichtslos! Und wird uns beide in Gefahr bringen! - Doch ich werde es wagen. Morgen früh, wenn der Palast wieder geöffnet ist, werde ich zum Sultan gehen.

*Musik.*

### IV. Palast des Sultans

*Sultan und Großwesir spielen Schach.*
*Zwei Diener fächeln ihnen mit zwei großen Fächern Luft zu. Ein Flötenspieler sitzt dabei und spielt.*

**Großwesir:** Erhabener Sultan, ich gebe mich geschlagen. Wieder einmal habt ihr eure große Weisheit und Umsichtigkeit bewiesen.

**Sultan:** Auch ihr habt nicht schlecht gekämpft, Großwesir! Morgen werde ich euch zur Revanche auffordern, denn nun ist die Stunde der Bittsteller!

*Palastwachen treten vor. Sie fallen vor dem Sultan zu Boden und erheben sich wieder.*

**Palastwache:** Großmächtiger Sultan, eine einfache Frau, begleitet von zwei vornehmen Dienern, begehrt Einlass. Sie sagt, sie wolle Geschenke überbringen.

**Sultan:** Lasst sie herein!

*Mutter verbeugt sich tief, erhebt sich auf einen Wink des Sultans.*

**Mutter:** Erlaubt, oh Herr, dass ich euch ein Geschenk meines Sohnes Aladin, verbunden mit einer Bitte, überreiche.

*Sie winkt die Diener heran. Der Sultan hält die Edelsteine ans Licht und ist begeistert.*

**Sultan:** Welcher Glanz! Welche Klarheit! Nein, diese Größe! Ein Geschenk, welches einem Sultan gebührt! Und nun, gute Frau, äußert eure Bitte.

**Mutter:** Edler Sultan und Herrscher! Ich, die Witwe des Schneiders Mustafa, Allah möge ihm das Paradies schenken, möchte bei euch um die Hand eurer Tochter, Prinzessin Bedrulbudur, für meinen ehrenwerten Sohn, Aladin, anhalten.

**Sultan:** Oh, eine große Bitte ... Aber auch ein angemessenes Brautgeschenk für meine Tochter, der Sonne unter dem Wüstenhimmel! Ich werde mich mit meinem Großwesir beraten.

*Musik.*
*Großwesir und Sultan tuscheln und schließlich spricht der Sultan.*

**Sultan:** Höre! Die Prinzessin ist eines viel größeren Geschenkes wert. *(Überheblich)* Sage deinem Sohn, er soll zehn solche Schalen, gefüllt mit reinem Gold, anschleppen lassen, dann werde ich es mir überlegen. Außerdem möge er selbst hierherkommen, damit ich mir ein Bild von seiner Erscheinung machen kann! Ich erwarte ihn mit den Geschenken!

*Mutter und die Diener verbeugen sich. Ab!*

**Sultan** *(zu einem Diener):* Sklave, bitte die Prinzessin, hierher zu kommen. *(Zur Palastwache):* Ruft die Säbeltänzer herein! Wir wollen unterhalten werden.

*Prinzessin und Tänzer erscheinen.*
*Tanz mit den Säbeln.*
*(Brahms: Ungarische Tänze)*

**Palastwache:** Großmächtiger Herrscher, Aladin mit seinem Gefolge naht.

*Aladin tritt ein, mit ihm die Mutter und die Diener mit den Geschenken, alle in kostbarer Kleidung.*
*Aladin will sich niederwerfen, aber der Sultan eilt auf ihn zu und fasst ihn am Arm.*

**Sultan:** Seid mir willkommen, edler Herr. Sprecht! Was ist euer Begehren?

**Aladin:** Großmütiger Herrscher, ich bitte euch um die Hand der Prinzessin Bedrulbudur.

*Der Sultan winkt seine Tochter heran.*

**Sultan:** Ich könnte mir keinen besseren Schwiegersohn wünschen *(dabei schielt er ganz auffällig zu den Edelsteinen)*. Bald schon soll die Hochzeit sein! Bist du einverstanden, meine Tochter?

*Die Prinzessin nickt mit dem Kopf.*
*Er legt den beiden die Hände ineinander.*

**Aladin:** Noch eine Bitte, edler Herrscher! Gewährt mir, dass ich vor unserer Hochzeit einen Palast neben dem euren erstellen lasse. Einen Palast, der unserer wunderschönen Prinzessin an Schönheit gleicht.

*Der Sultan nickt.*

**Sultan:** Und nun kommt, wir wollen zusammen feiern.

*Sie setzen sich.*
*Musik.*
*Tänzerinnen treten auf.*

## V. Aladins Palast

*Leise Musik im Hintergrund.*

**Erzähler:** Der Palast Aladins war noch größer und schöner als der des Sultans. Das junge Paar lebte glücklich darin, bis eines Tages der böse Zauberer im fernen Afrika herausfand, dass Aladin im Besitz der Wunderlampe war und durch sie Glück und Wohlstand gefunden hatte. Sofort machte er sich auf den Weg um sich die wunderbare Öllampe zu holen. Er fand Aladins Palast und erfuhr zu seiner Freude, dass Aladin für ein paar Tage zur Jagd gegangen war. Augenblicklich ersann er sich eine üble List!

*Die leise Hintergrundmusik wird jetzt laut und drohend. Prinzessin und ihre Dienerinnen im Raum.*

**1. Dienerin:** Hört nur, vor unserem Palast ruft ein Hausierer!

*Sie öffnet das Fenster.*
*Man hört aus dem Hintergrund das Rufen.*

**Zauberer:** Öllampen! Tausche Öllampen! Eine alte gegen eine neue! Tausche Öllampen! Alt gegen neu!

*Die Dienerin beginnt zu lachen.*

**1. Dienerin:** So ein Narr!

**2. Dienerin:** Dort oben steht doch so ein altes Ding! Der Herr hat es dort abgestellt, bevor er zur Jagd ging. Ob wir den Spaß wagen sollten?

**Prinzessin:** Das tun wir. Aladin wird sich über den Tausch sicher freuen.

*Sie holt die Lampe und reicht sie einer Dienerin.*

**Prinzessin:** Hier, probiert, ob es klappt!

*Dienerinnen ab.*
*Prinzessin Bedrulbudur schaut aus dem Fenster.*

**Prinzessin:** Tatsächlich – er tauscht – aber was ist denn das? *(Erschrocken)* Der ganze Palast hebt sich! Schwebt durch die Luft! Hilfe! Hilfe!

*Windgeräusche. Ein großes, blaues Seidentuch (Futterseide) wird von einigen Kindern wie ein Vorhang hochgehalten und geschwungen. Aladin tritt vor diesen Vorhang. Musik traurig – leise.*

**Aladin:** Wehe mir! Ich Unglücklicher! Mein schöner Palast verschwunden! Und mit ihm meine geliebte Bedrulbudur! Und der Sultan fordert meinen Kopf, wenn ich ihm seine Tochter nicht wiederbringe. Was soll ich nur tun? Auch die Wunderlampe ist fort! Ich bin verloren! *(Er rauft sich die Haare.)* Mein schillernder Traum – verweht – zerplatzt – zerstört!
Doch halt!! Noch habe ich den Ring!!!!

*Er dreht den Ring am Finger. Der Geist des Ringes erscheint mit Blitz und Donner.*

**Geist:** Was willst du, Herr! Ich bin bereit dir zu gehorchen als dein Sklave.

**Aladin:** Guter Geist des Ringes, bringe mir den Palast mit meiner Frau wieder zurück!

**Geist:** Oh Herr, das kann ich nicht. Der Palast steht unter der Herrschaft des bösen Zauberers. Der ist mächtiger als ich. Nur der Geist der Lampe könnte den Palast zurückbringen. Aber auch die Wunderlampe ist im Besitz des alten Zauberers.

**Aladin:** Dann bringe mich zum Palast! Geist des Ringes, ich befehle dir, setze mich vor dem Fenster meiner Bedrulbudur ab!

*Windgeräusch. Vorhang bewegt sich wieder.*
*Kinder mit Vorhang ab.*
*Vogelstimmen, Flöte.*
*Bedrulbudur schaut aus dem Fenster.*

**Aladin** *(leise):* Bedrulbudur! Bedrulbudur!

**Prinzessin:** Aladin!!! Bist du es wirklich? Oh, ich hatte solche Angst, dass wir uns nie wiedersehen würden. Ein widerlicher, alter Zauberer hat mich mit dem ganzen Palast hierher entführt. Du, ich glaube, alles hängt mit der alten Öllampe zusammen.

**Aladin:** So ist es! Ach, ich hätte die Lampe besser verwahren sollen. Es ist eine Wunderlampe. Wir müssen sie unbedingt wiederhaben. Weißt du, wo er sie aufbewahrt?

**Prinzessin:** Ja, er trägt sie unter seinem Gewand. Ach, Aladin, es ist schrecklich! Jeden Abend kommt er hierher. Er behauptet, ich würde dich nie wiedersehen, und, und, er wollte mich heiraten!

**Aladin:** Sei nur unbesorgt. Ich habe schon einen Plan. Höre zu, wenn er heute abend wiederkommt, speise und trinke mit ihm, und wenn er nicht aufpasst, schütte ihm dieses Pulver hier in den Wein. Er muss den Becher aber mit einem Zug leeren! Und pass auf, dass du nicht die Becher verwechselst!

**Prinzessin** *(aufgeregt):* Ich glaube, er kommt schon! Schnell, Aladin, verstecke dich! Und ihr, meine Dienerinnen, tragt die besten Speisen auf und den stärksten Wein.

*Dienerinnen und Aladin ab. Der Zauberer kommt.*

**Prinzessin:** Seid gegrüßt, großer Zauberer! Kommt her und setzt euch! Meine Dienerinnen werden uns mit den köstlichsten Speisen verwöhnen.

**Zauberer:** Es ist mir eine außerordentlich große Freude, schöne Prinzessin, dass ihr mir endlich freundlich gesinnt seid.

*Sie setzen sich. Musik. Das Essen wird aufgetragen. Der Zauberer betrachtet es genüsslich, während Bedrulbudur am Nebentisch den Wein ein-*

*schenkt. Sie schüttet das Pulver in ein Glas und reicht es dem Zauberer. Sie nimmt das zweite Glas und erhebt es.*

**Prinzessin:** Mächtiger Zauberer, auf Euer immerwährendes Wohl!

*Der Zauberer trinkt und sinkt augenblicklich zusammen. Aladin betritt die Bühne und holt die Lampe aus dem Mantel des Zauberers.*

**Aladin:** Bedrulbudur! Wir sind gerettet! Nun erschreckt nicht über das, was gleich geschehen wird.

*Die Dienerinnen treten zur Seite und Aladin reibt an der Lampe. Augenblicklich erscheint der Geist.*

**Geist:** Was willst du? Ich bin der Geist der Lampe. Ich bin bereit dir zu gehorchen als dein Sklave und als Sklave aller derer, welche die Lampe in der Hand haben, sowohl ich als auch die anderen Sklaven der Lampe.

**Aladin:** Geist der Lampe, ich befehle dir, bringe unseren Palast mit allem, was darinnen ist, zurück auf den Platz, auf dem er errichtet wurde!

*Donner. Geist ab.*
*Vorhang, Windgeräusche. Ausgangsmelodie*

### 3. Bühnenbild und Kostüme zu diesem Spiel

#### a) Auf dem Bazar

Tische werden mit bunten Tüchern umhüllt und mit Stoffen, Backwaren, Waffen, Schmuck und Kunstgegenständen vollgehäuft. Es ist möglich, hier Dinge, die im Unterricht angefertigt wurden, auszustellen und nach dem Spiel zum Verkauf anzubieten.

Für das Puppenspiel brauchen wir eine kleine Marionettenbühne, die durchaus aus Stühlen bestehen kann, deren Sitzflächen den Zuschauern zugewandt sind. Die Spieler stehen dann hinter den Stuhllehnen. Da das Puppenstück in einer Höhle spielt, werden die Stühle mit grünen und grauen Tüchern verhängt. Die Puppen sind einfache Tuchmarionetten, die aus einem glänzenden Stoff angefertigt werden.

Der Drache wird aus mehreren aneinandergebundenen, grün beklebten Papierwalzen hergestellt. (Vgl. *ABC mit allen Sinnen* Seite 62)

Im Hintergrund der Bühne hängen auf große Plakate gemalte Häuser einer orientalischen Stadt.

#### b) Am Brunnen

Aus stabiler Pappe gestalten wir einen großen Ziehbrunnen. Neben dem Brunnen stehen mehrere Palmen. Als Requisiten werden ein Wassereimer mit Seil und Tonkrüge gebraucht. Im Hintergrund der Bühne ist die Schattenwand aufgebaut. Sie wird mit grauen Tüchern behängt, so dass der Eindruck eines Höhleneinganges entstehen kann.

Hinter der Wand befinden sich die Edelsteine, eckig geschnittene Farbfolienstücke, deren Kanten eventuell mit einem dünnen, schwarzen TLP-Stift angedeutet sind (sie sind an einer Stelle auf dem TLP aufgehäuft) und die Öllampe (sie wird im Schattenriss dargestellt, an einem Holzklötzchen befestigt, so dass sie schattenwerfend im Greifbereich von Aladin aufgestellt werden kann). Dies wird nach dem Einschalten des Lichtes (TLP mit bunter Folie) sichtbar.

Bevor Aladin die Höhle verlässt, nimmt er bunte Glasstücke und eine Öllampe (Herstellung der Öllampe siehe Band 2 Bestell-Nr. A355, Kapitel „Licht und Schatten")

☛ Mit etwas Glück kann man einen Herstellungsbetrieb für Kirchenfenster oder eine Glasbläserei ausfindig machen und dort Abfallstücke erhalten. Die Glaskanten muss man allerdings mit wasserfestem Schleifpapier (Körnung 200 bis 280) nass schleifen, damit sich die Kinder nicht verletzen können.

#### c) Wohnung in Aladins Haus

Teppiche auf dem Boden, niedriger Tisch, Sitzkissen. Wir müssen Schalen und Schüsseln bereithalten, die gegebenenfalls mit Goldfolie umhüllt werden. Außerdem brauchen wir Früchte und Speisen aus Plastik, Pappmaché oder Salzteig.

### d) Palast des Sultans

Mit Vorhängen und Säulen aus Stahl oder dickem Karton wird der Palast aufgebaut. Der Sultan sitzt auf einem Stuhl mit einer sehr hohen Lehne oder in einem entsprechenden Sessel. Ein langer Läufer führt zum Thron hin.

### e) Aladins Palast

Wir schmücken die Vorhänge und Säulen des ersten Palastes mit goldenen Girlanden und legen über den Thron ein glänzendes Tuch. Vor dem Palast muss sich ein Vorhang befinden, der zugezogen werden kann. Wenn wir in einem Klassenzimmer oder einer Halle ohne Bühne spielen müssen, spannen wir hierzu ein dünnes Drahtseil von Wand zu Wand. In diesem Fall brauchen wir einen sehr leichten Stoff. Er wird mit Wäscheklammern festgehalten, durch die das Drahtseil vorher gefädelt wurde.

Notfalls können auch mehrere Kinder eine lange, aber leichte Stoffbahn (Chiffon oder Seide) hochhalten. Das hat den Vorteil, dass sie sie dann kräftig „im Flugwind" wehen lassen können.

### f) Kostüme

Die Mädchen tragen lange Gewänder und Kopftücher, die Prinzessin eventuell einen hauchzarten Gesichtsschleier. Die Jungen tragen weite Blusen zu Pluderhosen und Schärpen um die Taille. Die Pluderhosen werden sehr weit zugeschnitten und im Bund und an den Hosenbeinen mit Wäschegummis zusammengezogen. Das Sultansgewand besteht aus einem langen, weiten Gewand und einem weitgeschnittenen Morgenmantel.
Die Turbane werden mit Schals oder Handtüchern gewunden und mit großen Stichen oder Sicherheitsnadeln zusammengenäht. Krummsäbel für die Palastwachen und den Waffenstand auf dem Bazar basteln wir mit den Kindern aus Pappe und besprühen sie mit Lackfarbe oder umwickeln sie mit Folie.

### g) Musik

Die Musik haben wir weitgehend entnommen aus: Arabian Affair, Abdul Hassan Orchestra, Disco-Version. Außerdem haben unsere ausländischen Kinder sehr schöne Musikkassetten aus der Türkei mitgebracht.

## V. Heraus aus dem Alltagstrott

### a) Mit den Großeltern etwas unternehmen

Nachdem alle Schülerinnen und Schüler das Buch „Erzähl mir mehr, Großvater Bär" gelesen haben, gibt es im Erzählkreis viel zu berichten. Jedes Kind wünscht sich so einen Großvater, der Zeit hat und der mit seinem Enkelkind etwas unternimmt. Deshalb beschließen wir ältere Leute zu besuchen, um herauszufinden, ob es tatsächlich irgendwo solche Opas und Omas gibt.

☛ Vielleicht lässt sich in einer Bücherei noch das Buch von Wippersberg „Mit Großvater auf Safari" auftreiben. Wenn nicht, kann man den Kindern kurz von dem Großvater erzählen, der nach einem Arztbesuch beschließt, in die Garage zu ziehen und im Garten auf Safari zu gehen. Seine Enkelkinder erleben viele lustige und spannende Situationen mit ihm und seinem eigenwilligen Pferd.

Wir lesen gemeinsam das Gedicht „Ausblicke – Einblicke". Danach denkt jeder für sich einige Minuten darüber nach, was man tun könnte, und wie man mit dem Vorhaben beginnen kann.

**Gedicht:** Ausblicke – Einblicke

**Ausblicke**
Sie sitzen in Kästen aus Stein und Beton,
hier die Jungen,
dort die Alten.
Sie schauen hinaus aus gläsernen Vierecken
auf eckige Straßen und eckige Plätze,
die grau sind vom Regen.
Die gerade Linie schmerzt in ihren Augen,
die grautrübe Farbe in ihrem Gemüt.

**Einblicke**
Sie sitzen in eckigen Kästen
allein
und schauen in eckige Kisten,
in denen die Welt vorüberläuft.
Sie sollten sich eine Idee herausnehmen,
eine einzige nur,
aus einer Kiste voll von Illusion,
aus einer Kiste voll von Erinnerung.
Sie sollten sich zusammentun
und diese eine Idee verwirklichen.

**b) Planung und Durchführung eines altersgemischten Projektes**

Jedes Kind überlegt, ob es eine ältere Person kennt, die man zu einer gemeinsamen Handlung motivieren könnte. Das kann der eigene Großvater sein, aber auch die einsame Rentnerin an der Straßenecke oder irgendeine Ersatzgroßmutter, die man sich über eine Zeitungsannonce (es gibt ja Zeitungen, in denen man kostenlos inserieren kann) sucht oder die ältere Dame, die dem Ortspfarrer aus dem Seniorenkreis bekannt ist, und die im Altersheim sehnlichst auf Besuch wartet.

Die gewählten „Großeltern" werden dann von den Kindern besucht. Zu diesem Besuch nehmen alle ein Buch mit und lesen daraus vor.

Wenn wir den Kindern in der Schule von der Idee des leider vergriffenen Buches von Wippersberg, „Mit Großvater auf Safari" berichtet haben oder, falls wir es in einer Bücherei noch auftreiben konnten, daraus vorgelesen haben, erzählen auch sie ihren Gesprächspartnern sehr gerne von dem Großvater, der in die Garage umzieht, sich ein Pferd kauft und im Garten auf Safari geht, weil sein größter Wunsch, einmal in Afrika an einer Großwildjagd teilnehmen zu können, nach einem Arztbesuch wohl nicht mehr in Erfüllung gehen kann.

Danach folgt das in der Schule vorbereitete Gespräch mit den entscheidenden Fragen:

- Hast du auch solche Wünsche, die du schon immer einmal verwirklichen wolltest?
- Hast du schon einmal etwas ganz Besonderes erlebt?
- Hast du Bilder davon oder andere Erinnerungsgegenstände?
- Hast du auch schon einmal etwas erfunden wie Großmutter Tilla, die Erfinderin?
- Möchtest du mir davon erzählen oder eine Geschichte auch für meine Mitschüler aufschreiben?
- Wollen wir zusammen etwas erfinden?

In der Schule richten wir uns ein schwarzes Brett ein, auf dem jeder seine gefundenen Projektthemen bekannt gibt. Nun können die Kinder Zeitschriften, Bücher, Poster und Unterlagen zu den einzelnen Vorhaben mit in die Schule bringen. Es kann sich ein interessanter Meinungsaustausch zwischen den Schülern und vielleicht sogar zwischen den beteiligten Senioren anbahnen. Vielleicht treffen wir uns auch an einem Nachmittag zu einem gemeinsamen Besuch in der Stadtbücherei. Nicht jeder hat eine Garage und will diese umfunktionieren. Aber sicher lässt sich so manches triste Zimmer (eventuell auch Kinderzimmer) durch gebastelte oder zusammengetragene Requisiten mit neuem Leben füllen.

Jobsharing, Timesharing, warum nicht auch Tiersharing, wenn sich sowohl Großeltern als auch Enkelkinder ein Tier wünschen, und sich diesen Wunsch erfüllen können, indem beide Verantwortung für die Pflege und Unterhaltung übernehmen wollen.

Vielleicht lassen sich manche Projekte auch im Freien verwirklichen, eventuell müssen einige Vorhaben auch ganz klein und bescheiden als Buch oder Theaterkiste ausfallen, vielleicht können manche auch nur an einem gemeinsamen Nachmittag in der Schule kurz vorgeführt werden.
Wichtig ist die Idee, dass ein junger und ein alter Mensch etwas zusammen unternehmen, was beiden Spaß macht.
Die benötigten Materialien sollten nicht zum Problem werden.

Wir überlegen zusammen mit den Kindern, wo man was herbekommen kann.

- Bücher und Informationsmaterialien holen wir in der Bücherei.
- Einige Bastelmaterialien lassen sich auf dem Schrottplatz billig erstehen.
- Wir suchen Zeitungsinserate unter der Rubrik „Zu verschenken", „Billig abzugeben".
- Wir fragen nach bestimmten Materialien bei anderen Familien und in Geschäften.
- Puppen, Wandbehänge, Sets und Ähnliches aus textilem Material lassen sich aus Stoffresten oder manchmal sogar Altkleidern herstellen.
- Für Dinge aus Papier kann man Resttapeten verwenden.
- Naturmaterialien findet man auf gemeinsamen Spaziergängen.

Auch hier wird unsere Pinnwand zu einem wichtigen Zentrum für gegenseitiges Austauschen von Meinungen, Ideen und Gegenständen.

Am Ende des Projektes sollte dann eine abschließende Sitzung stattfinden, bei der Ergebnisse in Wort und Bild vorgestellt werden können. Und eigentlich könnte dieses Treffen dann schon wieder Anregungen geben für ein neues Projekt unserer altersgemischten Teams!

☛ Da die Großeltern vieler Kinder in anderen Orten wohnen, werden die Kinder auch gerne Briefe schreiben, um ihre Oma oder ihren Opa zu befragen. Es war für alle Schülerinnen sehr interessant, wenn ein Kind einen Antwortbrief erhalten hatte, und diesen zum Vorlesen mit in die Schule brachte.

Es war rührend zu lesen, wie sehr sich die Senioren darüber gefreut hatten, Post von ihren Enkeln zu erhalten, und zu sehen, wie sehr diese über die Rückmeldung und das Lob über ihre Briefe strahlten.

Es kamen dann auch wirklich zahlreiche Wünsche und Ideen zustande. Viele Großeltern hatten sich auch Reisen gewünscht, Reisen in ferne Länder, auf einsame Inseln, Reisen um Menschen kennen zu lernen oder Tiere zu sehen. Im Alter nun wünschten sie sich mit ihren Enkelkindern zu wandern oder eine Radtour zu machen. Andere erzählten, dass sie als Ersatz Bücher lesen würden, eine Großmutter schrieb ihrem Enkelkind: „Spielt nur im Garten hinter eurem Haus Indianerspiele. Dann ist dort auch Amerika." Man kann diesen Satz zum Anlass nehmen für eine Spielexkursion:

**Spielexkursion**
Wir nehmen einen Wandertag zum Anlass um zu einer Waldhütte zu wandern. Die Kinder sind die Siedler, die in der Hütte leben. Vielleicht begleiten uns sogar einige Großeltern!
Rund um die Hütte ist Indianerland. Die Indianer allerdings treten nur imaginär auf, damit auch eventuelle Kampfhandlungen nur pantomimisch ausgetragen werden. Die Kinder können im Spiel auf Jagd gehen. Während dieser Zeit kann die Großmutter oder der Großvater von den Indianern „entführt" werden, so dass alle sie suchen müssen.

Ist dies gelungen, gibt es ein „Fest-Würstchen-Essen" am Lagerfeuer. Wenn wir so liebenswürdige Großeltern haben, die einen Hefeteig ans Lagerfeuer bringen, können die Kinder sogar Stockbrot essen. Ein Teigstück wird dann zu einer langen „Wurst" gezwirbelt und um einen Stock gewickelt. Nun kann er über der heißen Glut (oder hoch über der Flamme!!) gebacken werden.

Einen solchen Tag werden die Kinder gerne zum Anlass nehmen um ein Bilderbuch darüber zu schreiben. Die Bilder werden gemalt oder als Originalfotos eingeklebt.

**c) Bilderbuch: Mit Oma in der Prärie**

Nach dem Gespräch über die Wünsche und Träume der Großeltern und der Exkursion erhalten die Kinder folgenden Anfang einer Geschichte.

*„Ist es schlimm für dich, Oma, dass dir der Arzt die Amerikareise verboten hat?" fragte Markus teilnahmsvoll. „Wo du doch dein ganzes Leben lang schon immer mal dorthin wolltest", fügte Jasmin hinzu. Oma schaute die Kinder lange an. Dann sah sie durch das Fenster. Es schien so, als habe sie die Frage und auch ihre beiden Enkelkinder vollkommen vergessen. Aber dann sagte sie: „Da draußen im Garten, gleich hinter dem Haus ist auch schon Amerika. Wenn wir es nur wollen! Kommt, wir spielen zusammen!"*

Die Kinder überlegen im Gesprächskreis, wie die drei wohl *Indianer in Amerika* spielen könnten. Sie klären ab, weshalb sie nicht mehr bei ihrem Stamm sind, und was sie tun könnten um zu diesem zurückzufinden. Nachdem einige Ideen zusammengetragen sind, gliedern wir vier Aufgabenbereiche heraus:

- Wie werden sie sich als Indianer kleiden?
- Wie sehen ihre Haare, Frisuren usw. aus?
- Welche Dinge und Geräte werden sie brauchen?
- Was werden sie selbst anfertigen?
- Was müssen sie „organisieren"?
- Wo kochen sie und welche Speisen bereiten sie zu?
- Wo sollen sie wohnen? Wollen sie alleine bleiben oder versuchen sie ihren Stamm zu finden?

Jede Gruppe erhält ein Blatt mit klar umrissenen Fragestellungen:

**Gruppe 1**
Was ziehen die drei an, wenn sie Indianer spielen? Denkt an Kleider, an Schmuckstücke, Federschmuck, Haarfarbe, Hautfarbe! Wie kommen sie zu diesen Dingen? Was werden andere Leute dazu sagen, z. B. die Eltern der Kinder oder die Nachbarn?

**Gruppe 2:**
Welche Dinge werden sie als Indianer brauchen? Denkt an Pfeil und Bogen, Friedenspfeife, Webrahmen, Spiele! Wo bekommen sie diese Sachen her? Was werden die Eltern der Kinder dazu sagen, z. B. wenn Markus eine Pfeife aus Papas Pfeifenschrank holen möchte. Können sie sich ein Pony oder ein anderes Reittier ausleihen oder kaufen?

**Gruppe 3:**
Wie können sie sich im Garten eine Feuerstelle anlegen? Wie werden die Nachbarn darauf reagieren? Welche Speisen können sie am Lagerfeuer zubereiten? Wie können sie Maiskörner zermahlen und auf den heißen Steinen Fladen backen? Wen laden sie zum Essen ein?

**Gruppe 4:**
Mit welchen Hilfsmitteln können sie sich ein Tipi bauen? Was legen sie auf den Boden? Worauf schlafen sie? Wen könnten sie einladen, damit es wieder mehr Stammesmitglieder gibt? Werden sie ein Freudenfest feiern?

Auf den folgenden Seiten die Ergebnisse einer dritten Klasse.

## Ergebnisse einer dritten Klasse

*Zuerst wollten sie Kleider nähen. Oma fragte: „Woher nehmen wir nur den Stoff?"*
*„Oh, Mutter hat noch braunen im Schrank", fiel Jasmin ein. „Ich werde ihn holen!" Da sagte die Oma: „Du musst aber zuerst fragen, sonst bekommst du noch Arrest und wir können nicht draußen spielen." Aber Jasmin schlich trotzdem ohne zu fragen an den Schrank. Und schon wurde sie von Mutter erwischt. „Zur Strafe darfst du heute nicht mehr raus!" rief sie. Aber Jasmin sagte schnell: „Oma braucht den Stoff." „Dann bring ihn der Oma!" So konnte die Oma schöne Indianerkleider nähen.*

*Es ist in Amerika so üblich, dass Indianerfrauen schwarze Haare haben. Da fiel es der Oma auch wieder ein: Sie wollte doch schon immer schwarze Haare haben! Also stürmte Oma zum Einkaufen. Zuerst ging es gar nicht so rasch, denn sie fand nicht die richtige Farbe. Dann hatte sie sie endlich gefunden und rannte heim, so schnell sie konnte. Im Badezimmer färbte sie sich die Haare rabenschwarz.*

*Als sie dann endlich wieder draußen im Garten war, da sah der Nachbar sie.*

*Erstaunt fragte er: „Hallo Lina, was hast du denn mit deinen Haaren gemacht?" „Ich habe sie gefärbt", antwortete Oma.*

*Jetzt fehlte ihnen nur noch der Schmuck. Sie sahen die Schmuckkiste. Jasmin machte sie auf. Dann nahm sie die Kette heraus. „Halt mal," rief da Mutter laut, „was habt ihr hier zu suchen?" „Hm, g-gar nichts", stotterte Oma. „Und was hast du da in der Hand, Jasmin?" fragte Mama. „Eine Kette!"*
*„Und was wollt ihr mit meiner Kette?" wollte Mutter wissen. „Wir brauchen sie zum Indianerspielen", sagte Oma und ging hinaus. „Na, so was!" sagte Mama und schüttelte den Kopf. „Dann nehmt sie halt. Aber jetzt lasst mich schlafen!"*

*„Indianer brauchen Pferde", sagte Markus. Er ging zu Verwandten, die Pferde hatten. Er wollte das lustigste Pferd holen. Als er zu dem Pferdestall kam, stand es schon bereit. Er durfte es mitnehmen.*
*Zu Hause, im Garten, ließ das Pferd gleich Pferdeäpfel fallen, mitten auf den gepflasterten Essplatz! Da mussten sie gleich putzen. Na, ja!*

*Markus und Oma überlegten, wie sie den Nachbarn zur Verzweiflung bringen könnten. Am nächsten Tag bat Markus den Vater um eine Friedenspfeife. „Zu was brauchst du denn eine Pfeife? Du bist noch so ein kleiner Hosenschisser und möchtest schon eine Pfeife? Hihi, hihi ..., dass ich nicht lache! Und jetzt sage mir endlich, wozu du sie haben willst!"*
*„Die Oma braucht sie, die Oma!" rief Markus. „Aha, die Oma, braucht sie", sagte Vater und staunte. „Na, von mir aus. Nimm sie, aber das ist das erste und letzte Mal!"*

*Markus ging in den Wald, um Haselnusszweige zu holen. Aber als er dort ankam, wurde es schon dunkel und er bekam Angst. Erschreckt hörte er es knistern, aber dann merkte er, dass er das selber war! Er musste lachen. Als er die Stöcke gesammelt hatte, ging er wieder zu Oma und Jasmin. Er holte das beste Küchenmesser und gute Schnüre. Dann spannte er den Bogen. Die Pfeile schnitzte er so spitz wie eine Nadel. „Geschafft!" sagte er, als alles fertig war.*

*Die Spiele besorgte die Oma. Aber dann spielten sie am liebsten Verstecken. Oma versteckte sich im Apfelbaum und Markus in einem dichten Busch. Als Jasmin Markus gefunden hatte, suchten beide Oma. Aber sie fanden sie nicht. Oma kicherte im Apfelbaum. Die Kinder suchten schon eine halbe Stunde. Aber dann rief Oma: „Hilfe! Hilfe! Ich komme hier nicht mehr herunter!" Schnell liefen die Kinder der Stimme nach. Als sie Oma endlich entdeckt hatten, holten sie vorsichtshalber eine Leiter. Dann halfen sie Oma vom Apfelbaum herunter.*

*An einem Nachmittag wollten Oma, Markus und Jasmin ein Lagerfeuer machen. Sie schlichen um das Nachbarhaus, um bei dem alten Schuppen des Nachbarn ein paar schöne Sandsteine zu holen. Dieser hatte sie aber bemerkt und kam in den Garten. Doch Oma war schon weg. Markus und Jasmin saßen unter dem Busch am Zaun und kicherten. „Was habt ihr vor?" rief der Nachbar. Da sausten die Kinder auch davon. Doch als sie sich umdrehten, war Oma zurückgekommen und sprach mit dem Nachbarn. Markus und Jasmin staunten nicht schlecht, als der Nachbar die Oma zur Feuerstelle begleitete.*

*Markus rief: „Ich hole noch Holz!" Er ging in den Holzschuppen. Als dieser aber leer war, riss er einige Bretter aus dem Fußboden. Der Vater hörte es und als er sah, wie Markus mit den Dielen in den Garten hinausrannte, wollte er nachsehen, was Markus im Schuppen gemacht hatte. Er rannte hinein. Da machte es auch schon Krach! und er lag im Keller des Holzschuppens. Markus rannte zu dem schimpfenden Vater und half ihm heraus. Er sagte: „Oma braucht doch Holz für das Lagerfeuer! Den Rest hole ich woanders!"*
*Markus lief zum Nachbarn auf der anderen Seite des Zaunes. Er fragte: „Kommst du auch zum Essen ans Lagerfeuer?" Da wollte der Nachbar wissen: „Wo*

*habt ihr denn das Holz her?" Markus sagte ganz ruhig: „Na, da, von deinem Zaun", und zeigte auf die Lücke. Da tobte der Nachbar los: Ich verhaue dich Bursche! Ihr seid doch eine total verrückte Familie." Aber Markus sagte: „Ist ja gut. Komm mit zum Essen. Wir haben auch eine Friedenspfeife. Nach dem Essen können wir uns wieder versöhnen!"*

*Oma sah vielleicht aus: Lange schwarze Haare und ein langes buntes Kleid an! So rannte sie um das Lagerfeuer und sang. Dann bekam sie Hunger. Sie sagte: „Ich backe Fladen, das geht am leichtesten. Jasmin holte Maiskörner und Markus Salz und Wasser. Zwischen zwei Steinen zermahlten sie die Körner. Dann gab Oma sie in eine Schüssel und rührte Wasser und Salz hinein. Auf einem sehr heißen Stein buk Oma dann herrliche Maisfladen. Sie aßen, bis sie nicht mehr konnten. Dann wurden sie müde.*

*Oma sagte: „Jetzt bauen wir uns ein Tipi." Sie ging in Nachbars Garten und wollte Bohnenstangen holen. Da hörte sie plötzlich eine Stimme hinter sich. Es war die Nachbarin. „Sag mal, bist du das, Lina?" „Na klar, für wen hältst du mich denn? Vielleicht für eine Baumbesteigerin?" fragte die Oma und stieg auf den Baum, in dessen Ästen eine Bohnenstange verklemmt war. Als sie wieder herunter wollte, blieb sie an einem Ast hängen. Als die Nachbarin das sah, schrie sie: „Halte durch, Lina! Ich hole eine Leiter!"*

*So schnell sie konnte, kam sie mit der Leiter angesaust und stellte sie an den Baum. Oma ergriff die Leiter und stieg vom Baum. Dann rannte sie mit den Bohnenstangen aus dem Garten. Die Nachbarin half ihr beim Tragen. Jasmin sagte: „Das hat aber lange gedauert!" Die Oma antwortete: „Ja, ja."*

*Markus band die Stangen oben zusammen. Gemeinsam stellten sie sie auf. Nun rollte Oma den Stoff aus, den sie extra für das Tipi gekauft hatte, und stand auf die Leiter. Die Nachbarin fragte mit zitternder Stimme: „Soll ich jetzt gleich den Rettungswagen rufen oder erst nachher?"*

*Oma rief: „Nicht nötig. Ich fall schon nicht runter." Nach fünf Minuten aber saß Oma im Gras. Sie war von der vierten Sprosse heruntergefallen. Zum Glück war ihr nichts passiert! Aber die Nachbarin stand da und starrte erschrocken vor sich hin. Jasmin und Oma überlegten: „Wo bekommen wir nur Decken für unser Tipi her?" Da hatte Jasmin eine Idee. „Wir können ja die neue Sofadecke nehmen." „Genau," sagte Oma. Sie gingen ins Haus. Leider kam in dem Moment gerade Mutter zurück. „Weshalb bist du heute schon so früh wieder da?" wollte Oma wissen. „Ich gehe ja gleich wieder", sagte die Mutter. „Wo ist denn Markus. Ich muss mal mit ihm reden." „Das geht nicht!" sagte Oma. „Der ist draußen und spielt mit dem Pferd. Den kannst du jetzt nicht stören!" Da ging Mutter endlich wieder. Oma und Jasmin nahmen die Decke. Sie sangen und tanzten. „Wir sind die Indianer, tscha-tscha-tscha ..."*

*Das Tipi war aber sehr groß. Sie brauchten mehr Decken. Sie fragten die Nachbarin: „Hast du noch Decken für unser Tipi?" „Ja, ich glaube schon. Wartet einmal!" Oma und die Kinder setzten sich auf die schöne Sofadecke und warteten. Die Nachbarin kam zurück und sagte: „So, zwei habe ich noch gefunden. Ich glaube, das reicht." Aber Oma sagte: „Wenn du heute abend mit uns im Tipi schlafen willst, musst du noch viel mehr Decken mitbringen." „Oh, ich glaube, da komme ich nicht", sagte die Nachbarin. „Das ist mir zu kalt."*

*Die drei saßen bis spät am Abend noch am Lagerfeuer. Plötzlich war Markus verschwunden. Oma fragte: „Wo ist Markus?" „Weiß nicht", antwortete Jasmin.*
*Auf einmal raschelte es in dem Busch am Zaun. Oma erschrak und schrie auf. Sie fragte ängstlich: „Bist du das Markus?" „Klar, ist es Markus!" antwortete Jasmin. Sie sagte zur Oma: „Komm, dem jagen wir auch Angst ein!" Und Oma sagte erleichtert: „Ja, dem müssen wir eine fürchterliche Angst einjagen!"*

*Sie schlichen sich hinter einen anderen Busch. Nach einer Weile kam Markus und fragte: „Nanu, keiner mehr da?" Oma und Jasmin machten das Geräusch eines Wildschweins nach. Markus erschrak sehr und fragte mit zitternder Stimme: „Seid ihr das?" Da kamen sie lachend hinter dem Busch hervor.*

☛ Die Kinder drucken ihre Texte oder schreiben sie auf einem PC und gestalten dazu eine passende Illustrationsseite.
Farbige Tonpapierbögen werden gebunden und die Schülerarbeiten so eingeklebt, dass jeweils Text und Bild auf den gegenüberliegenden Seiten platziert werden.

H. Beck

## d) Aktivitäten zum Bilderbuch

### Tipis

Nach der Vorlage von Seite 49 schneiden die Kinder einen Leinenstoff aus und besticken ihn mit passenden Motiven. Acht kleine, gerade Ästchen, die etwas länger sind als der Radius des ausgeschnittenen Halbkreises, werden mit einem Bindfaden zusammengebunden und in der Form des Rundzeltes aufgestellt. Nun wird der Tipistoff um die Zeltstangen gelegt und mit kleinen Stichen befestigt. Aus vielen kleinen Tipis bauen die Kinder das Modell eines Indianerlagers. Mit kleinen Pfeifenputzerpüppchen können sie darin spielen.
Man kann die Tipis natürlich auch aus Papier bauen. Diese sind von selbst standfest.

## e) Fotobilderbuch mit Großvater Bär

Nach der Lektüre von „Erzähl mir mehr, Großvater Bär", fertigen die Kinder für Großvater Bär ein schönes Fotoalbum an, in dem die Bilder natürlich übersichtlicher angeordnet sind als in der Kiste. Das Bilderbuch soll die Form eines großen Teddybären haben. Für den Einband schneiden wir daher zwei identische Bärenformen aus dicker Pappe aus. Die Schülerinnen und Schüler bekommen sie als Vorlage für große Bilderbuchseiten aus farbigem Tonpapier. Sind alle Teddys ausgeschnitten, werden sie gebunden. Nun können die fertig gestellten Bilder und Texte der Kinder eingeklebt werden.

Jedes Kind schneidet hierzu einen kleinen Filzbären und ein Foto von sich selbst aus. Beide Bildchen werden zusammen mit Bildelementen, die aus buntem Papier ausgeschnitten wurden, auf eine Farbseite geklebt.

Da die Kommentare zu „Fotos" sehr kurz sein dürfen, können bereits Kinder des ersten Schuljahres so ein Bilderbuch gestalten. Auch die Texte werden schön gestaltet und auf ein farbiges Blatt aufgeklebt. Ganz zum Schluss bekleben wir die Vorder- und Rückseite des Bilderbuchteddys mit einem weichen Plüschfell. Als Augen und Nase nähen wir große Knöpfe an.

✂ Pappe, Tonpapier, farbiges Zeichenpapier, Kinderfotos, Filz, Plüsch, Knöpfe.

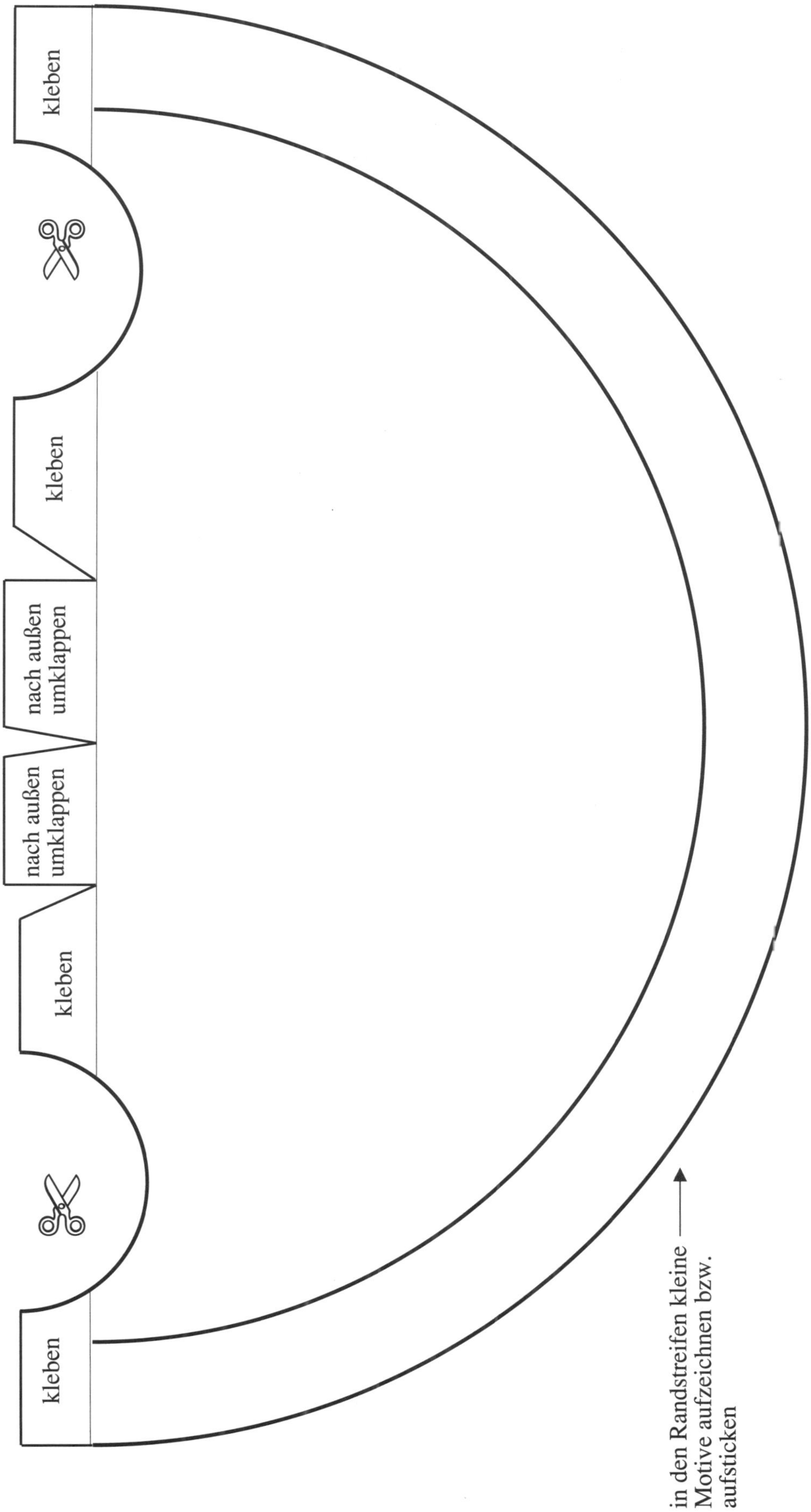
kleben
kleben
nach außen umklappen
nach außen umklappen
kleben
kleben
in den Randstreifen kleine Motive aufzeichnen bzw. aufsticken

## Indianerfest

Für ein Indianerfest bauen wir mit den Kindern ein großes Tipi, das im Mittelpunkt unseres Lagers aus vielen kleinen Zelten stehen soll. Am Abend wird am Lagerfeuer Stockbrot gebacken, dazu gibt es „Büffelfleisch“, das unser Metzger extra für uns zubereitet hat. Rindfleisch wurde in Salzlake eingelegt und geräuchert! Alle Kinder und eingeladenen Gäste waren von dem Büffelfleisch begeistert! Seither hat es unsere Metzgerei ständig im Angebot.

Die Spielideen für die Spiele beim Indianerfest entnehmen wir der „Indianerkartei“. Bestell-Nr. V506, Bezug über AOL-Verlag, 77839 Lichtenau.

Das bezugsfertige Tipi im Indianerlager.

Aus großen zusammengenähten Stoffbahnen wird ein großer Halbkreis ausgeschnitten.

Tücher zur Lagerumgrenzung werden angemalt.

Der Stoff wird an den Stangen befestigt.

Kinder bemalen und errichten einen Totempfahl aus Verpackungskartons.

# Keine Angst vorm Arztbesuch

Kranksein ist meist mit Schmerzempfinden und Angstgefühl verbunden und es gibt kein Kind, das nicht schon einmal eine derartige Situation hätte durchleben müssen. Deshalb hat diese Einheit existenziellen Charakter.

## I. Buchbetrachtung

### 1. *Ingrid Kötter:* Kroko beim Zahnarzt (Arena)

Ingrid Kötter beschreibt in ihrem Buch „Kroko beim Zahnarzt“ sehr einfühlsam und daher für die Leser nachvollziehbar die Angst eines Kindes vor und beim Zahnarztbesuch und die Überwindung dieser Angst.

Peter fürchtet sich schon Tage vorher vor der notwendigen Konsultation. Ganz schlimm wird es für ihn auf dem Hinweg zum Zahnarzt. Zum Glück hat er sein Krokodil, eine Handpuppe, dabei. „Das Krokodil kann kräftig zubeißen“, denkt er. Im Wartezimmer trifft Peter nette Mitmenschen, wie zum Beispiel den jungen Mann, der das Spiel Kofferpacken vorschlägt. Vor allem aber lernt er Herrn Ackermann kennen, der genauso wie er selbst, Angst vor dem Zahnarztbesuch hat, der sogar schon einmal gekniffen hat und deshalb von seiner Frau begleitet wird, damit er nicht noch einmal wegläuft.
Herr Ackermann ist es, der mit Peter ins Behandlungszimmer geht. Peter kann beobachten, dass das Bohren Herrn Ackermann wider Erwarten überhaupt nicht weh tut. Und als er selbst dran ist, erzählt Herr Ackermann so eine spannende Geschichte von einem Krokodil, das ebenfalls von einem Zahnarzt behandelt werden muss, dass Peter das Behandlungszimmer erst verlassen will, nachdem die Geschichte fertig erzählt worden ist.

Die Erzählung schließt mit einer gelungenen Pointe, die die lesenden Kinder beruhigt aufatmen lässt.
Der Inhalt des Buches ist einfach zu erschließen, kurze Sätze und eine übersichtliche Aufgliederung erleichtern das Lesen.

### 2. *R. Krenzer, E. Reuter:* Drache, kleiner Drache (Echter)

Wer ihn sieht, der muss ihn einfach gern haben, den kleinen Drachen und auch den kleinen schwerkranken Matthis. Trotzdem ist dieses Bilderbuch kein einfach liebes Buch, sondern eines, das eine große Problematik mutig anspricht.

Der Leser und Betrachter erfährt, dass es Krankheiten gibt, die auch trotz größter Bemühungen der Ärzte nicht immer heilbar sind. Der Text verschweigt auch nicht, dass manche Behandlungsmethoden nicht unbedingt schmerzfrei sind, dass kranke Kinder manchmal allein sein müssen und Schmerzen haben. Doch das Buch flößt keine Angst ein. Es tröstet vielmehr alle, die in irgendeiner Art und Weise mit Krankheit konfrontiert werden. Der kleine Drache kommt immer dann, wenn er am notwendigsten gebraucht wird. Er speit ganz wenig Feuer. Nur so viel, dass es Matthis richtig warm wird.

### 3. *A. Becker, E. Niggemeyer:* Ich bin beim Arzt (Ravensburger)

Dieses Fotobilderbuch aus der Reihe „Ich und die Welt“ zeigt in realistischen Schwarzweißbildern, was auf Kinder und Jugendliche beim Arztbesuch zukommen kann. Autor und Fotograf haben es sich zur Aufgabe gemacht, die verschiedensten Untersuchungs- und Behandlungsmethoden auf verständliche Art in Wort und Bild zu dokumentieren, mit dem Ziel, dass Kinder und Jugendliche sich besser vorstellen können, was die Ärzte in einem ähnlichen Fall wohl auch bei ihnen tun werden, und weshalb sie es tun müssen. Denn, wer sich besser auf eine Situation einstellen kann, wer weiß, was ihn in etwa erwartet, wird nicht so sehr mit Unsicherheit und Angst reagieren.
In derselben Reihe sind auch die zu unserem Themenbereich passenden Bände „Ich bin jetzt im Krankenhaus“ und „Ich gehe zum Zahnarzt“ erschienen.

### 4. *A. Lindgren:* Die Brüder Löwenherz (Oetinger)

Ein klassisches Kinderbuch, in dem es um Krankheit und Tod und um die Bewältigung dieser Phänomene geht. Der kleine Karl Löwe, Krümel genannt, weiß, dass er so krank ist, dass er bald sterben wird. Doch das Unfassbare geschieht: Sein großer Bruder Jonathan kommt durch einen tragischen Unfall ums Leben. Er bricht noch vor ihm auf und tritt die abenteuerliche und spannende Reise in das märchenhafte Land Nangijala vor ihm an.
Dieses Buch ist ein wahrhaft spannendes Leseabenteuer, in das sich unsere Dritt- und Viertklässler gerne vertiefen werden.

### 5. *Kirsch & Korn:* Ich wünsch dir „Gute Besserung“ (Ravensburger Spiel und Spaß)

Wer für ein Kind, das längere Zeit im Bett liegen muss, ein Geschenk sucht, dürfte in den meisten Fällen mit diesem Heft gut beraten sein. Denn in der farbenfroh bebilderten Ausgabe finden sich vielerlei Wort-, Bild- und Formenrätsel, Legespiele, eine kleine Bastelanleitung, Labyrinthe, einfach vielfältige Anregungen für ein krankes Kind, damit die Zeit schneller vergeht und die Krankheit ein wenig in Vergessenheit geraten kann.

## II. Aktionen gegen die Angst

### 1. Krokodilbilder

So ein Krokodil kann Angst machen, ein freundlicher Drache kann trösten. Nach der Lektüre der Bücher stellen die Kinder Arbeiten her, die diese Mutmacher verkörpern sollen.

#### a) Klebearbeit

Ein DIN A3-Blatt wird in allen möglichen Grünschattierungen mit Wasserfarben bemalt. Die Kinder reißen das Papier nach dem Trocknen in kleine Schnipsel und legen damit die Form eines Krokodiles oder eines Drachens auf ein schwarzes Tonpapier. Wenn das Tier seine endgültige Lage und Gestalt erreicht hat, wird es aufgeklebt. Aus roten, weißen und schwarzen Papierschnipseln werden zum Schluss noch Augen und Maul gestaltet. Die Flügel des kleinen Drachens können in allen Regenbogenfarben leuchten.

✂ Zeichenpapier, Wasserfarben, Klebstoff, schwarzes Tonpapier DIN A3.

#### b) Angstfressendes Riesenkrokodil

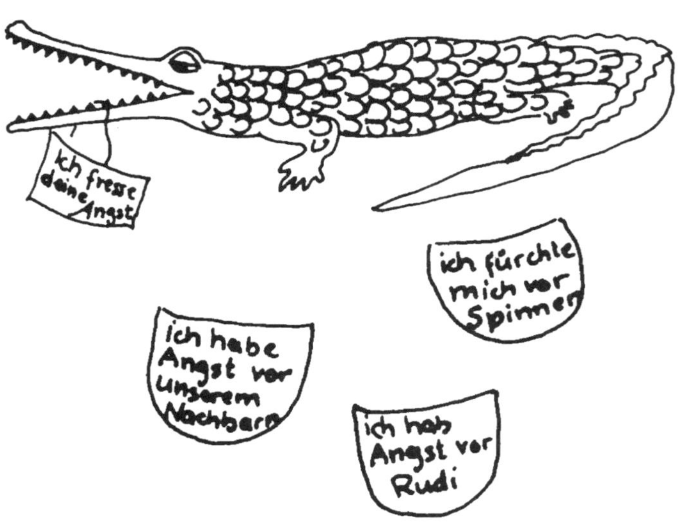


Große Bögen aus starkem Papier oder aus Karton werden aneinandergeklebt, so dass darauf ein ca. vier Meter langes Krokodil skizziert werden kann. Die Kinder malen das Riesentier mit Plakafarbe grün an, schneiden es aus und kleben danach weiße Zähne in sein rot umrandetes Maul und ein großes weißes Auge mit einer schwarzen Pupille ins Gesicht. Über das Auge wird ein halbrundes grünes Augenlid geklebt, so dass das Krokodil schläfrig aussieht, so als würde es vor sich hindösen.

Nun schneiden die Kinder viele grün eingefärbte Schuppen aus. Auf diese Schuppen notiert jedes von ihnen, wovor es sich am meisten fürchtet. Danach werden die Schuppen auf den Krokodilkörper aufgeklebt.

In den Pausen oder nach Absprache auch während der Unterrichtsstunde werden andere Klassen besucht, so dass viele Kinder und Lehrer eine „Angstschuppe" beschriften und damit zur Ausgestaltung des Riesentieres beitragen können.
Schließlich hängen wir dem Krokodil ein Plakat ins Maul mit der Aufschrift „Ich fresse deine Angst!". Im Foyer der Schule ausgestellt, lockt es viele Besucher und Leser an und immer mehr Kinder kleben ihre Angstzettel dazu.

✂ Große Papier- oder Kartonbögen, eventuell Packpapier, grün gefärbtes Zeichenpapier für die Schuppen, rote und grüne Plakafarbe, weißes und schwarzes Papier, Klebstoff.

☛ Anstelle eines Krokodils kann man natürlich auch einen Riesendrachen anfertigen. Wenn man den Körper des Drachen aus Verpackungskarton herstellt, kann man ihn von der Decke abhängen. Große, bunte Flügel geben ihm eine imposante Gestalt.

### 2. Ein Bilderbuch gegen die Angst

Ein Klapp- und Schiebebuch

Wenn wir unser Krokodil oder unseren Drachen genau betrachten, stellen wir fest, dass einige Ängste bei vielen Leuten verbreitet sind. Wir können sie einteilen in:

- Angst vor Krankheit und Schmerz
- Angst vor Naturerscheinungen wie Gewitter, Sturm, Dunkelheit
- Angst vor Tieren
- Angst vor dem Alleinsein
- Angst vor Gewalt und Krieg

Die Kinder gestalten nun in Partnerarbeit zu dem Thema, das sie selbst am meisten berührt, ein Klebebild aus verschiedenen Materialien wie Papier, Stoff, Filz oder Folien. Das Bild sollte zunächst das darstellen, vor dem sich die Kinder fürchten, nach dem Umklappen einiger Bildteile jedoch, soll es seine Bedrohlichkeit verlieren.
Beim Herstellen, aber auch nachher beim Betrachten des Bilderbuches sollen die Kinder erleben können, wie sich bestimmte Ängste relativieren oder gar überwinden lassen. Wir wollen aber auch herausstellen, dass manche Ängste notwendig sind um uns vor bestimmten Gefahren zu warnen.
Bitte beachten Sie, dass die Zeichnungen Ihnen nur eine ungefähre Vorstellung vermitteln wollen.
Die Kinder erfinden gerne Geschichten zu diesen Bildern. Sie werden auf ein Blatt geschrieben und auf

die gegenüberliegende Seite zu dem dazugehörenden Bild geklebt.

Bei einem Gespräch über das Vorhaben werden die Schülerinnen und Schüler sicher noch viele Ideen und Darstellungsmöglichkeiten entwickeln. Über lange Zeit hinweg blättern, klappen und schieben die Kinder gerne in dem selbstgefertigten Bilderbuch.

✂ Farbige Tonpapierseiten DIN A3, Karton und Zeichenpapier, Stoffreste, Fellreste, Wolle, Folien, Geschenkbänder, Filz und vieles mehr, Klebstoff und Scheren.

**Bild 1:**
Ein Kind liegt im Bett. Man sieht nur die Haarspitzen unter der Bettdecke hervorschauen. Auf der anderen Bildhälfte sieht man eine geschlossene Tür. Wenn man sie aufklappt, erscheint dahinter ein kleiner Hund, der an der Tür gekratzt hat. Er war es, der dem Kind im Bett solch eine Angst eingejagt hatte! Das Kind kann aus dem Bett herausgeschoben werden.

**Bild 2:**
Spielende Kinder vor einer Schule, eines steht traurig abseits. Auf einer Schiebeleiste kann man dieses Kind an die anderen Kinder heranschieben. Dazu muss das Kind vorher auf Karton gezeichnet und ausgeschnitten werden. Unter den Füßen muss es ein Stück Pappe haben, das man in die Schiebeschlitze einfädeln kann. Die Kleider des Kindes werden mit buntem Stoff beklebt, die Haare gestalten wir mit Rohwolle.

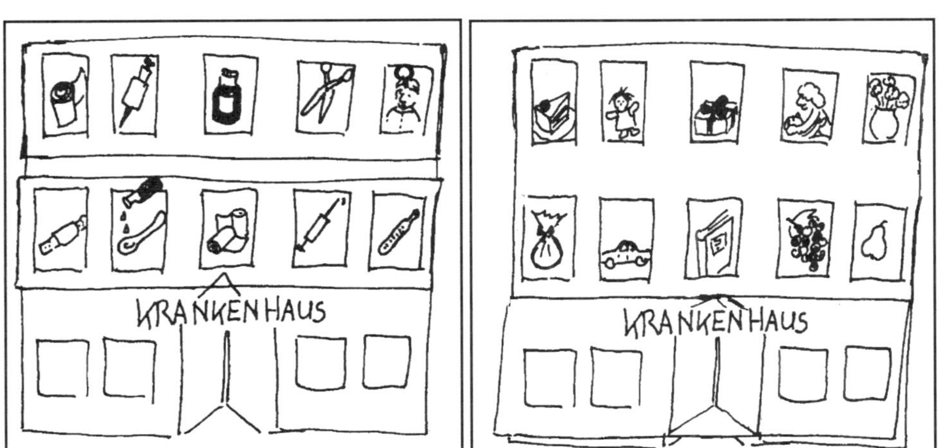


**Bild 3:**
Ein Krankenhaus von außen. Die Fensterfront wird durch zwei aufklappbare Pappstreifen gestaltet (einen kann man nach oben, den anderen nach unten wegklappen). Auf den Klappen sieht man Spritzen, Medizinflaschen, Scheren, ein Stethoskop und andere medizinische Instrumente. Klappt man die Laschen aber auf, erscheinen Blumen, Besucher, Obstschalen, Bücher, Geschenke und andere nette Dinge.

**Bild 4:**
Eine zusammengeringelte Schlange und ein riesiger Raubvogel werden nach dem Aufklappen zu bunten Schmetterlingen.

**Bild 5:**
Ein riesiger Fuchskopf mit einem Stück Fell als Schwanz, der immer aus dem Buch herausschaut, kann nicht weggeklappt werden. Die Gefahr „Tollwut" wird in der Erzählung der Kinder auch als real beschrieben.

**Bild 6:**
Zum Thema „Am Abend allein zu Hause".
Ein Kind hat sich im Sessel vergraben und starrt auf eine dunkle Uhr. Klappt man das Buch neben der Uhr auf, verschwindet diese dahinter. In dem Buch steht ein kurzer, lustiger Text oder ein Gruß von den Eltern des Kindes.

**Bild 7:**

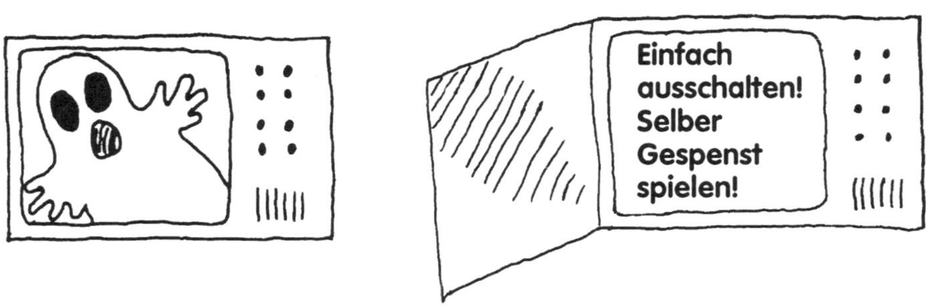


Ein Kind sitzt vor dem Fernsehgerät, auf dessen Bildschirm ein Ungeheuer zu sehen ist. Man kann das Fernsehgerät aber aufklappen, anstelle des Ungeheuers erscheint die lapidare Aufschrift: „Einfach ausschalten! Selber Ungeheuer spielen!"

**Bild 8:**
Ein Kind versteckt sich hinter einer Truhe. Am Himmel zucken Blitze. Am Bildrand steht die Großmutter des verängstigten Kindes. Wird die Truhe aufgeklappt, sind Großmutter und Kind durch ein Telefon verbunden.

**Bild 9:**
Ein Kind verkriecht sich unter seinem Bett. Die Vorhänge bauschen sich vor dem Fenster. Schiebt man sie zur Seite, sitzt dahinter kein Gespenst, sondern eine kleine Katze.

## 3. Licht-Schatten-Spiel
Zwischen Sonne und Mond

Der Text wird mit verteilten Rollen über Mikrofon vorgelesen. Die Mitspieler sind ein Junge, ein Vogel und ein Erzähler. Eine sanfte Melodie unterstreicht den Text leise und wird nur in den Sprechpausen etwas lauter.
Zu den einzelnen Szenen werden Dias mit einem sehr lichtstarken Projektor auf eine große Leinwand projeziert.

Für diese Leinwand verwenden wir ein großes Leintuch, das aus vier Bahnen zusammengenäht wird und etwa die Maße 6 m Breite und 5 m Höhe haben sollte.

Wir müssen zu diesem Zweck folgende Motive fotografieren:

Bild 1: Dia von einem üppig blühenden Apfelbaum.

Bild 2: Stadt am Abend mit erleuchteten Fenstern

Bild 3: Abenddämmerung an einem Fluss

Bild 4: Wald, Abendstimmung

Bild 5: Waldlichtung mit einem großen Baum in der Mitte

Bild 6: Bild einer sternförmigen Blume

Bild 7: Garten, Abendstimmung

Vor dieser Leinwand spielen zwei Kinder die Handlung mit zwei Stabfiguren, die sie in die Höhe halten, so dass sie durch das Licht des Projektors auf der Leinwand Schatten werfen.

Beim zweiten Bild verwenden wir wegen der Proportionen eine größere Vogelfigur, damit die Kinder wieder zusammen spielen können.

Man kann die vergrößerte Figur herstellen, indem man die kleine Figur in den Lichtbereich eines TLP hält und den größeren Schattenriss abzeichnet.

**Schattenspiel**
Eine andere Darbietungsmöglichkeit wäre es, die einzelnen Bilder mit Glasmalfarbe oder TLP-Stiften auf DIN A4 große Farbfolien zu malen oder sie aus vielen verschiedenen, teilweise übereinandergelegten Farbfolienstücken oder Transparentpapier zu gestalten, eine durchsichtige Deckfolie darüberzulegen und die Ränder mit Tesafilm zu verschließen, damit nichts verrutschen oder herausfallen kann.

Diese Folien können nun auf einen Tageslichtschreiber gelegt werden, der hinter der Schattenleinwand als Projektor steht. Die Spieler agieren nun natürlich auch hinter der Schattenwand.

**Dazugehöriger Text:**
Als sich der Abend wie ein schwerer, dunkler Teppich über den blütensatten Garten breitete, kam Murio, der große Vogel aus dem Land, das dahinter liegt.
Auf dem Ast eines Apfelbaumes, der bis ans Fenster heranreichte, ließ er sich nieder.
Dort saß der Junge und starrte ins Leere.
„Bist du traurig?“ fragte Murio.
„Nein, ich habe Angst!“
„Wovor?“ fragte der große Vogel.
Der Junge seufzte: „Vor vielem. Am meisten, weil Mutter krank ist. Vielleicht muss sie ins Krankenhaus, vielleicht ...“
„Komm mit mir!“ sprach Murio, der Vogel aus dem Land, das dahinter liegt. „Ich will dich über deine Ängste hinaustragen! Schau mich an!“

●

Und der Junge sah, wie der fremde Vogel wuchs und wuchs und bemerkte nicht, wie er selbst dabei kleiner wurde.
Endlich stieg er auf den Rücken des großen Vogels. Und Murio erhob sich und trug den Jungen mit sich fort, über den Garten, über das Haus und über die Dächer der Stadt.
Aus vielen Fenstern flimmerte es bläulich.
„Alle sehen jetzt den Film“, sagte der Junge.
„Ich werde morgen nicht mitreden können.“
„Und davor fürchtest du dich?“ fragte Murio.
„Ach, sie werden mich auslachen. Aber nach einem aufregenden Film habe ich auch Angst. Ganz schreckliche! Alle haben das!“

●

Murio, der Vogel aus dem Land, das dahinter liegt, schwebte sehr langsam durch die Häuserzeilen.
„Es ist traurig“, sagte er, „sie leben ihr Leben von außen. Selbst ihre Ängste lassen sie sich vorspielen.“ Der Junge verstand ihn nicht.
„Schau durch die Fenster!“ sagte der große Vogel.
„Zimmer über Zimmer. Sitzecke über Sitzecke. Fernsehgerät über Fernsehgerät. Alle schauen, schweigen, starren! Denken das Gleiche, fürchten das Gleiche. Überspielen, verspielen – sich selbst! Doch komm, ich will dir Besseres zeigen!“

●

Murio flog mit dem Jungen hinaus aus der Stadt, schwebte dahin über Wiesen und Felder.
In glutroten Windungen verströmte der Fluss unter der sinkenden Sonne.
„Ich habe Angst!“ rief der Junge.
Murio aber flog schneller und schneller.
Der Junge klammerte sich am samtdunklen Gefieder des großen Vogels fest.

„Bring mich nach Hause!“ schrie er in das Brausen des Windes. „Ich habe Angst! Vielleicht ruft Mutter nach mir. Vielleicht braucht sie Wasser. Ich muss heim! Schnell, bringe mich zu meiner Mutter!“
„Noch nicht“, sprach Murio. „Zuerst will ich dir die Blume Esperanza schenken.
Sonst war dein Ausflug vergebens.“
„Ich habe Angst zu fallen!“ jammerte der Junge.
„Ich rutsche!“
Doch unbeirrt zog Murio seine Bahn der verglühenden Sonne zu. Und der Junge klammerte sich fest an ihn.

●

„Nun sind wir über dem Wald. Bald haben wir unser Ziel erreicht!“ Murio flog langsamer.
„Im Wald ist es dunkel! Und so still!“
Ich will heim!“ rief der Junge.
„Dunkelheit und Stille sind deine Freunde.
Die Dunkelheit vertieft das Licht und die Stille lässt das Unausgesprochene hörbar werden. Der Weg zu dir führt durch den Wald der dunklen Bäume.“
„Aber im Wald leben die wilden Tiere!
Fliege weiter!“
„Sie sind längst nach Norden gezogen,“ widersprach Murio. „Es ist wie überall, fürchten musst du nur den Fuchs, der sich freundlich stellt!“

●

Murio kreiste über einer Waldlichtung.
„Schau hinunter!“ sagte er. „Inmitten der kleinen Wiese steht der Baum, der so alt ist wie das Leben.“
„Ich fürchte mich vor dem Altsein – Alleinsein.
Fliege weiter!“ bat der Junge.
„Weshalb?“ wollte Murio wissen. „Sieh dir den Baum an! Es scheint nur, als stehe er allein.
Aber die jungen Bäume bilden einen sicheren Ring um ihn. Und schau doch! Im Gezweig des alten Baumes nisten tausend Vögel und seine Wurzel birgt die geheimnisvolle Blume.“

Leise ließ sich Murio am Fuß des alten Baumes nieder. Benommen stieg der klein gewordene Junge von seinem Rücken.
Ihm war, als flüstere der Baum ihm unendliche Tröstung zu.

●

Da ging über der Waldlichtung leuchtend und groß der Mond auf. In seinem silbernen Licht entfaltete die Blume Esperanza, die zwischen den hochgewölbten Wurzeln des uralten Baumes stand, ihr Funklen und Leuchten.

●

„Nun pflücke die Blume, die Hoffnung heißt, und bringe sie deiner Mutter!
Rieche aber erst in eurem Garten an ihr, denn ihr Duft wird dich wachsen lassen!“
Der Junge nahm die Blume behutsam und stieg auf den Rücken des Vogels.

●

„Noch eine Frage habe ich“, sagte er.
„Alle haben Angst vor dem großen Krieg! Alle ...“
Er wusste nicht weiter.
Murio wandte den Kopf.
Mit ernsten Augen sah er den Jungen an.
„Hoffe, dass er nie kommt! Hoffe es! Wage alles, um ihn zu verhindern! Lässt er sich aber nicht aufhalten, so nimm einen Silberstrahl des Mondes und verwebe ihn mit dem roten Gold der fallenden Sonne! Knüpfe die schwebende Brücke der Hoffnung und eile zu mir, in das Land, das dahinter liegt!“

●

Und Murio, der große Vogel, stieg mit dem Jungen auf in die sternklare Nacht und zog seine stille Bahn über den Wald, über die Wiesen und Felder, über die Dächer der Stadt bis in den silbernen Garten.

## 4. Spiel und Bewegung

### a) Wer fürchtet sich vorm Krokodil?
Ein Spiel gegen das Bangesein

In Abwandlung des bekannten Spieles *Wer fürchtet sich vorm schwarzen Mann?* fragt das Krokodil, das auf der gegenüberliegenden Seite des Spielfeldes steht, seine Mitspielerinnen und Mitspieler: „Wer fürchtet sich vorm Krokodil?". Die Kinder antworten: „Niemand!", worauf das Krokodil wissen will: „Soll es kommen?" Nun rufen alle Mitspieler laut: „Ja!" und laufen dem heranstürmenden Krokodil entgegen.

Wer gefangen wird, verwandelt sich auch in ein Reptil und hilft in der nächsten Runde dem Krokodil beim Fangen.

### b) Krokodilteich

Ein kleines Spielfeld wird als Krokodilteich abgegrenzt. In diesem gefährlichen Tümpel lauern einige Krokodile mit verbunden Augen. Die Mitspieler müssen nun versuchen leise an den Reptilien vorbeizuschleichen.

Wer gefangen wird, erlöst das Krokodil und verwandelt sich an seiner Statt in ein blindes Raubtier.

### c) Die Schlüssel des Wasserkönigs

Ein Krokodil mit verbundenen Augen muss die Schlüssel des Wasserkönigs, die vor ihm auf dem Boden liegen, bewachen. Die Mitspielerinnen und Mitspieler sitzen im Halbkreis vor dem Krokodil.
Auf ein Zeichen hin versucht ein Kind nach dem anderen sich anzuschleichen und die Schlüssel zu stehlen. Hört das Krokodil dabei ein Geräusch, zeigt es in die Richtung, aus der es kommt. Nun muss der Anschleicher unverrichteter Dinge wieder auf seinen Platz zurückgehen.

Wem es gelingt, die Schlüssel zu rauben, darf selbst Krokodil sein oder ein anderes Kind für diese Rolle heraussuchen.

## 5. Kasperlespiele

Die Kinder bringen Kasperpuppen mit und denken sich Stücke aus, in denen ein Krokodil eine Hauptrolle spielt. Können nicht genügend Puppen aufgetrieben werden, basteln wir Krokodile aus alten Socken und Kasperpuppen aus Pappe in Form von Stabpuppen.

**Spielideen:**

- Die Krone der Prinzessin ist in den Teich gefallen. Kasper soll sie herausholen. Da die Krone am Rand es Schlossteiches liegt, wäre das sehr einfach, wenn da nicht das Krokodil wäre, das sie nicht herausgeben will. Deshalb überredet Kasper das gefährliche Tier zu einem Wettschwimmen. Das Krokodil schwimmt siegesgewiss los, Kasper aber bleibt zurück und holt die Krone.
- Das Krokodil liegt genüsslich in der königlichen Badewanne. Keiner kann es überreden, diese zu verlassen. Kasper gelingt es aber, das Reptil dazu zu bewegen die Augen zu schließen, um sich die schöne Nillandschaft vorzustellen, von der er ihm erzählt. Nun kann er unbemerkt den Stöpsel herausziehen. Schließlich bemerkt das Krokodil, dass das Badewasser auf einmal verschwindet. Als Kasper ihm nun von einem Ungeheuer berichtet, das im Keller sitzt, und alles aufsaugt, was in der Wanne ist, flüchtet das verängstigte Krokodil blitzschnell und der König kann endlich sein Bad nehmen.
- Das Krokodil wünscht sich Spinat zum Mittagessen. Es ist aber leider keiner aufzutreiben. Da vergießt das Tier so große Krokodilstränen, dass bald schon der ganze Schlossgarten überschwemmt ist. Endlich kommt Kasper und kann es mit Tomaten trösten, die er einfach (zur Freude der Kinder) *rote Spinatknödel* nennt.

Sehr gerne spielen die Kinder auch die Geschichte vom „Krokodil beim Zahnarzt" oder erfinden eigene Geschichten, spielen sie den anderen vor und gestalten dazu Krokodil-Bilderbücher.

✂ Handpuppen oder selbstgebastelte Stabpuppen aus Karton und Führungsstäben aus schmalen Holzlatten.
Tonpapier im DIN A5-Format für eigene Bilderbücher.

**6. Das Spiel vom Backenzahn**
Ein Spiel, das zur richtigen Ernährung und zur Zahnpflege ermuntern will.

Ein Erzähler liest die Geschichte abschnittsweise vor, die Kinder stellen sie szenisch dar.

**Erzähler:** Es war einmal ein schöner, großer Backenzahn.

*Sechs bis sieben Kinder haken sich ein und bilden, mit dem Gesicht nach außen, einen Kreis, so dass für die Zuschauer die Form eines Riesenzahnes erkennbar wird.*

**Erzähler:** Der Zahn war wunderbar weiß, strahlend weiß, blendend weiß!

*Andere Kinder geben den Zahnkindern ein langes, weißes Tuch in die Hände, das nun unseren ganzen Backenzahn umhüllt.*

**Erzähler:** Er glitzerte, der Backenzahn, er glänzte und gleißte.

*Kinder begleiten den Text mit Triangeln.*

**Erzähler:** Doch das Mädchen, dem dieser wunderbare Zahn gehörte, naschte gerne. Und es putzte seine Zähne so gut wie nie.

*Mitschülerinnen und Mitschüler hängen Schokoladeverpackungen und Bilder von Tortenstücken, Riesenlollis, große Bonbons, die aus Glanzfolie und Watte hergestellt wurden, und ähnliche Dinge an den Zahn oder werfen sie auf den Boden rund um den großen Backenzahn.*

**Erzähler:** Darüber freuten sich zwei verwegene Gesellen, die bei diesem Anblick beschlossen in den herrlichen Zahn einzuziehen. Sie hießen Karius und Baktus und futterten mit Vorliebe Süßigkeiten. Sie aßen und futterten und stopften sich die Backen voll.

*Karius und Baktus – sie sollten lustig, aber ein bisschen schmuddelig gekleidet sein und wirre Frisuren haben – führen alles aus.*

**Erzähler:** Schließlich wurden die beiden müde. Sie beschlossen, sich in dem großen Zahn ein Versteck zu bauen, in dem sie beruhigt schlafen könnten.

*Karius und Baktus öffnen das Tuch an den beiden Tuchenden. Die Kinder, die an dieser Stelle stehen, gehen ein wenig auf Abstand und halten die Enden hoch, so dass eine deutliche Lücke erkennbar wird.*

**Erzähler:** Karius und Baktus ließen es sich gut gehen. Sie futterten und schleckten und genossen die Süßigkeiten, die Tag für Tag an dem großen Zahn hängen blieben. Dabei wurden sie selbst immer größer und stärker. Mit ihrer überschüssigen Kraft bauten sie sich ihr Zahnhaus immer größer und schöner aus.

*Die beiden kriechen aus dem Zahn heraus. Sie futtern und schlecken und stecken die Süßigkeiten unter ihre Pullover. Dabei lassen sie immer wieder ihre Muskeln spielen, tanzen um den Zahn herum und schieben die „Zahnlücke" weiter auseinander. Schließlich holen sie Hämmer (aus Pappschachteln) und klopfen von innen und außen an unserem Backenzahn herum.*

*Einige Schülerinnen und Schüler unterstreichen diese Tätigkeiten mit einfachen Instrumenten.*

**Erzähler:** Schließlich war das Loch im Zahn so groß, dass das Mädchen, dem er gehörte, einen leichten Schmerz spürte. „Das kommt bestimmt von den Süßigkeiten", dachte es, „ich muss meine Zähne wieder einmal putzen". Es holte die Zahnbürste und begann zu schrubben und zu putzen.

*Einige Kinder umfassen einen Besenstiel und bilden so eine Zahnbürste, die am Zahn herumputzt und die Verpackungen und Bilder, die Karius und Baktus noch nicht weggenommen haben, herunterwischt und wegfegt. Karius und Baktus selbst verschwinden mit Mühe und Not in dem Loch im Zahn, so dass die Bürste sie nicht erreicht. Alle Süßigkeiten, die auf dem Boden herumliegen, werden weggefegt.*

*Begleitung mit Handinstrumenten.*

**Erzähler:** Die Bürste hatte die beiden Burschen nicht erreicht. Aber es war knapp gewesen! Deshalb beschlossen die zwei, ihre Einstiegslücke noch etwas zu vergrößern, um im Ernstfall schneller hineinkommen zu können.

*Sie schieben die Kinder am Eingang noch ein wenig weiter auseinander.*

**Erzähler:** Da wurden die Zahnschmerzen des Mädchens so stark, dass es endlich zum Zahnarzt ging. Karius und Baktus mussten hilflos zusehen, wie der große Bohrer ihr Einstiegsloch bearbeitete.

*Kinder mit einer Stange machen sich an dem Zahnloch zu schaffen und vertreiben die beiden.*

*Musik.*

**Erzähler:** Dann geschah etwas Entsetzliches: Ihre schöne Eingangstür wurde einfach zugemauert.

*Kinder ziehen die Zahnlücke wieder zusammen und schließen das weiße Tuch. Mit einem Lineal wird der Zahn „glatt gestrichen".*

*Musikbegleitung.*

**Erzähler:** Karius und Baktus hatten nun ihr wunderbares Haus verloren. Aber sie wollten noch lange nicht aufgeben. Sie hofften auf neue Süßigkeiten.

*Sie gehen suchend um den Zahn herum.*

*Dumpfe Trommelschläge.*

**Erzähler:** Aber sie wurden bitter enttäuscht. Anstelle der köstlichen Schokolade kam die unerbittliche Zahnbürste. Und weil die beiden kein Versteck mehr hatten, putzte sie sie einfach aus dem Mund hinaus.

*Begleitung durch verschiedene Instrumente.*

✂ Langes, weißes Tuch, Schokoladepapier, große, gebastelte Bonbons, Besen oder Schrubber, Zeigestab, Tafellineal, Instrumente aus dem Orff'schen Instrumentarium

☛ Damit das Spiel schnell beginnen kann, überlegen wir schon vorher, wie viele Kinder wir für die einzelnen Spielelemente nehmen wollen. Dann können wir einfach im Spielkreis reihum auszählen.
Ein Vorschlag wäre: 6 Kinder bilden den Zahn, 4 sind die Helfer, die ihnen das „Zahntuch" reichen, 2 Kinder „füttern" Schokolade und Bonbons, 4 Kinder halten die Zahnbürste, 3 den Bohrer und 3 den Spachtel, 2 Kinder übernehmen die Rolle von Karius und Baktus, die restlichen Spielteilnehmer sind die Musikanten.

### 7. Kariusspiel

Für das Kariusspiel basteln sich die Kinder ein Kiefermodell aus einer Eierschachtel,
Die Fächer, in denen die Eier sitzen, ergeben umgedreht die flachen Backenzähne. Halbiert man sie und klebt sie verkehrt herum auf, hat man Schneidezähne. Die spitzen Zwischenteile unseres Eierkartons können als Eckzähne verwendet werden. Alle diese „Zähne" werden auf eine „Kieferplatte" geklebt, die aus einem stabilen Karton ausgeschnitten und rot bemalt wurde.

Mit kleinen Woll- oder Pfeifenputzerpüppchen spielen die Schülerinnen und Schüler das zerstörerische Spiel von Karius und Baktus.

### 8. Hallo, wer spricht denn da?

Wir geben den Schülerinnen und Schülern folgende Aufgabenstellung:

Deine Mutter ist krank geworden. Sie hustet stark, hat Halsweh und hohes Fieber. Du musst deshalb euren Arzt anrufen und ihn bitten vorbeizukommen.

Damit viele Varianten eines möglichen Telefongesprächs erprobt werden können, legen wir an das „Arzttelefon" Textkärtchen, denen bei jedem Spiel eine andere Nummer zugeordnet wird, so dass eine jeweils andere, unvorhersehbare Situation eintritt.

Das Kind, das den Arzt rufen soll, sagt beim spielerischen Wählen seine Telefonnummer laut vor sich hin. Die letzte Zahl bestimmt das Situationskärtchen.

Hier einige Möglichkeiten:

- Die Sprechstundenhilfe meldet sich. Sie fragt nach Namen und Adresse und verbindet dann weiter zum Arzt.
- Der Arzt meldet sich selbst.
- Ein Kind des Arztes meldet sich, weil das Gespräch nicht in der Praxis, sondern in der Wohnung des Arztes ankam.
- Ein Fremder meldet sich. Falsch gewählt!
- Der Arzt ist in Urlaub. Die Nummer des vertretenden Kollegen wird angesagt.
- Telefonbeantworter. Der Arzt macht Krankenbesuche. Auf Band sprechen.

✂ 2 Spielzeugtelefone

☛ Man kann aus dem zum Verschrotten freigegebenen Material der Telekom billige Telefonanlagen kaufen.

### 9. Gedicht: Krank sein

Wenn Eiseskälte roh dich schüttelt,
und tief in deinen Knochen rüttelt,
wenn du dann heiß vor Fieber glühst,
und meinst, dass Funken du versprühst,
dann kuschle dich in deine Kissen,
dann sollst du dich geborgen wissen.

Und tut dein Kopf dir noch so weh,
die Mutter bringt dir feinen Tee,
und Schals und Watte für die Ohren,
und wenn die Schmerzen garstig bohren,
ruft sie den Arzt im weißen Kittel,
und der verschreibt dir Wundermittel.

Dann sei nicht so und schluck' die Säfte,
denn sie verleih'n dir neue Kräfte.
Auch wenn sie mal bescheuert schmecken,
sollst du sie nicht im Schrank verstecken.
Nach ein zwei Tagen bist du munter,
schaust froh auf deine Freunde runter,
die durch den Matsch zur Schule traben
und es nicht so gemütlich haben
wie du in deinem Kuschelbett.
Das ist doch nett!

### 10. Ratespiel: Herr Doktor, was hat mein Kind?

Die Symptome verschiedener Kinder- oder Erkältungskrankheiten werden kurz beschrieben. Die Kinder müssen erraten, um welche Krankheit es sich wohl handeln könnte.

☛ In dem auf Seite 51 beschriebenen Buch *Ich bin beim Arzt* finden sich hierzu wichtige, verständlich geschriebene Hinweise.

Vielleicht lässt man die Kinder überlegen, was die Patienten wohl tun müssen, z. B. im Bett bleiben oder an die frische Luft gehen, Medizin einnehmen, Vitaminsäfte trinken oder auf bestimmte Speisen verzichten.
Wir sollten zur Vorbereitung dieser Stunde auf jeden Fall ein Gesundheitslexikon oder Ähnliches als Nachschlagewerk benutzen.
Vielleicht können wir für die Stunde auch einen Arzt, eine Ärztin, einen Apotheker oder eine Krankenschwester gewinnen?

Bestimmt werden die Kinder gerne solche Beratungsszenen durchspielen, eventuell verbunden mit dem Telefonierspiel.

### 11. Wenn Mutti krank ist, koche ich!

Die Kinder erzählen, ob und welche Speisen sie schon einmal zubereitet haben. Sie erhalten den Auftrag sich daheim nach Rezepten zu erkundigen, die sie selbst schon kochen könnten.

Diese Rezepte werden auf ein DIN A6-Blatt geschrieben und mit Schwarz-weiß-Zeichnungen illustriert. So können sie für alle Schülerinnen und Schüler der Klasse vervielfältigt werden, so dass am Ende des Projektes jedes Kind sein kleines „Notkochbuch" mit dem oben genannten Titel hat. Wir achten darauf, dass in dieses Rezeptbüchlein wirklich nur leicht nachvollziehbare Gerichte aufgenommen werden, deren Zubereitung jedes Kind ohne Risiko selbst ausprobieren kann. So beginnen wir vermutlich mit belegten Broten, Obstsalaten oder Rühreiern. Auch die kleinsten Details sollten angeführt werden, denn sonst könnte ein Kind, das allein in der Küche steht, während die Mutter krank im Bett liegt, hoffnungslos irritiert sein.

Natürlich sollte es beim Abenteuer Lernen nicht beim Rezepteschreiben bleiben. An einem Nachmittag veranstalten wir ein Schaukochen, bei dem die Kinder in Gruppen ihre Lieblingsrezepte kochen dürfen, um im handelnden Umgang mit den Minirezepten Erfahrung und Sicherheit zu gewinnen. Beim Anrichten der Portionsteller lassen wir ganz besonders unsere Fantasie walten und „verzieren" unsere Speisen mit frischen Früchten oder Gemüsen. Zu Salaten können wir die Blüten der Kapuzinerkresse oder Gänseblümchen legen, die natürlich – wie alles aus der freien Natur – sehr gut gewaschen werden müssen.

Beispiel für eine Seite im Rezeptbuch:

**Grießbrei**

**Zutaten:**
500 ml Milch, 80 g Grieß, 2 Esslöffel Zucker oder Honig, 1 Prise Salz, etwas Zimt und Vanillezucker zum Bestreuen, frische Früchte der Saison zum Garnieren.

**Und so wird's gemacht:**
Zuerst einen hohen Topf mit kaltem Wasser ausschwenken, damit der Brei nicht so leicht anbrennt. Dann die Milch und den Zucker (oder Honig) hineingeben und zum Kochen bringen. Dabei immer wieder umrühren. Den Grieß langsam hineinstreuen und unter Rühren einige Minuten bei kleiner Hitze kochen lassen. (Bei drei Stufen ist das Stufe 1. Bei zehn Stufen ist das Stufe 4.)

Wenn der Brei zu dick wird, kann man noch etwas Milch hinzufügen, bleibt er zu dünn, etwas Grieß nachschütten und weiterkochen lassen.

Brei in Schälchen geben, mit Zimt und Zucker bestreuen und am Rand mit den Früchten verzieren.

Guten Appetit.

Kochrezepte für Kinder finden Sie in folgenden Rezeptesammlungen:
*Die Kochkisten (Roh, aber herzlich – Dr. Voll und Mr. Wert – Der kleine Knoblauch- und Spagettifresser) Bestell-Nr. F573, Bezug: AOL-Verlag.*

# III. Grüße gegen Langeweile

Wenn ein Kind für längere Zeit erkrankt ist, wird es sich sicher über Briefe und Bilder seiner Mitschüler und Lehrerinnen freuen. Wenn es tage- oder gar wochenlang im Bett bleiben muss, können Langeweile und das Gefühl des Alleinseins fast genauso schlimm erlebt werden wie die Krankheit selbst.

Deshalb schicken wir ihm Geschichten zum Lesen oder Vorlesenlassen, je nach seinem Wohlbefinden. Zu den Geschichten gibt es Anregungen zu Gestaltungsarbeiten oder, wenn Basteln für das kranke Kind zu anstrengend sein sollte, ein kleines Spielzeug, das von den Klassenkameradinnen und -kameraden angefertigt worden ist.

## 1. Der kleine Spatz

„Mutti, ich habe Durst! Mir ist so heiß!" Stefan lag im Bett. Er hatte Husten, Schnupfen und Fieber und wollte es einfach nicht wahrhaben, dass seine Mutti so lange nicht ins Kinderzimmer schaute.

„Gleich, Schatz!" rief sie seelenruhig aus der Küche. „Ich muss nur noch Tina füttern. „Natürlich", quengelte er, „mir ist sooo langweilig. Bring Tina doch mit herein!" „Geht nicht. Du weißt doch, wegen der Ansteckungsgefahr." Muttis Stimme klang noch kein bisschen näher.

Dafür ertönte ganz in Stefans Nähe eine andere Stimme. Von der Vorhangstange herunter tschilpte es: „Mir ist sooo lang-kurz-mittel-weilig", genau in seinem eigenen quengeligen Tonfall. Stefan schaute erschrocken nach oben und verkroch sich dann blitzschnell bis zur Nasenspitze unter seiner Bettdecke.
Dort oben, mitten auf der Vorhangstange, saß doch wirklich und wahrhaftig ein kleiner brauner Spatz! Einer von der frechen Sorte. „Hihihi, so einer wie du verkriecht sich wohl schon, wenn er eine Ameise sieht! Wie??" piepste der Vogel spöttisch. „Gar nicht!" widersprach Stefan und wagte sich wieder unter der Decke hervor. „Ist doch nur, weil du sprechen kannst."

„Wenn's dich stört, kann ich ja davondüsen", erwiderte der Spatz und flog von der Stange herunter. Er landete auf dem kleinen Tischchen, das Mutti neben Stefans Bett geschoben hatte, mitten in dem Teller mit der Himbeersoße, die von seinem Nachtisch übrig geblieben war. „Hui, ein superklasse roter See! Und so süß!!!" flötete der Vogel. Er hüpfte und planschte in der roten Soße herum, dass diese nur so nach allen Seiten herausspritzte.

„Halt!" rief Stefan. „Du machst ja alles schmutzig. Da schau, das Spiel, das Vorlesebuch, meine Malstifte, alles voller Spritzer! Du bist ja ein richtiger Dreckspatz!"
Der kleine Spatz hüpfte auf den Tellerrand. Auf einmal sah er sehr zerknirscht aus. Aber nicht wegen der vielen himbeerroten Flecken oder wegen Stefans Beschimpfung. Nein, er war zerknirscht, weil seine Federn so sehr aneinanderklebten, dass er nicht mehr fliegen konnte. Er piepste kläglich: „Iiii, dieses klebrige Himbeerzeugs! Du, ich brauche dringend ein Wasserbad! Sehr dringend! Jetzt hast du einen Grund, um nach deiner Mutti zu rufen."

Aber Stefan brauchte gar nicht mehr zu rufen. Seine Mutti stand so plötzlich im Zimmer, dass sich der Spatz gerade noch im allerletzten Augenblick verstecken konnte. Diesmal war er es, der sich unter der Bettdecke verkroch!

„Du liebe Zeit, wie sieht es denn hier aus!" staunte Mutti. Sie stellte ein Glas mit frischem Apfelsaft auf das Tischchen. Schnell holte sie einen Wischlappen und wunderte sich gleich darauf noch viel mehr, als Stefan den kühlen Saft ablehnte und stattdessen Wasser verlangte. Lauwarmes Wasser, in einer flachen Sektschale!

Als das Wasser schließlich auf dem kleinen Tisch stand und Mutti wieder hinausgerannt war, weil nebenan das Baby brüllte, kam der Spatz maulend unter der Bettdecke hervor. „Na, endlich!" tönte er. „Fast wäre ich erstickt da unten."
Er flatterte mühsam vom Bett auf die Tischplatte und von dort in die Sektschale. Dann spritzte er so übermütig im Wasser herum, dass fast nichts mehr davon im Glas blieb.
Als er endlich genug von der Planscherei hatte, zeterte er sofort wieder los: „Du, sei so gut und hilf mir mal aus dieser Brühe da heraus! Das Glas ist ja ekelheft glatt!"

„Klar", sagte Stefan und griff so ungeschickt nach dem Glas, dass dieses umkippte, und das restliche Wasser mitsamt dem Vogel auf den Tisch schwappte. Wieder kam Mutti im ungünstigsten Augenblick herein. „O Stefan!" rief sie. „Was machst du heute nur? Aber es musste ja unbedingt so ein flaches Sektglas sein! Da schau, der schöne kleine Vogel, den dir Papa gestern Abend mitgebracht hat, ist auch schon patschnass! Er hat ihn dir hierhergestellt, weil du schon geschlafen hast."
Und da stand der kleine braune Spatz doch wirklich stumm und steif da, so als ob er kein Wässerchen trüben und kein Federchen krümmen könnte! Der Schuft! Er bewegte sich nicht einmal, als Mutti an ihm herumwischte und jammerte: „Jetzt ist das schöne Vögelchen schon total verschmiert!"

Sie setzte den Spatz auf Stefans Bettdecke und fragte dann: „Du, Stefan, willst du mein Großer sein? Tina sollte noch dringend an die frische Luft. Und wir brauchen noch Brot und Milch. Kann ich dich ein halbes Stündchen allein lassen?“ Stefan nickte. Er hatte vor den Spatz so einiges zu fragen. „Und,“ sprach Mutti weiter, „weißt du was? Ich bringe dir etwas Feines mit. Was würdest du denn gerne essen?“

„Würmer!“ piepste der Spatz in Stefans Hand. Und Stefan antwortete prompt: „Würmer!“

„Wie bitte?“ Mutti, die schon auf dem Weg zur Tür war, drehte sich auf dem Absatz herum und sah Stefan entgeistert an. Und weil dieser jetzt auch noch knallrot anlief, fühlte sie vorsichtshalber, ob sein Kopf sehr heiß war. Aber dann lachte sie und sagte erleichtert: „Ach so, du meinst diese Erdnusswürmchen?“

Bevor Stefan jedoch irgendetwas antworten konnte, rief der vorlaute Spatz, der keine Erdnussflips kannte: „Nein, nein, dann lieber Körner!“

Zum Glück war Mutti schon an der Tür. „Sicher möchtest du ein Sesambrötchen?! Ist ja auch viel gesünder!“ sagte sie und war schon draußen bei dem schreienden Baby. Stefan konnte ihr nur noch nachrufen: „Aber nimm den Kater mit!“

Er war ziemlich sicher, dass sie ihm auch diesen Wunsch erfüllen würde. Weil er doch krank war und im Bett bleiben musste! Aber was machte das schon? Er war ja nicht mehr allein!

☛ Wir verschicken die Geschichte natürlich mit einem kleinen Brief, den alle unterschreiben sollten. Sinnvoll wäre es natürlich, das Bastelmaterial für den kleinen Spatz bereits mitzuschicken!

Liebe/r ............,

wir haben in der Schule an dich gedacht und wollen dir alle gute Besserung wünschen. Falls es dir im Bett sehr langweilig sein sollte, kannst du dir vielleicht selbst so einen kleinen Spatz basteln.

**Bastelanleitung**
Du brauchst braune, rotbraune und schwarze Wolle (Wenn du diese Farben nicht hast, mache dir einfach einen Fantasievogel!),Filzreste oder Pappe, eine Stopfnadel. Dazu zwei größere Pappscheiben für den Körper und zwei kleinere für den Kopf. Die Pappscheiben müssen innen ein Loch haben.

Lege die großen aufeinander und die kleinen auch. Nun wickelst du zunächst um die beiden großen, danach um die beiden kleinen Scheiben gleichmäßig Wollfäden, so lange, bis das Loch in der Mitte ausgefüllt ist. Das geht am besten mit der Stopfnadel (siehe Bild). Danach schneidest du die Wollfäden zwischen den beiden Pappscheiben auf und umwickelst sie in der Mitte fest mit einem weiteren Wollfaden.

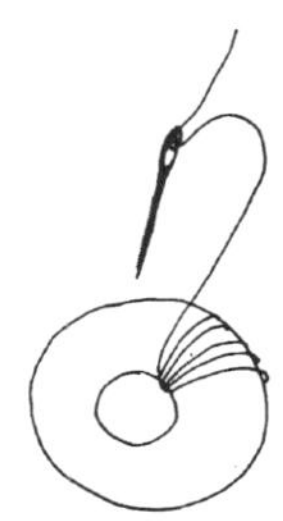

Nun kannst du die beiden Pappscheiben herausnehmen.

Wenn beide Kugeln fertig sind, kannst du den Kopf an den Körper nähen. Wenn deine Mutter die beiden Kugeln über Wasserdampf hält, werden sie ganz flauschig. Aus einem Tonpapier oder einem Filzstück werden nun die Flügel, die Füße und der Schwanz ausgeschnitten und angeklebt.

Liebe Grüße

(viele Unterschriften)

## 2. Der Prinz aus dem Märchen

Michael klappte das Buch zu. „Klar!“ dachte er. „Immer diese goldgelockten, dämlichen Märchenprinzen!“ Auch dieser würde die böse Hexe besiegen und die wunderschöne Prinzessin befreien und heiraten, während er selbst schon tagelang hier in diesem bescheuerten Krankenhaus lag und noch nicht einmal die kleinste noch so unheldenhafteste Tat vollbringen konnte, weil er alleine das Bett nicht verlassen durfte.

Er wollte das Buch auf den Nachttisch legen, da sah er, dass am unten Rand etwas herausragte. „Ein Lesezeichen“, vermutete er. Er zog daran und hatte einen kleinen Papierprinzen in der Hand, der ihn zornig anfunkelte.

„Du Döskopf!“ stieß der Prinz wütend hervor. „Jetzt wird die Hexe sie umbringen!“
„Ach“, sagte Michael erschrocken und wusste nicht weiter. „Finde einen Weg mich in das Märchen zurückzubringen!“ forderte der Prinz, der übrigens ganz genauso aussah, wie Michael sich den Helden aus dem Märchen vorgestellt hatte. „Noch vor Sonnenuntergang“, fügte der Prinz hinzu, „nur dann kann alles wieder gut werden.“

Schnell wollte Michael den kleinen Papierprinzen wieder zwischen die Seiten klemmen, doch dieser wehrte sich mit Händen und Füßen dagegen. Er war etwas dicker geworden und wollte nicht in dem Buch zerquetscht werden.

Da ging die Zimmertür auf und Schwester Marlene kam herein. In der Hand hielt sie eine schmale Blumenvase, in der eine kleine Rose steckte, deren Blüte, eine winzige rosa Knospe, traurig am Stengel hing. „Wurde für dich abgegeben“, sagte Schwester Marlene kopfschüttelnd. Sie stellte die Blume auf den Nachttisch und ging noch immer kopfschüttelnd hinaus. „Leute gibt's", murmelte sie vor sich hin, „die schicken doch glatt kranken Kindern mickrige, angewelkte Blumen!“

Kaum war sie draußen, schimpfte der Märchenprinz los: „Da, sieh sie dir an! So wie diese Rose welkt auch die Prinzessin dahin. Nur weil du unsere schöne Geschichte nicht wahrhaben wolltest!“

„Tut mir leid!“ bedauerte Michael. „Schnell, sage mir, wie ich euch helfen kann!“
„Wenn ich das wüsste ...“ Der Prinz starrte betrübt vor sich hin. „Wir fragen die Schwester“, sagte Michael und klingelte nach ihr.
Aber Schwester Marlene konnte und wollte nicht helfen. „Was du dir nur denkst!“ sagte sie vorwurfsvoll. „In fünf Zimmern klingeln sie nach mir und ich soll hier Märchen zusammendichten!“ Und schon war sie draußen. Der Prinz und Michael schauten sich traurig an. Die Blume wirkte noch zerknitterter als vorher.

„Ich werde meine Lehrerin anrufen!“ Michael schöpfte erneut Hoffnung. „Die kennt sich aus mit Märchen!“ Es war gut, dass er das Telefon ans Bett bekommen hatte. Aber woher die Nummer nehmen? Ob er die Schwester bitten konnte? Nein, lieber die Auskunft anrufen!

Bald darauf hatte er Frau Mommel am Apparat. Aber plötzlich traute er sich nicht mehr seinen Namen zu nennen. Bei dieser seltsamen Frage!
„Hier spricht ein alter Bekannter von Ihnen!“ brummelte er deshalb mit tiefer, verstellter Stimme. „Dies ist ein lebenswichtiges Gespräch. Verraten Sie mir bitte, wie man einen Märchenprinzen in ein Buch zurückbringen kann!“

Aber Frau Mommel dachte nicht daran, ihm das zu verraten. „Da spinnt wieder einer“, sagte sie und knallte den Hörer auf.
Michael wagte nicht den Prinzen oder die Blume anzusehen. Schnell wählte er die Nummer von dem Geschäft, in dem seine Mutter als Verkäuferin arbeitete. Zum Glück war sie gleich selbst am Telefon. Aber auch sie hatte keine Antwort parat. Sie sagte nur: „Du Schatz, wir haben gerade den Laden voller Kunden. In einer halben Stunde bin ich hier fertig. Dann komme ich sofort zu dir. Dann sprechen wir über deinen Märchenprinzen. Ja?“

Leise legte Michael den Telefonhörer auf. In einer halben Stunde konnte es zu spät sein. So welk, wie die Rose schon aussah! Draußen begann es bereits zu dämmern und der Prinz saß zusammengekauert auf seiner Bettdecke und starrte traurig vor sich hin. Oma anzurufen hatte auch keinen Zweck. Die war so schwerhörig, dass sie seine Frage sicher nur verstanden hätte, wenn er ihr einen Zettel durch die Telefonleitung geschoben hätte.

Es wurde immer dunkler im Zimmer. Die Blume warf einen langen, gekrümmten Schatten auf seinen Nachttisch. Der Prinz war hinübergesprungen. Er saß neben der Blumenvase und die Tränen kullerten ihm über das Gesicht.
„Märchenhelden weinen?“ wunderte sich Michael. Und dann klingelte er doch noch der Schwester. Aber die kam und kam nicht. Die Schatten im Zimmer wurden immer länger. Sie schienen alles in Traurigkeit zu hüllen. Da musste Michael handeln. Er rutschte aus dem Bett. Auf dem Flur draußen würde er sicher jemanden finden, der ihm einen Rat geben konnte.

Aber er kam nur vier, fünf Schritte weit, dann wurde ihm schwarz vor den Augen.

Zum Glück stürzte in diesem Moment Schwester Marlene herein. Sie legte ihn ins Bett und öffnete das Fenster. Dann ging sie, um einen Arzt zu holen.

Draußen, in der Dämmerung, sang eine Amsel. Der Prinz sprang auf. Er strahlte. „Die Amsel kann mir helfen.“ Dann summte er eine zarte Melodie und schon schwebte der dunkle Vogel ins Zimmer. Der Prinz riss die Blume aus der Vase und sprang auf den Rücken des Vogels.

„Jetzt wird alles gut!“ rief er noch. „Die Blume brauche ich. Aber am Schatten kannst du sehen, wenn es der Prinzessin wieder gut geht. Und fort war er, verschwunden in dem duftenden Frühlingsabend.

Michael starrte gebannt auf den gebeugten Schatten der Blume, der auf seinem Nachttisch zurückgeblieben war. Er konnte gerade noch erkennen, wie sich die Rose aufrichtete und voll erblühte.

Dann erlosch der Schatten, weil die Tür aufging und Licht angeknipst wurde.

Älteren Kindern schicken wir diese Geschichte, ebenfalls mit einem Brief und einem Bastelvorschlag.

Du kannst die Geschichte von dem kleinen Prinzen als **Schattenspiel** spielen. Dazu schneidest du die kleinen Figuren aus fester Pappe aus und klebst sie auf einen Führungsstab, der einfach aus einem festen Kartonstreifen bestehen kann. Nun musst du deine Spielfiguren nur zwischen den Schein deiner Nachttischlampe und die Wand neben deinem Bett halten, und schon hast du die Schatten an die Wand projeziert.

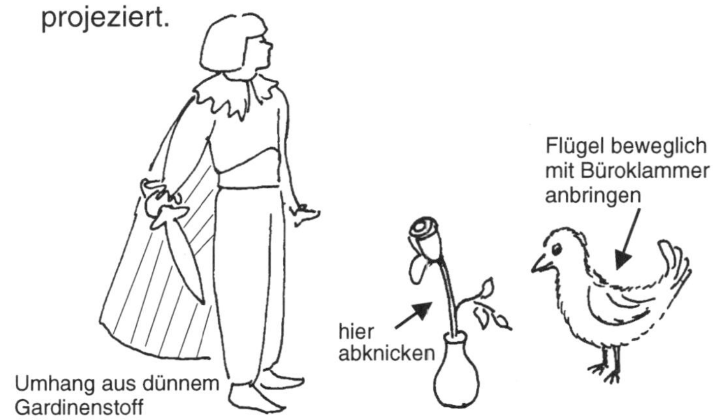


### 3. Kissenoschi

Kissenoschi ist weich und unkompliziert und leicht herzustellen.

Ins Kinderzimmer kommt er in Form dreier Geschenkbänder und einer Clownsnase, die aus einem kleinen halbierten Ball mit einem Wäschegummi besteht.

Auf der nächsten Seite ein Brief zum Thema „Kissenoschi“. Er ist ebenfalls für kranke Mitschülerinnen und Mitschüler gedacht.

Wie ein Kissenoschi zustande kommt, erfahrt ihr, wenn ihr den Brief zum Thema genauestens durchlest.

Hallo, du ...

nein, wirklich, es liegt kein Irrtum vor. Niemand hat vergessen, die schöne rote Nase einzupacken und deshalb gleich drei Geschenkbänder dazugelegt. Nein, diese vier Dinge brauchst du jetzt, um mich, deinen Kissenoschi, herzustellen.

Also, zunächst einmal nimmst du ein Kopfkissen. Am besten das, das dir deine Mutter immer in den Rücken steckt, wenn du im Bett essen musst oder spielen darfst. So, und jetzt stellst du es so auf, dass die schönste Ecke des Kissens nach oben schaut. Das ist wichtig!

So, nun binde das längste Geschenkband etwa 15 cm unter der Spitze um die Kissenecke. Na, siehst du schon meinen wunderhübschen Charakterkopf? Denkerstirn und Zipfelmütze. Alles da! Kannst du mich schon erkennen? Na ja, mach dir nichts draus, jedem kann mal ein bisschen Fantasie fehlen. Setze mir einfach die rote Nase ins Gesicht! Na?
Richtig zum Liebhaben! Das solltest du jetzt schon denken.

Falls du jedoch im kreativen Bereich noch nicht so weit sein solltest, bitte deine Mutti um zwei Filzstücke oder Knöpfe und nähe mir Augen auf. Siehst du?

Tja, mit den beiden anderen Geschenkbändern bindest du mir die Arme ab und schon bin ich fertig!

Du, ich kann wirklich ein klasse Kumpel sein. Habe nichts dagegen, wenn du mich in deinen Rücken klemmst! Ehrlich!

Und wenn mal Nachbars Tigerkatze durchs offene Fenster hereinsteigt um an deine Blumen zu pinkeln, kannst du mich auch schon mal als Wurfobjekt missbrauchen!
Geht doch klar unter Freunden!

Noch lieber aber liege ich unter deinem Kopf zum Kuscheln und Geschichten erzählen. Sollen wir's mal probieren?

Also, wie ich da neulich mal aus Versehen aus dem Fenster gefallen bin, als mich deine Mutter zum Lüften auf den Fenstersims gelegt hatte, da kam doch so ein großer, schwarzer Hund ... Na, hilf mir bitte mal ein wenig weiter! Mein Federgedächtnis ist doch ziemlich leicht und locker und der Riesenhund hat es ziemlich durcheinandergeschüttelt ...

Oder die Story! Du und ich, wir sind einmal an einem wunderschönen Sommertag auf und davon gewandert. Als Tramps. Einfach querfeldein.
Immer, wenn du müde geworden bist, hast du deinen Kopf an mich geschmiegt und bist schnell eingeschlafen.

Das einzig Harte an mir oder besser in mir war deine Spardose. Und ausgerechnet auf die hatte es Schurkensepp abgesehen. Wie ging das doch damals aus?

Wenn es dir wieder besser geht, können wir ja eine der Geschichten aufschreiben und Bilder dazu malen. Wenn du dann wieder fit bist, kannst du unser ureigenstes Bilderbuch herumzeigen. Also, du schreibst und malst und ich stütze dir den Rücken dabei und flüstere dir die spannendsten Abenteuer ins Ohr.
Klar?

Lieben Gruß,

dein Kissenoschi

#### 4. Purzelmännchen

Mit den kleinen Purzelmännchen kann man im Bett wunderschön spielen. Wir verschenken sie entweder als Material mit Bastelanleitung oder fertiggestellt, zusammen mit der „Maxgeschichte" .

**Bastelanleitung**

Für ein solches Männchen müssen wir den Körper aus Filz zweimal ausschneiden. →

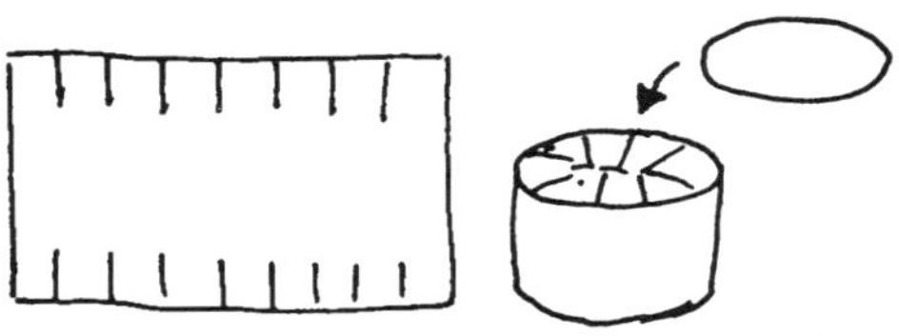

Für den Kopf wird ein Pappstreifen am Rand mehrmals eingeschnitten und dann zu einer Walze gedreht. Auf der einen Seite werden die kleinen Streifen umgebogen und mit einer runden Bodenplatte überklebt.

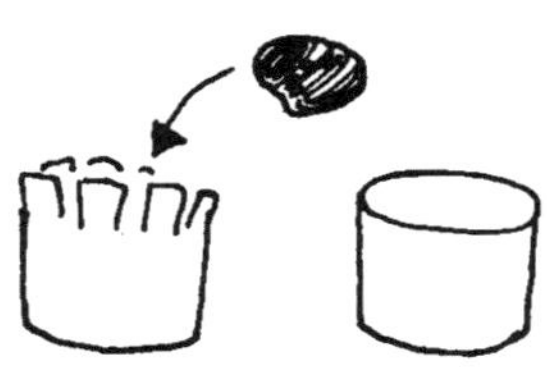

In die entstande Walze einen kleinen Stein zur Beschwerung des Kopfes geben, Streifen auf der anderen Seite ebenfalls umlegen und Deckplatte aufkleben.

Nun werden die beiden Filzteile des Körpers am Kopf festgeklebt.
Auch die Arme und Beine des Männchens werden zusammengeklebt.
Zum Schluss wird das Gesicht aufgemalt und Haare aus Wolle am Kopf befestigt.

**Text zum Vorlesen: Max, das Purzelmännchen**

Die Seite mit diesem Text sollte ein Familienmitglied des kranken Kindes bekommen mit der Bitte, die Rolle des Erzählers und des Männchens zu übernehmen, und sie dem Patienten vorzuspielen.

**Erzähler:** Hallo, hier kommt Besuch für dich! Er heißt Max und ist ein Purzelmännchen. Max purzelt leidenschaftlich gern von großen Bergen herunter.

**Max** *(steht auf der Bettdecke)***:** He, ist da denn weit und breit kein Berg?

*Er wird zum Gesicht des Kindes geführt. Sofort klettert er auf die Nase.*

**Max:** Aha, wenigstens ein kleiner Berg.
*(Er ruft ins Nasenloch hinein)*: Hallo, kannst du mich hier hören? *(Er klettert weiter zum Mund)* He, ich bin Max! Aufmachen!

*Max wird belehrt, dass man mit den Ohren hört. Er schaut in ein Ohr und bittet das Kind*

**Max:** Du, ich brauche unbedingt einen Berg zum Purzeln. Sei doch bitte mal so gut, ziehe deine Knie an und setze die Füße auf.
Siehst du, jetzt hast du einen super Berg gebaut!

*Er will hochklettern, aber er rutscht immer wieder herunter.*

**Max:** So was Doofes!! Dabei habe ich doch extra zwei Tafeln Schokolade gefrühstückt und eine ganze Flasche Limonade dazu getrunken! Da muss man ja geradezu vor Kraft explodieren.

*Man widerspricht ihm.*

**Max:** Was?? Das soll nicht gesund sein??? Was soll denn dann gesund sein? Kannst du mir das vielleicht mal flüstern?

*Max wird über gesunde Nahrung aufgeklärt.*

**Max:** Okay, okay! Ihr habt ja alle so recht! Aber jetzt sei so gut und hilf mir mal, damit ich da auf den Berg komme. Lege deine Beine bitte noch mal hin. Ja, genau so. Jetzt ist der Berg verschwunden.
Und jetzt setze mich auf dein Knie! Und nun – wieder hoch! Hurra!!!! Ich bin oben. Nun wird aber gepurzelt!

☛ Man kann mit den Männchen natürlich auch freie Spielsituationen erfinden. Was für Anstrengungen müssen nun zwei solcher Figuren unternehmen, um zueinander zu kommen!
Oder was könnten sie tun um den Berg abzuräumen?

Wenn man so ein kleines Spiel mit dem Kind, das man als Lehrer oder Lehrerin besucht, durchführt, wird es keine verlegene Stille, wird es keine Berührungsängste geben!

# In der Schule leben wir – meine Freunde und ich

**Kinder, so bunt wie die Raben,**
als diese noch nicht schwarz waren

In jeder Klasse gibt es sie,
die besonders Dicken und die extrem Dünnen,
die Riesengroßen und die Winzigkleinen,
die Sportlichen und die Behäbigen,
die Ängstlichen und die Dynamischen,
die Blitzgescheiten und diejenigen,
die sich mit allem schwer tun.
Es gibt die Kinder der Armen und die der Reichen,
deutsche Kinder und Ausländerkinder,
es gibt Schmuddelkinder und Herausgeputzte,
Kinder, die zu Höhenflügen ansetzen
und solche, die am liebsten im Schatten
der großen Bäume herumkriechen.

Und allen diesen Kindern wird ihre Andersartigkeit hin und wieder zum Problem: den einen, weil das Gefühl der Überlegenheit Barrieren errichtet, isoliert, zum Hindernis wird – den anderen, weil ein mangelndes Selbstwertgefühl sie an ihrer Entfaltung hindert, und allen zusammen, weil ständiges Gerangel um die Rangfolge das Zusammenleben in der Klasse und damit wichtige positive Lernvoraussetzungen notwendigerweise beeinträchtigen muss.

Dies alles ist nichts Neues; in unseren Grundschullehrplänen ist dieses Thema unter Stichwörtern wie **Leben in der menschlichen Gemeinschaft** oder **Klassengemeinschaft** u. Ä. verbindlich vorgesehen. In allen Schuljahren, in allen Klassen werden Verhaltensformen für ein gutes Zusammenleben in dieser Klassengemeinschaft kognitiv erarbeitet, gehört, gelesen, diskutiert – und im tagtäglichen Zusammensein schnell wieder vergessen.

Hier nun soll der Versuch gewagt werden, dieses wichtige Thema einmal anders anzugehen:
Die Schülerinnen und Schüler dürfen das Miteinanderleben und -auskommen in ihrer Klasse einmal auf vielen verschiedenen Ebenen mit allen Sinnen nachvollziehen. Neue Wege sollen dabei beschritten werden!

## I. Bücher zum Thema

**1. *E. Schreiber-Wicker, C. Holland:* Als die Raben noch bunt waren (Thienemann)**

Bunt, kunterbunt sind sie, die Raben in dem Bilderbuch „Als die Raben noch bunt waren“, schillernd wie Kinderträume. Sie sind lebenslustig, sie spielen fantasievoll und übermütig miteinander. Bis eines Tages ein eiskalter Typ, ein Schneemann, aus welchem Grund auch immer, die unselige Frage stellt: „Welche Farbe ist für euereins eigentlich richtig? Ich meine, wie muss ein wirklicher, ein echter Rabe aussehen?“ Von da an gibt es Streit. Gruppen bilden und verfeinden sich und selbst in den einzelnen Farbgruppen streitet man sich um Tupfen oder Streifen. Klassenkämpfe sind angesagt. Bis der schwarze Regen kommt. Den anderen Tieren kann dieser Regen nichts anhaben. Aber unseren Raben!
Der Text dieses herrlichen Bilderbuches ist so erfrischend frech wie die lebenslustigen bunten Raben selbst. Überall gibt es in Wort und Bild etwas Witziges, Übermütiges zu entdecken. Die wichtige Lehre, die dieses Buch vermittelt, läuft so nebenher, völlig unaufdringlich, gibt aber deutliche Ansatzpunkte für interessante Gespräche in der Klasse.

**2. *T. Michels:* Gustav Bär geht in die Schule, Reihe: Der kleine Bücherbär, Benziger Edition**

Gustav Bär freundet sich mit Katja an. Er darf sie sogar in die Schule begleiten. Aber dort merkt er bald, dass ihn das meiste, was die Menschenkinder hier üben, gar nicht interessiert. Als Katja und ihr Freund Benni ihn dann am Nachmittag draußen im Wald besuchen, zeigt er ihnen, was kleine Bären können müssen. Aber vieles können Katja und Benni gar nicht nachmachen, weil sie einfach ganz anders sind als Gustav. So lernen die drei sich und die anderen zu akzeptieren, wie sie sind, und die Unterschiede zu respektieren. Sie wollen aber trotzdem Freunde bleiben.
Der Inhalt des Buches ist in Druck und Bild gut zu erschließen. Die Kinder finden in der ansprechenden, kindgemäßen Handlung ein Beispiel für Toleranz im Umgang mit anderen, durchaus auch anders gearteten Kindern.

**3. *Willi Tobler:* Tschimi in der Schule, Reihe: Der Blaue Rabe (Ravensburger)**

Auch hier handelt es sich um ein Buch, das sich an Kinder im Erstlesealter wendet.

Tschimi, die Hauptperson, geht selbst in die erste Klasse, das erste Kapitel des Buches erzählt von Tschimis erstem Schultag. Jedes Kapitel behandelt

eine kleine in sich abgeschlossene Episode, so dass das Lesen problemlos in übersichtliche Abschnitte eingeteilt werden kann. Die einzelnen Handlungsstränge laufen geradlinig auf eine kleine, verständliche Pointe hinaus, die mit ihrem jeweiligen Überraschungseffekt die Kinder zum Durchhalten im Erlesen der einzelnen Geschichten motiviert.
Die zeilenmäßige Einteilung der Wörter nach sinntragenden Satzelementen erleichtert den Erstlesern das Zurechtfinden in der fiktiven Welt der Erzählungen ebenso, wie die handlungsunterstreichenden, ausdrucksstarken Zeichnungen.

**4. *A. Bröger:* Nickel spielt Lehrerin, Reihe: Der kleine Bücherbär, Benziger Edition**

Wenn Nickel traurig ist, kann sie durch eine Geheimtür ins Reich der Fantasie entschlüpfen. Nach einem Schultag voller Ärger spielt sie selbst Lehrerin: Lehrerin für ihre eigenen Lehrer. Diese müssen dann natürlich ganz andere Dinge lernen als diejenigen, die sie selbst Tag für Tag ihren Schülern beibringen wollen.
Die kleinen Leserinnen und Leser haben ihren Spaß an den ausgefallenen Lerninhalten von Nickel. Der klar gegliederte, in großer Druckschrift gedruckte Text und die vielen farbigen Illustrationen erleichtern ihnen das Erlesen.

**5. *Christine Nöstlinger:* Schulgeschichten vom Franz, Neue Schulgeschichten vom Franz, Reihe: Sonne, Mond und Sterne (Oetinger)**

Der Franz, der kleine quicklebendige Kerl, hat drei Probleme: er ist sehr klein, er hat helle Ringellocken und er bekommt ein hohe, piepsige Stimme, wenn er sich aufregt. Durch kleine Unachtsamkeiten oder komisch anmutende Missgeschicke kommt er hin und wieder in Schwierigkeiten, die er auf äußerst pfiffige, sympathisch wirkende, aber immer wieder überraschende Weise zu lösen versucht.
So sind seine Schulgeschichten keine dramatischen Abenteuer, sondern kleine, aber höchst amüsante Storys aus der nicht alltäglichen Alltagswelt aufgeweckter Kinder, die nicht nur junge Leser zu einer vergnüglichen Lektüre einladen.
Die Sprache ist kindgemäß, die Spannungsbögen überschaubar, auch die Personen sind klar charakterisiert, ohne dabei stereotyp zu wirken.

**6. *Knister:* Hexe Lilli zaubert Hausaufgaben und Hexe Lilli stellt die Schule auf den Kopf, (beide Bücher im Arena-Verlag)**

Nicht hinausdürfen, bevor die Hausaufgaben fertig sind und dann auch noch auf den kleinen Bruder aufpassen müssen! Manches Kind wird sich fragen, was daran wohl Spannendes sein könnte. Aber wenn bei der ganzen Sache ein Zauberbuch auftaucht, dann kommt plötzlich ein großer Schuss Spannung und Erwartung auf Abenteuer und Aufregung ins Spiel.
Es wird auch für keinen Pädagogen mehr eine Frage sein, dass man beim Hausaufgabenmachen mit einem Hexenbuch auf einmal selbst Probleme wie vierstellige Zahlen meistern kann und fähig ist die schwierigsten Zaubersprüche zu lesen, ganz zu schweigen von den vielen Tierarten, die man schon an den Ohren erkennen kann, weil man diese aus Versehen dem kleinen Bruder angehext hat.
Man kann sich sogar vorstellen, dass diese beiden Bücher selbst so etwas wie Hexenbücher sind. Und nicht nur wegen der beiden Zaubertricks in *Hexe Lilli stellt die Schule auf den Kopf!* Sie dürften die Kinder einfach von ihrer Themenstellung und dem klaren Aufbau her zu eifrigen Lesern verhexen! Es ist aber auch wirklich zu turbulent, was da in der Schule alles passiert, als Lilli mit einigen Zaubersprüchen ihrer Lehrerin in einer Prüfungsstunde helfen möchte.

Die kurzen, verständlichen Sätze, die große Druckschrift und die ausdrucksstarken Illustrationen tragen dazu bei, den jungen Lesern vollends ein Lesefieber anzuhexen.

**7. *A. Bröger:* Pizza und Oskar gehen zur Schule, Reihe: Lila Leseratz, (Ravensburger Taschenbuch)**

Oskar, der kleine Elefant, begleitet Pizza, das kleine etwas runde Mädchen in die Schule. Und tatsächlich, er wird dort aufgenommen. Mit Oskar zusammen entwickelt sich ein kunterbunter, fröhlicher Schulmorgen, in dem die Leser miterleben können, wie so eine Sport- Musik- und Schreibstunde verläuft, an der ein kleiner, netter Elefant teilnimmt.
Das Kuscheltier, das in der Nähe bleibt, um die beiden Hauptpersonen trösten zu können, wenn ihnen Schule langweilig oder enttäuschend vorkommen sollte, muss zum Schluss selbst getröstet werden, weil es als Tröster nicht gebraucht wurde.

Das Buch wendet sich an Leser ab dem 3. Lesejahr, die sich den mit treffenden Zeichnungen illustrierten Inhalt, der Sicherheit und Verständnis vermittelt, bestimmt schnell und gut erschließen können.

☛ Aus der Welt der Schule erzählen selbstverständlich auch andere Kinderbücher, zum Beispiel: *Nur für einen Tag* (siehe Seite 18) und *Lippels Traum* wie auch *Das Rad auf der Schule* aus Band 2 ... und weiter geht's mit allen Sinnen.

Mit solchen Büchern lässt sich übrigens der Übergang von einem Themenbereich in den anderen harmonisch vollziehen. Besonders wenn die Einübung eines Theaterstückes, das vor einem größeren Publikum aufgeführt werden soll, mehr Zeit erfordert, ist es sinnvoll, diese Übergänge in der Stoffverteilung bewusst mit einzuplanen.

## II. Eine bunte Schulwelt schaffen

### 1. Spiegelung einer Alltagsproblematik in der Rabengeschichte

Arbeit mit dem Bilderbuch *Als die Raben noch bunt waren* (Besprechung siehe Seite 67).

In seiner lebendigen, anschaulichen Erzählweise spricht das Buch unsere Grundschulkinder spontan an, lässt sie Spannung und humorvolles Entspannen gleichermaßen erleben.

Um die Kinder auf das Buchgeschehen einzustimmen und neugierig zu machen, genügt es, ihnen die farbenprächtigen Bilder der ersten Seiten zu zeigen und sie anhand eines Lehrervortrages bis zur Frage des Schneemanns mit dem Text bekannt zu machen. Nach dessen provozierender Frage setzt erst einmal ein allgemeines Fabulieren ein. „Wie werden die Raben reagieren? Was werden sie antworten? Was werden sie tun?"

Danach wollen die Kinder gerne weiterlesen, egal, ob mehrere Buchausgaben in der Leseecke zum Schmökern einladen oder ob einzelne Schülerinnen vorbereitete Textpassagen vortragen. Alle Kinder brauchen jedoch irgendwann einmal Zeit und Gelegenheit, um sich mit dem Buch in eine gemütliche Ecke zurückzuziehen, um in aller Ruhe die Bilder betrachten und darüber schmunzeln zu können.

Wenn schließlich alle mit dem Inhalt des Buches vertraut sind, können wir uns wieder im Gesprächskreis zusammensetzen, um über Eindrücke, Vermutungen und Meinungen, die sich beim Lesen und Betrachten gebildet haben, zu diskutieren.

Fast alle Kinder meiner zweiten Klasse hatten großen Spaß an den Streitgeprächen und Kampfrufen der bunten Raben gefunden.

Wie stark ihnen stellenweise die Identifikation mit den farbenprächtigen Vögeln gelungen war, zeigte sich im Verlauf unseres Gesprächs.

Uwe hatte sich zu Wort gemeldet und unvermittelt gesagt: „Aber mich lachen sie manchmal aus, weil ich so viele Locken habe." Mira fügte hinzu: „Ja, und den Hans-Peter auch, weil er rotes Haar hat. Zu dem sagen sie Fuchs." Tina konnte ihren Kummer wegen ihrer Körperfülle zum Ausdruck bringen und Timo erinnerte an die Außenseiterrolle mancher ausländischer Kinder.

Banale Kleiderfragen wurden angesprochen, aber auch schwerwiegende rassistische Probleme, die von den Medien her bekannt waren.
Vor dem Hintergrund der Rabengeschichte wurde Anderssein nicht nur toleriert, sondern als etwas Farbgebendes, Interessantes betrachtet und die Frage nach dem „Richtigen, Echten" als dumm und blöde abgestempelt.
Alle regten sich auf über diese „unselige" Frage des Schneemanns, gemeinsam suchte und sammelte man andere, solcher falsch gestellter, destruktiver Fragen.

- Wer ist der Beste in unserer Klasse?
- Wer ist der Stärkste?
- Wer trägt die besten Kleider, wohnt im schönsten Haus, hat das größte Auto?
- Wer ist am weitesten gereist?
- Wer kann am besten Fußball spielen?

Aus der neu vermittelten Betrachtungsperspektive können Unterschiede wahrgenommen, toleriert und auch akzeptiert werden.

Am Ende dieser Gesprächsrunde sollte die Planung für die vielfältigen Aktivitäten zu diesem Thema stehen, mit der Aussicht auf ein Rabenfest, das gemeinsam mit einer anderen Klasse oder mit den Vorschulkindern gefeiert werden sollte.

Gemeinsam etwas für eine andere Gruppe planen und gestalten, erscheint als geeignetes Handlungsfeld für unsere Aufgabe, das kooperative Zusammenleben verschiedener Kinder zu fördern, mit dem Ziel, die Andersartigkeit, das Anderssein der Mitmenschen anzuerkennen, um ein harmonisches, interessantes, vielschichtiges Miteinander zu erreichen.

☛ An Elternabenden sind viele Eltern auch dankbar für Tipps über altersgemäße Bücher, mit denen sie ihre Kinder zum Lesen motivieren können. Buchausstellungen zu den verschiedenen Projektthemen wurden immer gerne angenommen.

### 2. Veränderungsspiele

Erweiterung der Denkwege durch das Spiel mit der Sprache

#### a) Ein Tisch ist ein Tisch oder doch nicht?

Die totale Fixierung auf Normen, die absolute Gleichschaltung, Uniformierung innerhalb einer Gruppe führt nicht nur zu einer geistigen und ästhetischen Verarmung und damit zu einer Minderung der Lebensqualität, sie birgt auch eine große politische Gefahr, wie die Geschichte immer wieder gezeigt hat und leider bis auf den heutigen Tag in erschreckender Konsequenz immer wieder verdeutlicht.

Auf der anderen Seite braucht der Mensch als gesellschaftliches Wesen die Gemeinschaft mit anderen, einen gemeinsamen Konsens, einen festen, allgemein anerkannten Standpunkt, von dem aus er die Welt beobachten und verändern kann, von dem aus er zu aktivem Handeln fähig ist, weil er immer wieder dorthin zurückkehren kann.

Der Gegensatz zu unseren uniformen Rabengruppen wird in Peter Bichsels Geschichte *Ein Tisch ist ein Tisch* aufgezeigt:
Der graue, unscheinbare, alte Mann findet keinen Zugang zu seinen Mitmenschen. Seine Umwelt und seine Sprache verarmen, sein verzweifelter Alleingang, Farbtupfer durch Sprachveränderung in seinen Alltag zu bringen, schafft Sprachverwirrung bis zur Kommunikationsunfähigkeit und vollständigen Isolierung.

Man kann Grundschülern diese Geschichte erzählen oder vorlesen, Viertklässler können sie auch schon selbst erlesen, wenn man sie einzelne Textpassagen durch farbliche Markierungen hervorheben lässt. Die Schülerinnen und Schüler lassen sich gerne auf diese Art Sprachspiel ein und erfinden ihre eigene Klassengeheimsprache. Ganz nebenbei erfahren sie Sprache als ein Medium, mit dessen Hilfe man aufgrund verbindlicher Vereinbarungen die Welt beschreiben, verständlich machen und anderen mitteilen kann.

Wir wollen mit den Kindern einen Schritt weitergehen und sie Sprache erleben lassen als ein Mittel, mit dem wir Begriffe und Dinge spielerisch verändern können, um zu dem Resultat zu kommen:
Ein Tisch ist nicht gleich ein Tisch!

**Aufgabenstellung**
Setzt euch bitte ganz entspannt hin. Stützt die Ellbogen auf den Tisch, legt den Kopf in die Hände, schließt eure Augen. Seid ganz leise.

Nun denkt euch einen Tisch aus. Seht euch den Tisch sehr genau an. Ist er groß oder klein? Wozu braucht man den Tisch? Was liegt darauf? Denkt euch alles genau aus. Nachher sollt ihr den Tisch aufzeichnen und den Kindern aus der Klasse von ihm berichten.

Nachdem die Kinder die Aufgabe ausgeführt und ihren Tisch skizziert haben, treffen sich wieder alle im Kreis, um zu berichten. Danach können sich verschiedene schriftliche Auswertungen anschließen.

**• Wir gestalten ein Tischbilderbuch**
Jedes Kind klebt seine Zeichnung und seine Kurzbeschreibung auf eine Tonpapierseite. Wir heften diese Seiten mit einem Bindegerät zusammen oder lochen sie und binden sie mit einer Schleife.

☛ Wenn wir verschiedene, alte Versandkataloge im Klassenzimmer haben, können die Kinder die Gegenstände auch ausschneiden und auf ihrem Tisch aufkleben.

✂ Tonpapier, Zeichenpapier, Kataloge, Klebstoff, Bindering oder buntes Band.

**• Wortkartenspiel**
Namenwörter werden auf Wortkärtchen geschrieben, die in der Form des betreffenden Gegenstandes ausgeschnitten werden. (Kopiervorlage wenn möglich vergrößern und ausschneiden, siehe S. 73)

Die Wortkarten werden ihrer Bedeutung nach geordnet, z. B alle Dinge, die auf einen Esstisch gehören, werden zusammengelegt. Die Kinder gestalten kleine Ausstellungstische aus Schuhschachteln und legen die Dinge auf den richtigen Tisch.

Vorschläge:

**Esstisch:**
Tasse, Teller, Löffel, Gabel, Glas, Schüssel ...

**Schreibtisch:**
Heft, Buch, Bleistift, Farbstift, Füller, Radierer, Buch ...

**Spieltisch:**
Auto, Puppe, Bär, Lokomotive, Puzzle ...

**Werktisch:**
Hammer, Säge, Hobel, Bohrmaschine ...

Die Kärtchen können auch als ansprechendes Hilfsmittel für Eigendiktate verwendet werden. Hierzu legen die Kinder sie mit der unbeschrifteten Rückseite nach oben vor sich auf den Tisch. An der Form erkennen sie das gewünschte Namenwort. Sie schreiben es auf und drehen dann zur Kontrolle das Wortkärtchen um.

Die Wortbildkarten auf Karton oder starkes Tonpapier kleben oder gleich auf Karton kopieren und ausschneiden.

Die Kinder können selbst solche Karten herstellen, z. B. für Ausstellungstische in bestimmten Geschäften, für Geburtstagstische usw.

**b) Verwandlungsspiele:**

**• Unsere Schulmöbel verwandeln sich**
Die Kinder spielen in Tischgruppen. Die Tische sind nun keine Tische mehr, sondern Autos, Schiffe, Ritterburgen oder auch Raumfähren, ganz nach der Fantasie der betreffenden Spielgruppe.

Dieses Spiel ist die konsequente Hinführung zu unserem nächsten Arbeitsschritt.

**• Gedanken, so bunt wie Luftballons**

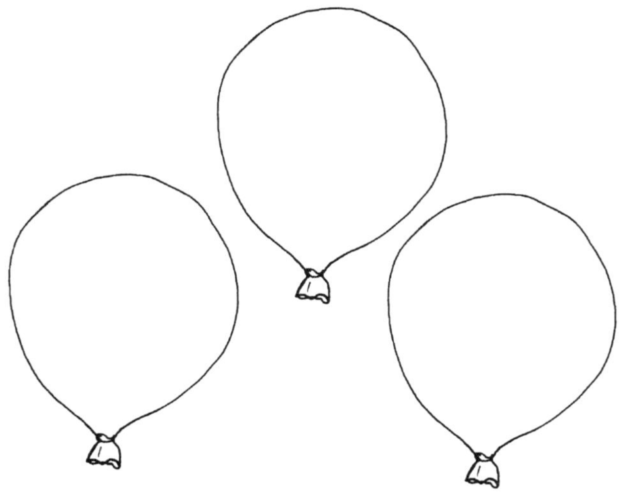

Wer sich nur in tief eingegrabenen Denkbahnen voranwagt, läuft Gefahr die Übersicht zu verlieren. Wer sich nur an sich selbst orientiert, geht das Risiko ein, sich auf immer kleiner werdendem Raum zu bewegen, weil ein Denkhorizont, der immer nur ein einziges Ich umkreist, beginnt dieses mehr und mehr einzuengen, einzuschnüren.

Deshalb wollen wir uns einmal bewusst im Umdenken üben, einmal den Versuch durchspielen, die Dinge nicht so zu sehen, wie sie immer sind, beziehungsweise nicht so, wie sie immer zu sein scheinen. Wir wollen Gedanken haben, so frei wie Luftballons!

Den Grundschulkindern ist dieses hier angestrebte kreative Denken überhaupt nicht fremd. Im wirklich fantasievollen Kinderspiel werden immer noch Holzklötze zu Puppen oder zu Autos, Stöcke zu blitzenden Schwertern, für spielende Kinder verwandeln sich ohne weiteres Pappschachteln in königliche Paläste.

Für unser Spiel wählen wir Alltagsgegenstände, die die Kinder bei sich haben, wie z. B. die Büchertasche und die Dinge, die darin eingepackt sind, also Mäppchen, Hefte, Bücher, Farbstifte usw.
Es genügt ein kleiner Denkanstoß und schon beginnen die Kinder mit den Dingen zu spielen, sich schöpferisch entdeckend auf ihre Umwelt einzulassen.

In kurzen Texten sollen sie im Anschluss das Ergebnis dieses Spieles aufschreiben und nach dem Drucken ein kopierfähiges Bild dazu zeichnen. Wir wollen alle Ergebnisse sammeln und vervielfältigen, um Bücher für alle Kinder der Klasse und auch für die Gäste beim Rabenfest anfertigen zu können.

Das Besondere an diesen Büchern soll ihre Form sein. Wir gestalten und binden sie als bunte Luftballons (Auf der Seite 72 sehen Sie einige verkleinerte Schülerergebnisse).
Achten Sie darauf, die linke Seite der Luftballons ziemlich gerade zu gestalten, so dass Sie einen Bindering anbringen können.
Zur Not geht auch Lochung mit Band.

Mein Lineal ist ein Fenster.
Mein Stuhl ist ein Auto
und mein Tisch ein Hubschrauber.
Kommt und spielt mit mir!

Mein Mäppchen ist ein Bauklötzchen.
Kommt alle her!
Wir bauen ein Haus.
Wir spielen im Haus.

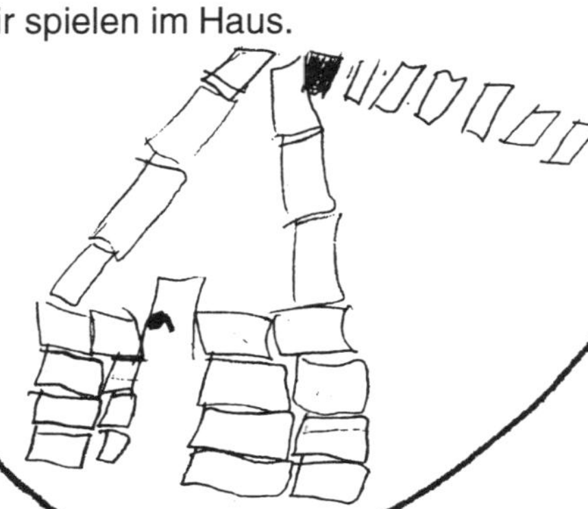

Mein Schiff.
Ich hole Karton.
Ich baue ein Schiff und fahre.

Meine Tische sind ein Doppelbus.
Kinder kommt!
Wir fahren nach England.
Kinder, freut euch!

Meine Bücher sind ein Turm.
Los, kommt!
Wir decken den Turm zu
und dann werfen wir ihn um.

Tasse

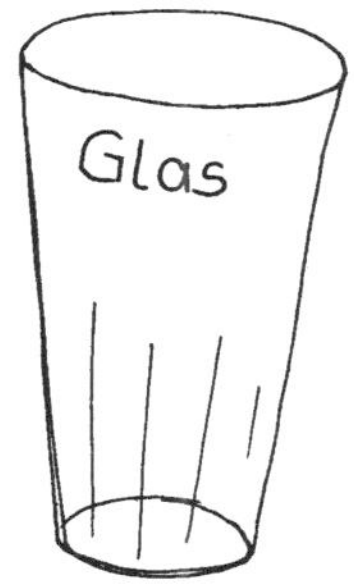
Glas

Löffel

Schüssel

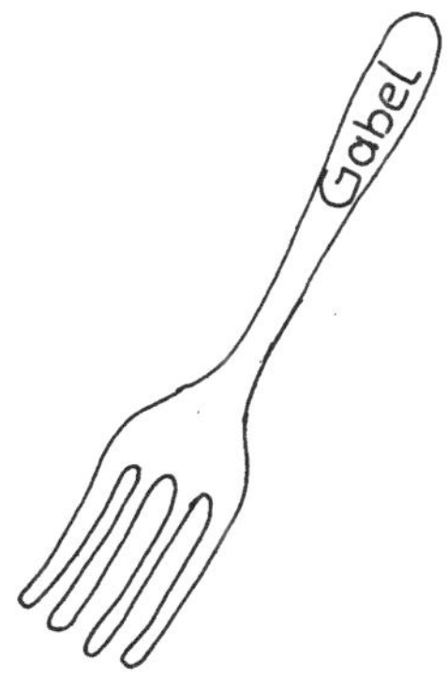
Gabel

Buch

Heft

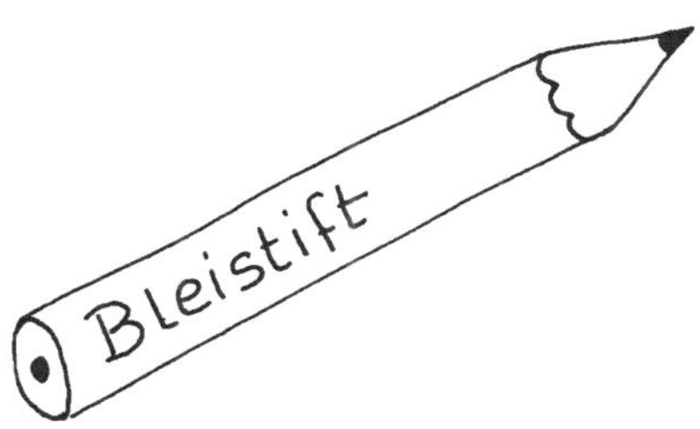
Bleistift

Füller

Schere

Auto

Puppe

Schiff

Bär

Säge

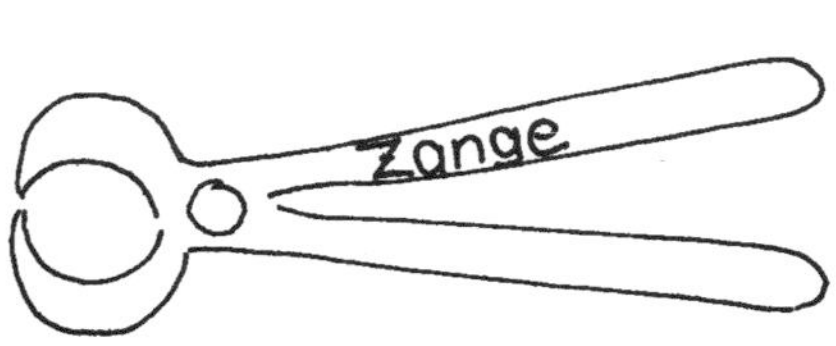
Zange

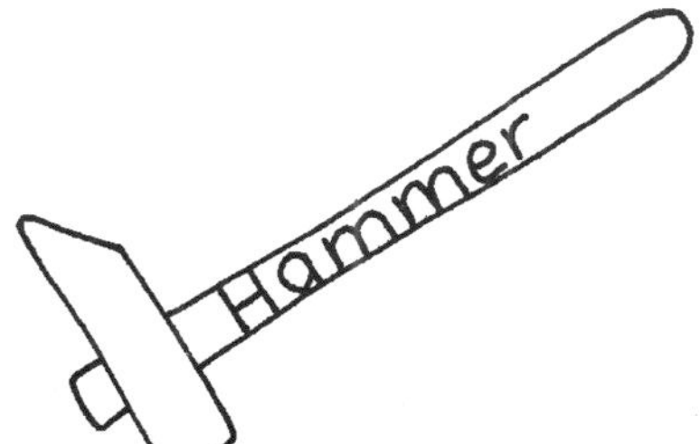
Hammer

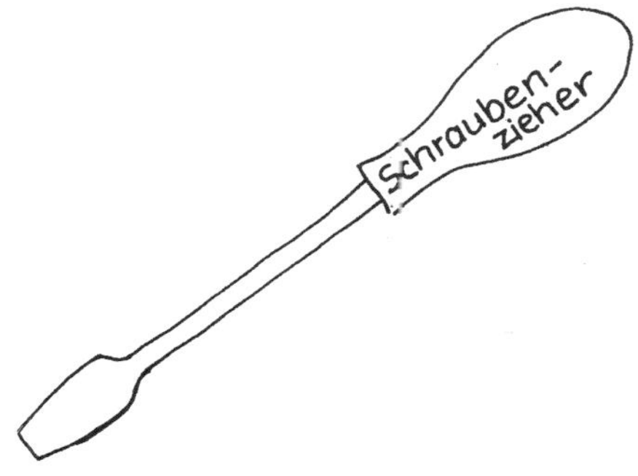
Schrauben-
zieher

## III. Das Spiel mit Farben, Tönen und Düften

### 1. Großes Fensterbild

Auf einen großen Papierbogen wird ein möglichst fensterfüllender Baum aufgemalt. Die Kinder arbeiten mit einem dicken Pinsel und gut deckender brauner Farbe. Dabei beginnen sie immer wieder unten am Stamm des Baumes und lassen den Pinselstrich zu den Ästen hin auslaufen, so dass diese auf natürliche Art und Weise immer dünnere Äste bekommen. Nun wird der Baum sorgfältig ausgeschnitten und mit Tesafilm oder einem Spezialkleber ins Fenster geklebt.
Jetzt fertigt sich jedes Kind einen Raben aus schwarzem Tonpapier an, schneidet ihn so aus, dass nur ein schmaler, schwarzer Rand stehen bleibt und hinterklebt ihn mit buntem Transparentpapier.

Wenn jedes Kind seinen Vogel auf den Fensterbaum gesetzt hat, leuchtet unser Fenster farbenfroh, lässt vielleicht die grautrübe Häuserfront von gegenüber freundlicher erscheinen oder wird ein Teil der dahinterliegenden Weite einer Wiese oder eines Parks.

✂ Pack- oder Tonpapier, Farben, dicke Pinsel für den Baum, schwarzes Tonpapier oder Heftdeckel, Transparentpapier, Klebstoff.

☛ Je nach Jahreszeit können wir den Baum mit grünen oder bunten Blättern (auch getrocknetes Laub!) oder mit Schneeflocken aus Watte schmücken und haben so einen großen Jahreszeitenbaum.

Wir gestalten einen besonders großen Baum für ein Flurfenster. Kinder aus allen Klassen setzen bunte Vögel auf die Äste.

### 2. Einladungskarten

Die Einladungskarte soll unsere Gäste auf das Thema einstimmen.

Ein DIN A5 großes Blatt Tonpapier wird in der Mitte so gefaltet, dass es Postkartengröße hat. Mit farbigen Papierschnipseln klebt jedes Kind einen bunten Raben auf die Vorderseite der Karte.

Auf ein kleines weißes Blatt schreiben die Kinder den Einladungstext, verzieren ihn mit bunten Ornamenten (Stempeldruck bietet sich an) und kleben das fertige Schmuckblatt auf die Innenseite ihrer Karte.

✂ Tonpapier, weißes Papier, Buntpapier oder Schnipsel aus Illustrierten, Klebstoff

### 3. Bauzäune

Hochgestellte Paletten, die man eventuell von Fabriken kostenlos bekommen kann, ergeben graubraune Bauzäune. Nachdem die großen Zwischenräume zwischen den Brettern mit je einer weiteren Latte zugenagelt worden sind, werden die Paletten mit weißer Farbe vorgetüncht. Danach können die Kinder ihre Motive auf den hochgestellten Bauzaun aufmalen.

Damit die schweren Paletten bei der Malaktion nicht umkippen können, sollten sie mit Draht an einen Tisch gebunden werden.

Als Anregung für die Entwürfe eignet sich ein Arbeitsblatt aus der Mappe „Erzähl mal!" von *W. Nüchter und T. Schutte*, Verlag an der Ruhr, das einen Bauzaun zeigt, den die Kinder bemalen sollen.

Die Schüler fertigen ihre Entwürfe an und schreiben einen Text dazu. Bilder und Texte können nach der Fertigstellung zu einem Bilderbuch gebunden oder an einer Pinnwand ausgestellt werden.

Eine interessante Möglichkeit wäre aber auch Kopien anzufertigen und mit diesen einen hässlichen Bauzaun, den man nicht bemalen darf, zu schmücken.

**Der Zaun**

**Eines Nachts bin ich zu dem Zaun geschlichen. Da kam ein Mann. Der brachte mich zu Mama. Die schimpfte. Aber dann lachte sie und machte mit.**

## 4. Stockpuppen, Raben

Aus einer stabilen Pappe fertigen wir eine Umrissschablone (siehe Seite 76), die die Kinder auf ihren Stoff legen, mit Kreide umfahren und dann ausschneiden können. Mit Stofffarben und Korkstempeln werden die Raben bunt bedruckt.
Nach dem Trocknen werden sie zusammengenäht (eventuell von einem Erwachsenen mit der Nähmaschine) und mit Watte, Kapok, Rohwolle oder kleingeschnittenen Stoffresten ausgestopft. Eine kleine Öffnung muss unten am Raben offen bleiben, damit wir den Vogel auf einen Stock setzen können, der beim Spiel als Führungsstab dient.

Wenn wir nicht mit den Raben spielen, stecken wir sie auf einen großen Ast in einer stabilen Bodenvase und haben wieder einen wunderschönen Raumschmuck!

✂ Pappschablone, Stoff, Kreide, Scheren, Stoffdruckfarben, Korken, Wachstuch oder Folien zum Schutz der Gruppentische, Faden, Füllmaterial, Stab.

☛ Beim Übertragen des Vogelumrisses auf den Stoff und auch beim Bedrucken der beiden Rabenhälften müssen wir darauf achten, dass wir die beiden Teile spiegelverkehrt gestalten, damit unser Rabe nachher nicht zwei rechte oder zwei linke Seiten hat. Die Kinder sollten zum Drucken „Malerkittel" (alte Herrenhemden mit abgeschnittenen Ärmeln) tragen, weil sich Stofffarbe nur sehr schwer aus den Kleidern auswaschen lässt.
Füllmaterial lässt sich sehr oft kostenlos bei Betten-, Matratzen- oder Trikotagenfabriken beschaffen!

Nach dem abschließenden Spiel beim Rabenfest haben viele Kinder ihren Vogel auch unten zugenäht und ihn als Schmusetier genommen oder verschenkt.

## 5. Tanz der Raben

Bunte Raben haben mit fröhlichen Kindern eines gemeinsam: Sie bewegen sich gerne.

**a) Wie gehen, hüpfen, fliegen Raben?**
In der Turnhalle üben die Kinder sich wie Raben zu bewegen. Zunächst hüpfen, springen, stolzieren alle frei im Raum umher und imitieren dabei die Bewegungen der großen Vögel, wie sie es vorher eventuell in einem Film oder in der Natur bei ihnen beobachtet haben. Schließlich „flattern" alle auf einen Kasten und wieder herunter und erfinden selbst Spiel- und Bewegungsmöglichkeiten als „Raben".

**b) Das „Schwarzer-Regen-Spiel"**
Alle „Rabenkinder" liegen auf Matten. Plötzlich setzt der Regen ein. Als Zeichen dafür erklingen rhythmische Schläge auf dem Tamburin. Schnell müssen die Rabenkinder das Nest verlassen und eine Runde fliegen, um danach eilig wieder auf die Matte zurückzukehren. Auf ihrem Weg müssen sie natürlich verschiedene Hindernisse umlaufen und überwinden. Das Rabenkind, das als erstes das Nest wieder erreicht, darf beim nächsten Spiel wieder den Rhythmus klopfen.

Umriss vergrößern, **2-mal** auf den Stoff übertragen. Der Schnabel muss dabei einmal nach rechts und einmal nach links zeigen. Auch beim Bedrucken darauf achten.

Wenn man die beiden Stoffteile am Schwanz zusammen lässt, hat man zwar mehr Abfall, aber beim Drucken können keine Fehler unterlaufen.

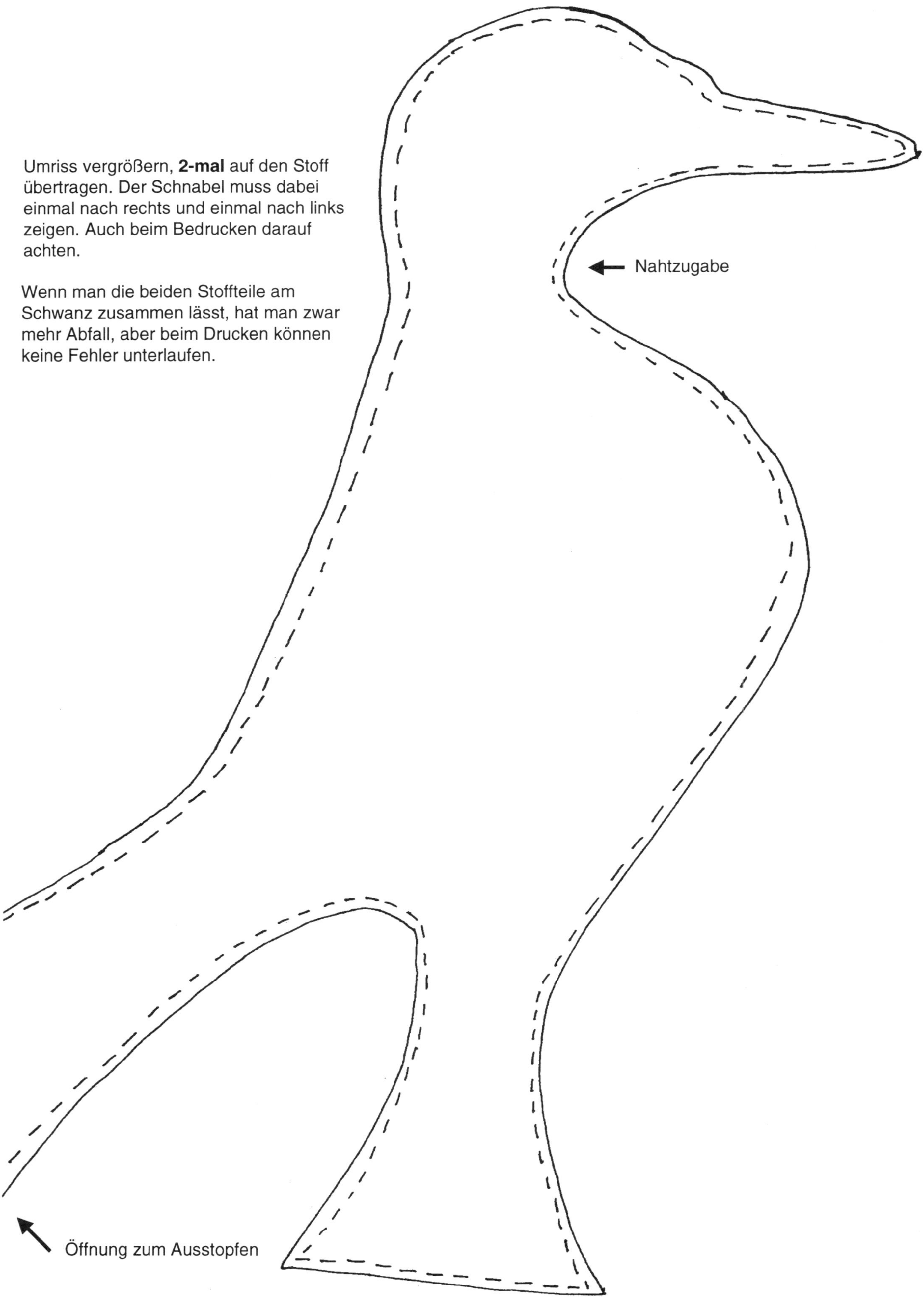

**c) Der Rabentanz**
Die Kinder bewegen sich auf eine schwebende Musik. Dabei schwenken sie bunte Seiden- oder Chiffontücher. Schließlich befestigen wir die Tücher an den Turnanzügen der Schüler/innen, so dass sie nun beim Tanzen mit Luftballons spielen können. Sehr gut eignet sich für dieses Spiel die leichte, heitere Musik des griechischen Tanzes.

✂ Vogelschnabelmasken, Seidentücher, Luftballons.
Als Musikstück haben wir einen griechischen Tanz ausgewählt.

**6. Raben backen**

Auch das Gebäck an unserem Rabenfest soll unkonventionell sein. Wir backen bunte Raben.

**Zutaten für den Knetteig:**
500 g Weizenmehl,
2 gestrichene Teelöffel Backpulver,
150 g Zucker,
2 Eier,
250 g kalte Butter oder Margarine.

Jedes Kind erhält ein Stück Teig. Es wellt ihn aus (etwa 4 mm dick) und legt eine vorbereitete Pappschablone in Rabenform darauf. Nun kann es mit einem Küchenmesser diese Form umfahren und den Raben aus dem Teigstück ausschneiden. Teigreste kann man als Flügel aufsetzen.
Nach dem Backen und Abkühlen werden die Gebäckstücke mit Zuckerguss aus Puderzucker und Zitronensaft überzogen und mit bunten Zuckerperlen, Smarties oder Schokoladestückchen verziert.
Wer nicht so viel Zucker mag, schmückt seine Raben mit Haselnüssen, Zitronat- und Orangeatstückchen und getrockneten oder kandierten Früchten.

Bis zum Fest werden die Raben gut aufbewahrt. Naschgefahr!

☛ Natürlich kann man den Teig auch von Müttern vorbereiten lassen oder ihn aus Vollwertprodukten ohne Zucker herstellen. Die Kinder können selbst Entwürfe anfertigen, jedoch sollten die Rabenschablonen nicht größer als 7 cm sein. Vor dem Backen mehrmals mit einer Gabel in den Raben stechen, damit die Figur sich nicht wellt oder verbiegt.

## IV. Zusammenspiel der Sinne – Ein Rabenfest feiern ...

Nach allen diesen Planungen und Vorbereitungen erleben die Kinder das Fest als abschließenden Höhepunkt. Wir hatten außer den Erstklässlern und deren Klassenlehrerin auch die Erzieherinnen aus dem Kindergarten eingeladen. Im Rahmen der Kooperation Kindergarten/Grundschule kamen sie gerne auch einmal zu einem Besuch in die Schule und konnten bei unserem Fest gleich die Entwicklung ihrer ehemaligen Schützlinge beobachten.

Bei einem solchen Fest, das je nach Gruppenzusammensetzung natürlich individuell verschieden verlaufen wird, sollte am Anfang gemeinsames Handeln angesagt sein. Wir haben ein Lied gesungen, und in Bewegung umgesetzt, das allen vom Kindergarten her bekannt war.

Ein weiterer Programmpunkt war das Vorstellen des Bilderbuches „Gedanken, so bunt wie Luftballons“ und das Spiel mit den darin genannten Gegenständen in Tischgruppen. Nicht fehlen durfte natürlich das gemeinsame Verspeisen des Rabengebäcks! Im Mittelpunkt der Feier aber stand das Rabenspiel.

Der Raumschmuck war stimmig:
Pinnwand, Fenster und Magnettafel waren mit bunten Raben geschmückt, vor der Tafel standen, an Tischen gut befestigt, die bemalten Bretterwände, dahinter erhob sich der Ast, der uns bisher als Rabenbaum gedient hatte. Er war mit echten Herbstblättern verziert. Die Stoffraben lagen jedoch, für die Zuschauer nicht sichtbar, auf den Tischen hinter den Paneelen. Die Luftballons steckten unter den Tischen.

Nachdem die Tücher an den Turnanzügen befestigt waren, verwandelten sich die Schulkinder in bunte und schwarze Raben. Das Spiel konnte beginnen.

**Spiel der Raben**

**Sprecher** *(liest aus dem Bilderbuch vor)*: Es gab eine Zeit, da waren die Raben bunt. Geradezu kunterbunt.

*Musik ertönt.*
*Nacheinander kommen die Rabenkinder hinter der Bretterwand hervor, tanzen an ihr entlang, auf die Zuschauer zu und schwenken dann wieder ab hinter die Wand.*
*Der Sprecher beschreibt dabei die Farben der Sportanzüge, die die Kinder anhaben.*

**Sprecher:** Es gab rosa Raben und grüne Raben, einige hatten rote Federn und blaue Beine, andere waren ganz grün. *(Musik aus)* Doch eines Tages sollte sich alles ändern.

**Der Schneemann:** *(ein Kind in weißer Kleidung), kommt hinter der Bretterwand hervor und stellt die Frage aus dem Buch:* Welche Farbe ist für euereins eigentlich richtig? Ich meine, wie muss ein wirklicher, echter Rabe aussehen?

**Sprecher:** Da begann der Streit der Raben.

*Die Kinder loben ihre eigenen Farben und nörgeln an denen der anderen herum. Dabei können die Sprechpassagen aus dem Buch übernommen werden.*

**Sprecher:** Nun wollten nur noch gleichfarbige Raben beisammen sein.

*Musik.*
*Gruppen bilden sich, die Schüler/innen holen sich aus den Reihen der Besucher Kinder mit gleichfarbigen Kleidern. Es kommt zum Streit der Farben. Dafür haben die Schüler und Schülerinnen Sprechbänder vorbereitet, die sie nun über die Bühne tragen.*

*Teils wurden die „Kampfrufe" aus dem Buch übernommen, teils eigene gefunden, wie zum Beispiel:*

**Gruppe der Blauen:**
Ich weiß es genau, gut ist nur blau!

**Gruppe der Ockerfarbenen:**
Wir lassen nicht locker, ein Rabe ist ocker!

**Gruppe der Rosaroten:**
Mutig und flink, ein Rabe ist pink!

*Wer bereits über die Bühne gezogen ist, bringt sein Schulpatenkind wieder an den Platz zurück und setzt sich selbst hinter die Bretterwand. Dort warten noch immer die Kinder in schwarzer Kleidung auf ihren Auftritt. Zunächst aber spielen sie noch den wilden Kampf der Raben mit den Stockpuppen.*
*Begleitung mit einfachen Instrumenten, laut und hektisch.*
*Stille.*

**Sprecher:** Dann kam der Regen. Es war aber kein gewöhnlicher Regen.

*Dumpfe Schläge mit Handinstrumenten.*
*Ein dunkles Tuch wird über den Rabenbaum gebreitet.*
*Stille.*

**Sprecher:** Plötzlich war der Regen vorbei. Entsetzt sahen die Raben einander an. Oh, Schreck, alle, alle waren schwarz geworden.

*Langsame Trommelschläge.*
*Die schwarzen Raben staksen vor die Bretterwand.*
*Sie gehen schweigend und traurig umher.*

**Sprecher:** Doch eines schönen Tages kam ein Rabe. Er war zur Zeit des schwarzen Regens in Afrika gewesen.

**Bunter Rabe:** He, kommt alle mit mir in den Urwald! Dort gibt es noch viele bunte Vögel. Kommt alle mit, seid nicht mehr traurig!

**Sprecher:** Da beschlossen die Raben, ein wenig Urlaub zu machen und folgten ihm.

*Sie flattern hinter dem bunten Raben her, hinter die Bretterwand.*
*Musik.*
*Nacheinander kommen die bunten und die schwarzen Raben heraus. Sie tanzen und spielen dabei mit dem Luftballon. Zu diesem Tanz holen sie auch die anderen Kinder von den Plätzen ab.*

☛ Zum Schluss unseres Festes bekommt jedes Kind noch einen Luftballon geschenkt. Da beim Spiel sicher einige Ballons platzen, sollte man ein paar in Reserve haben. Jedes Jahr übernehmen bei uns die Kinder des ersten Schuljahres für ein Vorschulkind die Patenschaft. Sie betreuen es vor der Einschulung und während der ersten Schulwochen.

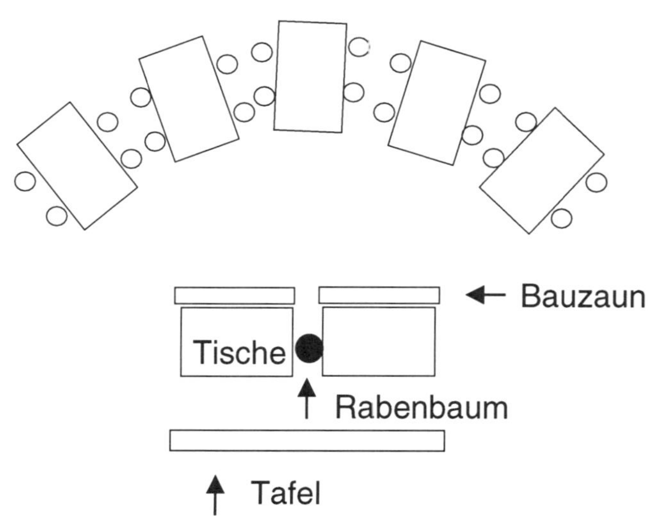

Rabengeschichte einer Schülerin

**Der Rabe Zoro und seine neue Freundin**

Der Rabe Zoro flog zum Himmel hoch.
Da sah er etwas Weißes.
Das sah aus, wie er selbst.
Ratet mal, was das war!
Na, wisst ihr's schon?
Ja, richtig, er hat eine Wolke gesehen.
Und die sprach zu ihm:
„Willst du mit mir spielen?“
„Ja“, sagte Zoro.
Und wisst ihr, was die Wolke für ein Tier war?
Eine Rabin!
Sie hatte den Namen Zorine.
Ein schöner Name!
Oder etwa nicht?
Auf jeden Fall spielten die beiden schön
und vertrugen sich gut.

## V. Gemeinschaft durch gemeinsames Handeln

### 1. Farben in den Schulhof bringen

Gemeinsames Handeln schafft Berührungs- und Beziehungspunkte. Freude am gemeinsam Geschaffenen erweckt Zusammengehörigkeitsgefühl. Deshalb ist es in vielerlei Hinsicht lohnend, ein Großprojekt zu planen, und vielleicht sogar, wie wir es erprobt haben, mit der ganzen Schule durchzuführen.

Irgendein graues, langweiliges Objekt, das nach Farbe schreit, wird es vermutlich überall geben. Bei uns war es die graue Betonwand, die unseren damals noch schwarzgrau asfaltierten kleinen Schulhof von der dahinterliegenden Spielwiese abgrenzte, um mit einem Wellbetonüberdach verbunden eine regengeschützte Eingangsszone zu bilden. Diese Wand bemalten wir mit einem langen Zug, der so konzipiert wurde, dass die drei Sitzbänke an der Mauer in die Zugwagen integriert werden konnten.

Bei einem solchen Projekt kann jedes Kind und jede Klassenstufe mitwirken. Jeder Schüler kann seine Farbe einbringen und mithelfen ein großes Ganzes zum Leuchten zu bringen. Man freut sich einfach mit, wenn man das überraschte Staunen der Kinder miterlebt, wie z. B. bei Ina, die einen Schritt zurücktrat und dann aufgeregt ausrief: „Mensch, das ist ja sooo farbig!"

**Durchführung:**
Um bei einer solchen Aktion Hektik und Stress zu vermeiden, muss sie gut durchgeplant und organisiert werden.

a) Am Tag zuvor wird mit einem Eddingstift der Umriss des Zuges auf die Wand skizziert. Mit Kreide werden die einzelnen Farbfelder markiert, damit unsere kleinen Künstler dann Bescheid wissen.
b) Malen viele Kinder mit, erscheint es zweckmäßig, einen Zeitplan für die verschiedenen Gruppen aufzustellen.

**Klasse 4:** Ausmalen des hellen Hintergrundes und der Wagendächer.

**Klasse 2:** Bemalen der Waggons mit leuchtenden Farben.

**Klasse 3:** Ausmalen der Fenster, Aufmalen von Zierleisten.

**Klasse 1:** Malen der Räder und Kupplungen.

Besonders künstlerisch begabte Kinder gestalten den Zug aus, zum Beispiel mit Reisenden im Fensterausschnitt. Eltern und Lehrer umranden in einer Nachmittags- oder Abendaktion die Wagen mit schwarzer Farbe, um einen gleichmäßigen Abschluss zu erhalten und die Farben in ihrer Leuchtkraft zu unterstützen.

✂ Fassadenfarben, viele leere Dosen oder Becher für die einzelnen Maler, Malerpinsel.

Bei uns hat es sich als positiv erwiesen, dass die Kinder von zu Hause ihren mit Namen gekennzeichneten Pinsel mitgebracht haben, so dass wir nur noch einige „Reservepinsel“ bereitstellen mussten.

✂ Spezialstifte (z. B. Edding) und Kreide zum Skizzieren, Folien und Pappe zum Abdecken der Bodenfläche vor der Malwand, mehrere Eimer mit Wasser zum Auswaschen der Pinsel, alte Tücher zum Abwischen der Künstlerhände.

☛ Man sollte den Eltern in einem kurzen Anschreiben von dem Vorhaben berichten oder es an einem Elternabend vorbesprechen ( auch wegen der Mithilfe!), damit die Kinder am Aktionstag außer den Malerkitteln auch sonst zweckmäßige Kleidung tragen, alte Hosen, Schuhe und Mützen (oder Papierhelme), die Flecken vertragen können.

**2. Aktionsspiel:** Der Grundschulzug

**Zugführer:** Alles einsteigen! Türen schließen! Der Grundschulzug fährt pünktlich um 8.00 Uhr ab! Alles einsteigen!

**1. Kind:** Bitte, Herr Zugführer, was kostet denn eine Fahrt?

**Zugführer:** Nur die Bereitschaft dabei zu sein und mitzumachen. Sonst nichts.

*Kinderstimmen, schnell hintereinander.*

**Kinder:** Hurra!!!

**2. Kind:** Los, kommt!

**3. Kind:** Schnell, hinein!

**4. Kind:** Das ist mein Platz!

**5. Kind:** Nein, meiner!

**6. Kind:** Schnell, kommt hierher!

*Die Kinder stellen sich in Fahrtrichtung vor den Wagen in Zweierreihen.*

**Zugführer:** Türen schließen! Leise sein!

*Zwei Kinder mit einem Fußball kommen noch angerannt.*

**Beide Kinder:** Halt, wir wollen auch mit! Wartet!

**Zugführer:** Immer diese Nachzügler!

*Er schüttelt den Kopf. Die beiden Kinder steigen ein.*

**Zugführer:** Plätze einnehmen! Türen schließen! Die Fahrt beginnt.

**7. Kind** *(hebt die Hand)*: Halt! Halt!!! Wohin geht eigentlich die Fahrt?

**Zugführer:** In die Zukunft.

**Kinder:** Wie sieht sie aus? Wie sieht sie aus? Wie sieht sie aus?

*Sprechchor von vorne nach hinten den Zug durchlaufend, Welle:*

**Zugführer:** Für jeden anders! Der Weg ist derselbe. Die Eindrücke sind verschieden. Der Weg ist derselbe. Jeder erlebt ihn anders. Licht und Schatten – Gleiches ist nicht immer gleich! Jedes Ding hat hundert Seiten! Aus jedem Fenster ein anderer Ausblick. Das Ziel ist immer ein neuer Anfang.

*Musik. Die Kinder bewegen sich im Rhythmus.*
*Der Zugführer pfeift.*
*Musik aus. Kinder mit Schultüten kommen.*

**Zugführer:** Schaut nur, neue Mitreisende kommen. Helft ihnen beim Einsteigen! So ist es recht. Alle dürfen mitfahren. Türen schließen! Der Zug fährt weiter.

*Musik. Rhythmisches Bewegen.*
*Musik wird leise.*

**Zugführer:** Haltet die Augen offen! – Schaut aus den Fenstern und seht die Welt! Wie heißt die Hauptstadt von Frankreich?

**8. Kind:** Paris!

**Zugführer:** Wie heißt der längst Fluss der Welt?

**9. Kind:** Amazonas.

**Zugführer:** Wie heißt der höchste Berg der Welt?

**10. Kind:** Ich muss aufs Klo, Herr Zugführer.

*Musik lauter.*
*Rhythmische Bewegungen.*
*Musik leise, langsam ...*

**Zugführer:** Der Weg wird hier sehr steil! Wir müssen zusammen helfen! Alle Kinder!

*Sie schieben, indem sie den Vordermann an den Hüften fassen.*
*Sie bilden eine lange Schlange, die sich im Rhythmus der Musik bewegt.*

**Zugführer:** Alle Lehrer!

*Sie schließen sich an.*

**Zugführer:** Und die Eltern!

*Sie reihen sich ein.*

**Zugführer:** Alle Freunde, Bekannten und Verwandten.

*Alle Anwesenden schließen sich an. Musik lauter.*

**Zugführer:** Geschafft! Geschafft!

*Musik kommt in Schwung.*

**Zugführer:** Alle sollen mitfahren! Alle dabei sein! So erreichen wir unser Ziel!

*Musik !*
*Alle bilden einen großen Kreis im Schulhof, dann tanzen sie eine Polonaise, die der Zugführer ansagt.*

☛ Die Schultüten bleiben auf den Bänken liegen, damit auch die neuen Erstklässler mitspielen können. Damit der Zugführer auch verstanden wird, ist eine Mikrofonverstärkung notwendig.

**Musikvorschlag:**
Tren lechero, Polka Paraguaya von Los Desperados, Harpes & Flutes indiennes, Musidisc.

**3. ABC-Büchlein:** Das macht Spaß in der Schule

Unsere neuen Erstklässler sollen bei der Begrüßungsfeier ein kleines Bilderbuch zum Anmalen erhalten. Zu jedem Buchstaben des ABC überlegen wir uns zusammen mit den „Schulpaten", die dieses kleine Geschenk herstellen und überreichen dürfen, eine Tätigkeit, die wir in einem sehr kurzen Satz mit möglichst vielen Alliterationen aufschreiben.
Die Schülerinnen und Schüler zeichnen oder stempeln zu jeder Aussage ein kleines Bild, das dann die neueingeschulten Kinder anmalen dürfen.
Die Text-Bildseiten werden kopiert, alphabetisch geordnet und zu einem Minibuch zusammengeheftet.

✂ Weißes Zeichenpapier, Bleistifte, Stempelkasten, buntes Deckblatt, Bindering oder buntes Band.

☛ Wenn wir die Kinder Motive aus dem ABC mit allen Sinnen übernehmen lassen, haben die Erstklässler einen unmittelbaren Zusammenhang zwischen ihrem Mini-Büchlein und ihrem selbstgestalteten ABC-Buch, das sie im Lauf ihres ersten Schuljahres anfertigen.
Wem die Zeit für die Ausarbeitung eigener Ideen fehlt, kann die folgenden Text-Vorlagen kopieren.

A

An der Tafel malen

B

In bunten Bilderbüchern blättern

A

An der Tafel malen

B

In bunten Bilderbüchern blättern

# C

Clown spielen und lachen

# E

Elefantenbücher lesen

# D

Dicke Damen drucken

# F

Freunde finden und Feste feiern

G

Einen großen Garten malen

H

In der Halle herumhüpfen

I

Indianer spielen

J

„Ja“ sagen können

K

Keine Angst haben müssen

M

Mathematikaufgaben verstehen

L

In der Lese-Ecke lesen

N

Nur gute Noten bekommen

# O

Ohren spitzen und
Geschichten hören

# P

In der Pause
miteinander spielen

# Q

Quasselinchen
quasseln hören

# R

Die „Reise um die Welt“
spielen

S

Sport treiben und schwimmen

U

Uhren aufziehen

T

Theaterstücke aufführen

V

Verse vortragen

# W

Wandertage machen

# X

Xylophon spielen

# Y

Kein kleines Baby mehr sein

# Z

Zusammen lachen und fröhlich sein

# VI. Jeder ist für etwas gut.

## 1. Gelbmaus
## – ein Text zum Lesen und Spielen –

Die Hauptperson in unserer als Tierfabel angelegten Lesegeschichte ist Gelbmaus.
Gelb, wie schon ihr Name sagt, ist sie, und damit eben anders als die anderen. Weil nun aber das Gelbsein für eine kleine Maus keine Farbe ist, die ihrem Träger ein erfolgreiches Handeln einbringen könnte, steht sie in der Gruppe der Mäuse ganz unten. Und weil diese außergewöhnliche Farbe unter Umständen nicht nur Gelbmaus, sondern die ganze Gruppe in Gefahr bringen könnte, wird sie aus der Gemeinschaft ausgeschlossen.

Viele Kinder, denen es im Schulalltag ähnlich ergeht, werden sich mit dieser kleinen Maus spontan identifizieren. Um so mehr, wenn dann der große Umschwung kommt und sie miterleben dürfen, dass gerade das Anderssein irgendwann einmal von Vorteil sein kann.

Jeder hat irgendeine Begabung, die ihn von den anderen unterscheidet und die ihn irgendwann einmal zum Zug kommen lässt, solange er nur nicht seinen Mut und sein Selbstvertrauen verliert.

**Gelbmaus**
„Ihr seid ja alle so gemein!“ schrie Gelbmaus. „Ich könnte euch allen die grauen Ohren annagen. Früher habt ihr so gerne mit mir gespielt. Und jetzt? Jetzt wollt ihr mich nicht einmal mehr in eurer Nähe dulden. Ihr seid gemein! Katzengemein!“

Sie saßen alle klein, rund und graubraun in dem grauen Kellergewölbe und nagten an runden hellbraunen Kartoffeln. „Ist aber auch wahr!“ piepste Minimaus. „Dein gelbes Fell muss der Katze ja nur so in den Augen blinken. Du wirst uns noch alle miteinander verraten!“
„Werde ich nicht“, sagte Gelbmaus und huschte beleidigt hinaus.

Aber kaum war sie draußen auf der Wiese, pfiff ihre Mutter sie wieder zurück. „Bist du verrückt Gelbmaus?“ rief sie. „Was hast du um alles in der Welt nur in der grasgrünen Wiese verloren? Dein Fell leuchtet ja zum Habicht hinauf wie das Strahlen der großen Sonne! Sofort kommst du herein!“

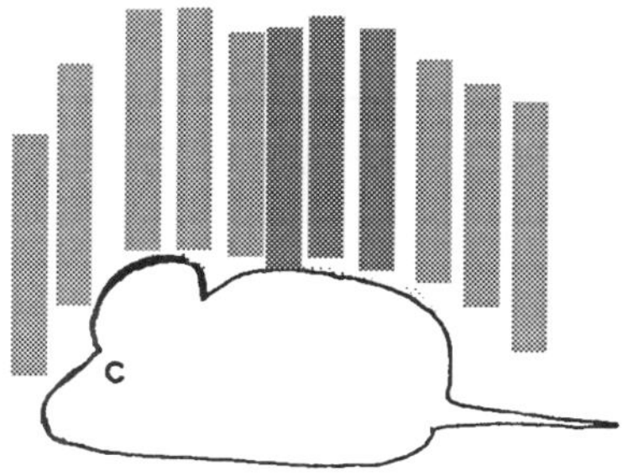

„Ach Mutter! Ich verstecke mich einfach hier unter der Blume!“ Aber unter der roten Blume leuchtete ihr Fell noch freundlicher. Die Mutter bestand energisch darauf, dass sie hereinkam. Gekränkt schlich Gelbmaus in den grauen Keller zurück.

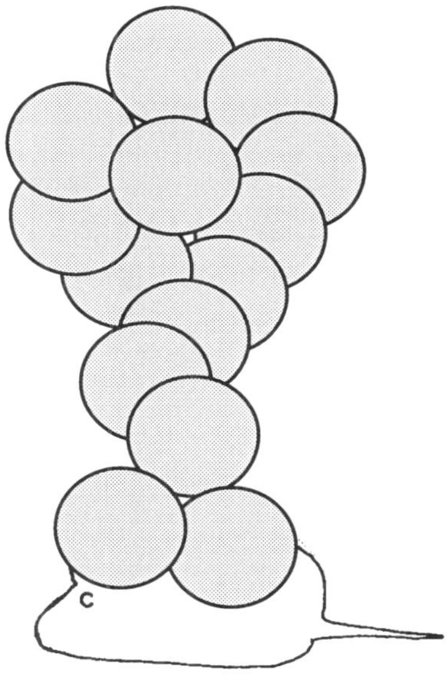

Tagelang saß sie am Fenster und schaute hinaus. Wenn am Abend alle Farben Grau in Grau verblassten, huschten die Mäuse hinaus, um süße rote und dunkelblaue Beeren zu sammeln. Nur Gelbmaus durfte nicht mit. „Selbst ein Mondstrahl lässt dich leuchten wie einen verlorenen Stern.“ sagte die Mutter. „Du gefährdest dich und deine ganze Familie!“

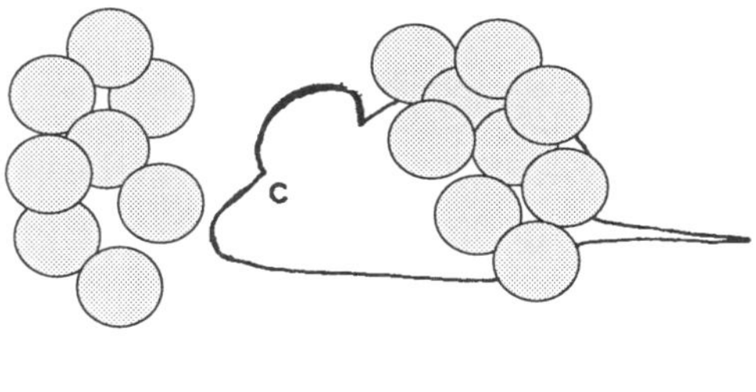

Doch dann geschah das Merkwürdige! Der große Baum vor ihrer Wohnung begann seine Farbe zu ändern. Er wurde gelb und gelber und berieselte die ganze Wiese mit raschelndem Laub, das genau dieselbe Farbe hatte wie Gelbmaus. Und zwischen dieses wunderbare Laub ließ er gelbe Äpfel plumpsen, Äpfel, so gelb wie Gelbmaus!
Nun durfte sie hinaus, so lange sie wollte. Sie durfte knabbern und nagen und sammeln. Ihre Geschwister konnten erst in der Dämmerung heraushuschen. „Geschieht euch recht!" schmatzte Gelbmaus mit vollem Mund.
Aber bald wurde es ihr langweilig so allein.

Im Keller, neben der Mäusewohnung, standen jetzt große braune Säcke. Die rochen vielleicht gut! Alle Mäusekinder spielten hier Verstecken und Fangen. Nur Gelbmaus wollten sie nicht mitspielen lassen. „Ist doch langweilig mit dir! Dich sieht doch jeder gleich!"

Gelbmaus saß traurig auf dem Sack in der Ecke und knabberte in ihrer Verzweiflung ein großes Loch hinein. Aber was war denn das? Sie riss ihre schwarzen Knopfaugen weit auf. Aus dem angenagten Sack rieselten herrlich gelbe Weizenkörner! Genauso gelb wie sie selbst! Bald thronte sie auf einem gelben Körnerberg. „Oh", staunten ihre Geschwister, „du bist eine Prachtmaus!"
„Natürlich!" sagte Gelbmaus. „Futtert nur ruhig da unten. Ich bleibe hier oben sitzen und sage euch Bescheid, wenn die Bäuerin kommt!"

„Gelbmaus!" rief die Mäusemutter. „Ich bin stolz auf dich! Um dich brauche ich mir keine Sorgen mehr zu machen. Und im Winter, wenn du groß bist, wirst du Käseministerin werden und uns alle mit köstlichem Käse versorgen!"

**2. Ausgestaltung der Geschichte**

Nach dem Lesen fertigen die Schülerinnen und Schüler ein großes Leporello an. Hier einige Gestaltungsvorschläge:

**Bild 1:** Mäuse als Kartoffelstempeldruck auf graubraunem Grund, so dass sich die Mäuse mit Ausnahme von Gelbmaus kaum vom Untergrund abheben.
**Bild 2:** Kellergewölbe als Holzstempeldruck (unlackierter Bauklotz) in braun bis orange, Mäuse wieder als Kartoffelstempeldruck.
**Bild 3:** Hellgrüner Grund, das Gras wird mit schmalen Pappstreifen und Kartonkanten gedruckt, Maus s.o.
**Bild 4:** Grüner Grund, Blume als Korkstempeldruck.
**Bild 5:** Grauer Grund, dunkle Beeren, mit Korkstempeln gedruckt.
**Bild 6:** Gelber Grund, mit Apfelhälften und Blättern drucken.
**Bild 7:** Grauer Grund, Säcke werden aus zurechtgeschnitten Stücken aus Sackleinen mit dunkelbrauner Farbe gedruckt.
**Bild 8:** Hellgelber Grund, Körner als Pinseldruck mit dunkelgelber Farbe.
**Bild 9:** Dunkelgelber Grund, hellgelbes Blatt für Käse, Löcher werden mit Korkstempel aufgedruckt.

✂ Tonpapier, Plakafarbe zum Stempeln, verschiedene Materialien, die als Stempel verwendet werden, wie Kartoffeln, Äpfel, Laub, Karton.

☛ Man kann das Leporello auch so gestalten, dass Gelbmaus nicht auf den Einzelbildern erscheint. Nun kann sie, wie natürlich auch die grauen Mäuse, an einem Stab, von oben geführt werden. Die Kinder können nun die kleine Fabel als Stabpuppenspiel vorführen! Bei entsprechend geringer Ausleuchtung der Szenen lässt sich an diesem Spiel auch zeigen, dass helle Farben bei Dunkelheit besser zu sehen sind als dunkle.

## VII. Bilderbuchgestaltung: Manroa und die bösen Gedanken Jorans

### 1. Erarbeitung und Gestaltung

Die Schule soll für die Kinder zu einem Lernort werden, an dem sie sich wohlfühlen und an dem sie harmonisch zusammenleben können.

Doch wie oft wird diese Harmonie durch Aggression, Streit und Gewalt zerstört! Alle Kinder, auch die unmittelbar daran beteiligten, erleben dies als Störfaktor, der ihr Wohlbefinden beeinträchtigt. Auch die Aggressivsten kommen heulend angerannt, wenn ihnen wehgetan wurde. In klärenden Gesprächen kann immer jeder einen Grund für sein Handeln angeben! „Der hat ... Die hat zuerst ..."

Wir wollen versuchen den Kindern eine neue Betrachtungsweise dieses Problems zu bieten und es greifbarer zu machen, indem wir die Aggression personifizieren.

Hierzu bekommt jeder/jede ein großes Blatt, einen dicken Pinsel und schwarze Tusche. Mit diesen Materialien soll er/sie das Böse darstellen.

Wenn die Entwürfe getrocknet sind, suchen die Kinder gemeinsam die ausdrucksstärkste Figur heraus. Diese wird nun ausgeschnitten und aus Pappe für den Schablonendruck hergestellt. Auch der Name für die Figur kann gemeinsam gefunden werden. Die Kinder meiner Klasse nannten sie „Joran". Er sollte im Wald leben, der in einiger Entfernung von unserer Schule zu sehen ist. In einer anderen Schule kann man entsprechend ein Gebäude oder einen Baum aus der Umgebung wählen.

Nun müssen die Kinder noch eine Gegenfigur erfinden. In unserem Beispiel war sie ein Mädchen, das „Manroa" genannt wurde.

Sind die beiden Gegenspieler festgelegt und als Stabpuppen greifbar, arbeiten die Schülerinnen und Schüler in Kleingruppen ihre Handlungsvorschläge aus.

Als wichtige Vorlage wird nur gegeben, dass die Schulkinder mit Manroas Hilfe das Böse nur besiegen können, wenn sie zusammenhalten. Im Bild wird dies dann durch eine „Menschenkette" dargestellt, die als Faltschnitt angefertigt wird.

Nach dieser Vorarbeit wird in einer Schreibkonferenz der endgültige Handlungsverlauf festgelegt. Die Schülerinnen und Schüler lesen sich gegenseitig ihre Textentwürfe vor. Die Texte werden kurz besprochen, besonders gute Textpassagen werden dabei von der Gruppe, die sie entworfen hat, unterstrichen. Danach wird gemeinsam der Text erarbeitet: Die Kinder einigen sich zunächst auf den großen Handlungsbogen, dann gehen sie an die Ausarbeitung ihrer Geschichte. Einleitungssätze, die ihnen beim Vorlesen besonders gut gefallen haben, werden noch einmal vorgelesen. Der beste Anfang wird ausgewählt, überarbeitet und aufgeschrieben. Auf diese Weise wird Schritt für Schitt der ganze Text durchgearbeitet. Können keine Sätze direkt übernommen werden, wird neu formuliert.

Schließlich liest ein Kind den so entstandenen Text als Ganzes vor: Passagen und Wörter, die der Gesamtgruppe im Zusammenhang nicht gefallen, werden noch einmal überarbeitet, dann erst wird die Handlung in kurze Teilabschnitte eingeteilt und den Kleingruppen zugeordnet, die diese Textpassage drucken und illustrieren sollen.

☛ Bei umfangreichen Texten müssen wir anders vorgehen. Hier sind mehrere Schreibkonferenzen notwendig.

In der ersten Schreibkonferenz bringen alle Kleingruppen ihre Anregungen in eine Wortsammlung ein. Die Stichworte werden hierzu auf große Papierbögen geschrieben, die dann entsprechend des Handlungsbogens der zu erarbeitenden Geschichte angeordnet und durchnummeriert werden. Danach erhält jede Gruppe eines der Stichworte zugeteilt, zu dem sie den entsprechenden Handlungsabschnitt erarbeiten soll.

Ist dies erledigt, treffen sich wieder alle im Kreis zur zweiten Schreibkonferenz.
Nacheinander werden die Handlungsabschnitte vorgelesen und zwar zweimal. Nach dem ersten Vorlesen können sich die anderen Konferenzteilnehmer kritisch oder lobend äußern, beim zweiten Lesevortrag dürfen sie unterbrechen und ihre Änderungsvorschläge einbringen. Insbesondere wird dabei auf die Übergänge zwischen den Gruppenbeiträgen und die Stimmigkeit des Handlungsverlaufs geachtet.

Nun werden wieder alle Beiträge in den Kleingruppen überarbeitet, bevor man sich zur letzten Schreibkonferenz trifft, in der der vollständig erarbeitete und von der Lehrerin oder dem Lehrer auf Rechtschreibung und Grammatikfehler hin überprüfte Text in der richtigen Reihenfolge vorgelesen wird.

Sind alle einverstanden, kann mit dem Drucken und Illustrieren begonnen werden.

Für den Pappschablonendruck werden die Pappschablonen mit einer Walze mit Japan-Aqua eingewalzt, vorsichtig auf das Blatt gelegt, mit einem weiteren Blatt abgedeckt und durch eine Walze gepresst.

Außer den beiden Hauptfiguren brauchen wir noch kleine Schablonen für die Schulkinder und bizarre Formen für die Waldbäume.
Die Blumen und Bäume um das Schulhaus drucken wir mit Blättern und Gräsern, die wir mit Farbe überwalzen und wie die Figuren aus Pappe auf das Blatt legen. Für den Zaun ums Schulhaus wählen wir ein Stück Vorhangstoff, für die Kinderkette wird ein Faltschnitt angefertigt und für das Schulhaus brauchen wir vier Schablonen, eine für das Gebäude, eine für das Dach, eine für die Tür und eine weitere für die Fensterrahmen.

Besonders interessant wird unser Bilderbuch, wenn wir die Bilder mit Manroa farbig und die mit Joran schwarz oder dunkelblau drucken.

Im Bilderbuch werden Text- und Bildseiten auf etwas größeren bunten Tonpapierseiten gegenüber geklebt.

✂ DIN A3-Papierbögen, Zeichenkarton oder dünne weiße Pappe, Tusche für den Entwurf und Japan-Aqua zum Drucken, Stempelkasten und Binderücken.

☛ Wer keine Walze (wir verwenden eine alte Wäschemangel) zur Verfügung hat, geht auf die gleiche Weise vor und überwalzt das Bild mit einem Wellholz.

**Variation:**
Nach dem Fertigstellen des Bilderbuches kleben wir hinter die Pappfiguren einen dünnen Führungsstab und spielen die Handlung als Schattenspiel. Durch den unterschiedlichen Abstand zur Schattenwand lässt sich die Figur des Bösen in der Größe variieren und bis ins Bedrohliche vergrößern.

Kind bei der Arbeit: Bilderbuchgestaltung von Manroa und Joran

## 2. Text- und Bildbeispiele

Es war einmal eine Schule, die stand nahe am Wald, mitten in einem schönen Garten.
Die Kinder spielten miteinander.
Aber der Wald war grauenhaft dunkel und gefährlich.
Dort drüben im Wald hauste der bitterböse Joran.
Wenn er gegen die Bäume schlug,
erhoben sich schlimme Gedanken.

Wie dunkle Wolken zogen die bitterbösen
Gedanken Jorans über die Schule.
Da zankten sich die Kinder
und rissen sich an den Haaren.

An einem schönen Sommertag kam
ein Mädchen in die Schule. Sie hieß Manroa.
Wenn der Wind durch ihr Haar strich,
waren alle wieder gut.

Die Kinder freuten sich sehr,
dass Manroa gekommen war.
Sie riefen: „Hurra! Es ist schön, dass du hier bist!"

Manroa aber sagte:
„Streitet euch nicht! Haltet zusammen."
Da hielten sich die Kinder an der Hand.
Sie bildeten eine geschlossene Kette.
Die Kinderkette ging auf den Wald zu.
Und Joran versteckte sich.

Näher und näher kamen die Kinder.
Sie hielten fest zusammen.
Da verblasste der bitterböse Joran.
Als Joran endlich verschwunden war,
kehrte ganz langsam die Farbe
wieder in den Wald zurück

## VIII. Als unsere Großeltern und Urgroßeltern zur Schule gingen

### 1. Unterrichtsprotokoll, anno 1935

So sprach Omas Lehrer:

Aufstehen!
Gerade stehen!
Jetzt steh' doch endlich still!
Hände aus den Hosentaschen!
Stecke dein Hemd richtig in die Hose!
Schürze besser binden!
Mit so schmutzigen Schuhen kommst du hierher?
Raus! Tatze!!!

Die anderen, setzen!

So, und nun zu dir.
Hand auf! Ruhig halten!
Du sollst nicht zurückzucken!
Noch eine!
Setze dich!

Taschentücher zeigen!
Was? Keines dabei?
Raus aus der Bank! Tatze!

Legt die Hände auf die Bank!
Sind die Fingernägel sauber?
Was ist denn das?
Hast wohl Hoftrauer? Solche schwarzen Ränder!
Tatze!
Na, so etwas! Du hast wohl heute morgen schon ein Schlammbad genommen, was?
Tatze! Raus!

Wer wagt es, hier herumzukichern?
Du? Oder du? Oder du?
Wie?? Keiner?
Alle drei raus!

In einer Reihe aufstellen und Hände ausstrecken!
So! So! Und so! Und so! Ruhig halten! So, bitte sehr!
Denkt das nächste Mal daran!
Setzen!

Tafeln heraus!
Wandreihe, herauskommen! Hausarbeiten vorzeigen!

Geschmiert! Tatze!
Eine Zeile zu wenig! Tatze!

Was? Keine Hausarbeiten gemacht? Was soll das?
Mutter krank? Von der wollte ich sowieso keine sehen.
Wie, kleine Geschwister versorgt? Sollen die gefälligst selbst tun!
Über die Bank dort legen!!

Hosenspannes!!

Los! Fensterreihe vortreten!

### 2. So war die Schule früher ...

Was wir darüber in Erfahrung bringen können:

Solche Worte aus dem Mund doch bestimmt sehr engagierter Lehrer oder Lehrerinnen konnte man noch vor etwa 40 Jahren in unseren Grundschulen hören. Heute reagieren die Kinder teilweise entsetzt darauf.
Wir nehmen ihre Betroffenheit und ihr Aufgerütteltsein zum Anlass für weitere Unterrichtsaktivitäten:

- Im Kreisgespräch drückt jeder seine Gedanken, Empfindungen und Zweifel zu dem vorangegangenen Text aus.
- Gemeinsam entwerfen die Kinder ein Frageblatt für ein Interview mit älteren Leuten, mit dessen Hilfe sie über ihre Schulzeit befragt werden sollen. Das Frageblatt wird im Unterricht gemeinsam ausgewertet.
- Mit dem Kassettenrekorder führen die Schülerinnen und Schüler vor Ort Befragungen durch und spielen die Mitschnitte im Unterricht vor.
- Wir laden Großeltern, Nachbarn und Bekannte, die gerne erzählen wollen, in die Schule ein.
- Eine Ausstellung wird aufgebaut. Die Kinder zeigen und beschriften alte Lehr- und Lernmittel, wie z. B. alte Schulbücher, Schiefertafeln, Griffel, Schulhefte ihrer Eltern oder Großeltern. Wir fügen alte Schautafeln, Globen, Buchstabenkästen und Ähnliches hinzu.
- Das „Lehrerprotokoll" wird als Spielvorlage genommen. Im Stegreifspiel wird „Schule früher" durchgeführt. Die Kinder überlegen, was bei diesen Worten des Lehrers für die Schüler überhaupt noch zu sagen bleibt. Zuvor müssen wir unser Klassenzimmer noch etwas umräumen, um die totale frontale Sitzordnung zu erhalten.
- Kinder aus unserem Jahrzehnt werden in eine solche Unterrichtsstunde zurückkatapultiert. Was können, was sollen sie tun oder sagen?
- Wir basteln kleine Stoffmarionetten und verschiedene Klassenzimmer aus großen Verpackungskisten. Jede Kiste soll ein ganz bestimmtes Klassenzimmer verkörpern, in dem ein ganz spezieller Unterrichtsstil praktiziert werden kann. Selbstverständlich darf Großmutters Schule nicht fehlen!

✂ Große Verpackungskartons, kleine Schächtelchen oder Hölzer für die Einrichtung, Papier zum Bekleben, zum Tapezieren und zum Herstellen von Wandbildern, Tafeln, kleinen Heften usw.

**Unsere Auswertung:**

Der älteste der interviewten Großväter war 1918 eingeschult worden, die jüngste Mutter 1972. Der Großteil der Befragten hatte kleine Landschulen besucht mit Jahrgangsstärken ab 7 Schülern in kombinierten Klassen. Nur vier Interviewpartner waren in einer Stadt oder in Stadtnähe in Jahrgangsklassen unterrichtet worden. Die Klassenstärke lag damals zwischen 22 und 48 Schülern.

Erwartungsgemäß wurde die Einrichtung von den Großeltern als sehr einfach beschrieben: Tische, Bänke, Lehrertisch, Tafel, Kohleofen, eisernes Gestell für die Waschschüssel.

Bei den Eltern kamen Angaben über Bilder, Landkarten, Globus, Klavier hinzu. Die größte Überraschung bezüglich der erwähnten Lernmittel war für die Kinder die Angabe eines Großvaters, dass er mit Holzkohle hatte schreiben müssen. Die Lehrer blieben fast ausnahmslos als „streng" in Erinnerung. „Tatzen" gehörten zur Tagesordnung, auch wenn einige sehr brave Mütter beteuerten, keine bekommen zu haben. Viele nannten auch Hiebe und Kopfnüsse. Ein Opa berichtete: „Montags gab es mit dem Meerrohr Tatzen."

Eine Großmutter erzählte: „Wenn wir in der großen Pause sehr laut waren, bekamen wir als Lohn jedes Kind eine Tatze. Ist immer ein unvergessliches Andenken!"

Eine Mutter schrieb dazu: „Ich konnte nie ‚Schneewittchen' sagen. Da wurde unser Lehrer so böse und gab mir sechs Tatzen. Von diesem Tag an ging alles wie am Schnürchen." Eine andere Mutter erinnerte sich: „Wenn einer seinen Vers im Religionsunterricht nicht konnte, bekam er Tatzen."

Dass der Unterrichtsbeginn durchaus von den Jahreszeiten abhängig sein konnte, erfuhren die Schüler von einem anderen Großvater: „In die Schule mussten wir im Sommer um 7.00 Uhr, im Frühjahr, Herbst und Winter um 8.00 Uhr."

Als schönstes Erlebnis wurden oft Schulstreiche genannt. Eine Großmutter erzählte aber auch, dass ihre Erstklasslehrerin sie einmal im Krankenhaus besucht hatte. „Ich habe mich so sehr über diesen Besuch gefreut. Das vergesse ich nie!"

Bei der letzten Frage erfuhren die Kinder wirklich Interessantes: „In der großen Pause mussten wir paarweise im Kreis herumgehen, Buben und Mädchen getrennt."

„Oft war Fliegeralarm ..."

„Das Klo war in einem separaten Häuschen neben dem Pausenplatz."

Rückschlüsse auf das Verhältnis zwischen Schul- und Privatleben von Lehrer/innen und Schüler/innen ließen sich aus folgenden Beiträgen ziehen: „Die Kinder, die nicht gut singen konnten, mussten dem Lehrer Brennholz aufstapeln."

„Ein schönes Erlebnis war das Tannenzapfensammeln für den Lehrer. Dafür gab es Geld und schöne Geschenke für jeden, der geholfen hatte."

„Am schönsten war es, wenn der Lehrer beim Heustampfen geholfen hat."

Bei der Besprechung dieser Beiträge erwies es sich, dass die Schülerinnen und Schüler eine große Informationsfülle erhalten und viel Wissenswertes zusammengetragen hatten.

Oft hatte man den Eindruck, als habe man in den Familien sehr gerne Gespräche geführt, in denen die Kinder interessierte, durchaus kompetente Gesprächspartner gewesen waren.

## Reisen und unterwegs sein

In der Ferne, in der Nähe

Reisen, unterwegs sein, heißt den Aufbruch üben, vordringen in bekannte oder unbekannte Gebiete. Es bedeutet für den Reisenden: in Bewegung sein, etwas wagen, auf Neues eingehen, vermehrt Risiken und manchmal auch Strapazen auf sich nehmen. Kinder haben in ihrem Leben noch viele Momente des Aufbruchs vor sich.
Das Reisen, das Lernspiel zum Thema „Reisen und unterwegs sein“ ermöglicht das Proben eines solchen Aufbruchs auf spielerische Art.

Viele Schülerinnen und Schüler können von strapaziösen Autoreisen erzählen, von Stop- and -go-Fahrten zusammen mit gehetzten, gestressten Erwachsenen im engen Fahrgastraum. Sie kennen die Gefahren, die auf überfüllten Straßen lauern, genauso wie die Langeweile, wenn sich eine solche Fahrt Stunde um Stunde hinzieht.
Wenn Kinder alleine verreisen, erleben sie das Unterwegssein noch als großes Abenteuer, das sie teils ängstlich, teils voller Spannung und Erwartung auf Neues antreten.

Wir wollen in unseren Projekten aber auch auf die positiven Seiten des Unterwegsseins eingehen. Denn Reisen bildet, es schafft Möglichkeiten der Begegnung mit anderen Menschen, Sprachen, Kulturen und Landschaften. Es vermittelt neue Sehensweisen, neue Weltanschauungen, gibt Denkimpulse. Dabei kommt es keineswegs auf das Maß der Entfernung an, schon ein Spaziergang durch die eigene Stadt kann neue Perspektiven eröffnen.

## I. Buchbesprechungen

### 1. *Sabine Damke, Ursula Scheffler:* Ein Tag in unserer Stadt, Ravensburger Verlag

In diesem farbenprächtig illustrierten Bilderbuch begleiten die lesenden und betrachtenden Kinder ein kleines Mädchen namens Julia durch deren Heimatstadt.
Der Spaziergang durch die Stadt wird zur Entdeckungsreise, auf der die kleinen Leserinnen und Leser erste Einblicke in die Einrichtungen eines städtischen Sozialwesens erhalten, angefangen von dem unterirdischen Rohr- und Leitungsnetz, das die Bewohner mit Strom, Gas, Wasser, Telefon usw. versorgt, über das für alle sichtbare Verkehrsnetz, bis hin zu den notwendigen Einrichtungen, Dienstleistungsbetrieben und ihren Angestellten wie Polizei, Krankenhaus, Rotes Kreuz, Feuerwehr, Post, Bahn, Müllabfuhr, Stadtgärtner und Straßenfeger.

Julia geht mit ihrer Mutter durch die verschiedensten Stadtteile, bis ihr die Füße wehtun.
Dabei stellt sie Fragen, die auch den jungen Leser interessieren. Seite um Seite werden Begriffe abgegrenzt, erklärt und differenziert. Da aber alle Themenbereiche in das Handlungsgeschehen eingekleidet sind, wirkt der Text nie spröde oder lehrbuchmäßig.

Die naturgetreuen, klar aufgebauten Bilder unterstützen die sprachlichen Beschreibungen, so dass die Schülerinnen und Schüler in Freiarbeitsphasen selbstständig Referate oder Berichte zu den angesprochenen Bereichen erarbeiten können.

### 2. *Janosch:* Oh, wie schön ist Panama, Beltz und Gelberg

Auf eine ganz andere Art und Weise geht es in dem Kinderbuchklassiker „Oh, wie schön ist Panama“ um die Entdeckung des heimatlichen Umfeldes.
Der kleine Tiger und der kleine Bär brechen auf, weil sie von einem regelrechten Reisefieber gepackt werden. Es treibt sie in die Ferne, nach Panama, in das Land ihrer Sehnsucht. Doch sie fragen die falschen Leute nach dem Weg, biegen immer in dieselbe Richtung ab und kommen deshalb früher oder später in ihr eigenes Land, in ihr eigenes kleines Haus am Fluss zurück.

Die Reise war jedoch nicht vergeblich, denn die beiden lernen sich unterwegs als gute, zuverlässige Freunde schätzen, sie entdecken schöne Dinge, wie etwa das weiche Plüschsofa und sie lernen viele interessante Tiere kennen. Auch ihr eigenes Land sehen sie nach ihrer Reise aus einer veränderten Perspektive. Deshalb kann der kleine Bär, als er sich einen Überblick über die Landschaft verschaffen kann, auch sagen: „Viel schöner als alles, was ich in meinem ganzen Leben gesehen habe.“

Der kleine Tiger und der kleine Bär sind für die Kinder gut bekannte und immer wieder geliebte Figuren. Der Text ist einfach erschließbar, so dass es für die jungen Leser bald nichts Gemütlicheres mehr gibt, als sich in ein weiches Sofa oder Sitzkissen zu kuscheln und zu schmökern. Man kann sich eigentlich keine nettere Art vorstellen, um junge Menschen ans Lesen heranzuführen! Deshalb zerreden wir den Inhalt des Buches auch nicht mit langatmigen Inhaltsangaben.

In einer gemütlichen Erzählrunde sprechen wir

- über die besonderen Lebensgewohnheiten der beiden handelnden Figuren und vor allem
- über die Gewohnheiten, die wir den beiden gerne nachmachen würden,
- über ihre und auch unsere Sehnsucht nach einem fernen, schönen Land,
- über die Tiere, die den beiden unterwegs begegnen und über Typen aus unserem Leben, die wir interessant finden,
- über das Problem, einen Weg zu beschreiben, das wir zu verschiedenen Spielsituationen ausbauen.

### 3. *E. Hasler:* Die Schule fliegt ins Pfefferland, Reihe: Der kleine Bücherbär, Benziger Edition

Andi ist unzufrieden, er hat Probleme in der Schule, vor allem beim Diktatschreiben. Kein Wunder, dass er gleich den ersten seiner drei Wünsche, die er frei hat, dazu verwendet, die Schule ins Pfefferland zu wünschen. Dort gibt es viel Interessantes und Aufregendes zu entdecken, neue Landschaften, Pflanzen, Menschen und Tiere.
Als das Pfefferland aber auch unangenehme Seiten zeigt, und die Lehrerin in der neuen, interessanten Umgebung auch nicht unbedingt großes pädagogisches Geschick beweist, wünscht er die Schule noch am selben Vormittag weiter an einen anderen, völlig konträren Ort.
Am Schluss der Geschichte ergeht es ihm ähnlich wie dem kleinen Tiger und dem kleinen Bären, er sieht seine Heimat mit anderen Augen.

Das Buch wendet sich an Leseanfänger. Die Schrift ist groß, der Text strukturiert gedruckt, Handlungsaufbau und Satzbau sind einfach erschließbar, was durch viele farbige Abbildungen unterstützt wird.

### 4. *Gudrun Mebs:* Zwei Angsthasen, dtv

In dem ansprechend bebilderten Taschenbuch „Zwei Angsthasen" von Gudrun Mebs fährt der kleine Johannes zum ersten Mal allein zu seiner Oma. Er reist mit der Bahn, sitzt in einem sonst leeren Abteil einer „großen Zeitung mit schwarzen Hosenbeinen unten dran" gegenüber.

Johannes schaut aus dem Fenster, er singt, er erzählt, er isst Schokolade, er zählt Hasen, sein lesendes Gegenüber jedoch lässt sich durch nichts hinter seiner Zeitungsfassade hervorlocken. Dieser Mann gehört wohl zu jener häufig vertretenen Sorte von Menschen, die Kinder eher lästig findet.

Doch dann passiert etwas. Der Zug hält in einem Tunnel. Stromausfall. Dunkelheit. Da fühlt Johannes, wie die Hände des unbekannten Mitreisenden nach ihm tasten. Seine Angst und damit die Spannung steigen ins Unermessliche. Gebannt verfolgt der Leser die Szene, denn er wird zunächst, wie auch die Hauptfigur des Buches, im wortwörtlichen Dunkel gelassen, und weiß nichts über den Charakter dieses fremden Mannes.
Doch dann löst sich alles in Schmunzeln auf: es sind eben zwei Angsthasen im Abteil!

Die Geschichte ist auch für Leseanfänger gut zu erschließen. Die Sätze sind kurz. Wenige Wörter führen treffend ins Zentrum des Geschehens bis hin zu der fast unerträglichen Spannung.

Nach kurzem Anlesen (etwa bis S. 14) werden die Schülerinnen und Schüler gern selbstständig weiterlesen. Nach der Lektüre wollen alle spontan von dem Geschehen im Buch berichten und eigene Erlebnisse einbringen.

### 5. *Joke von Leeuwen:* Deesje macht das schon, Beltz & Gelberg

Auch Deesje verreist allein mit der Bahn. Sie steht Ängste aus, grübelt darüber nach, was alles schief gehen könnte, aber sie spricht mit niemandem darüber und gerät so in die spannendsten Abenteuer. Deesje verliert zunächst die Adresse ihrer Halbtante, die sie besuchen soll, und geht dann selbst verloren. Sie trifft in der Stadt auf die abenteuerlichsten Gestalten, nur nicht auf ihre Halbtante. Sie tritt im Fernsehen auf, aber nicht, weil sie ein besonders abenteuerliches und forsches Kind wäre, nein, weil sie so still und schüchtern ist, dass sie die eingetretene Verwechslung mit Geesje nicht aufklären kann.

Es geht turbulent zu in dieser spannenden, unkonventionell erzählten Geschichte, zu deren Fortschreiten viele originelle Bilder beitragen. Immer wieder wird der Leser mit überraschenden Wendungen und Ereignissen konfrontiert. Da gibt es kein zähes Erlesen, da purzelt der junge Leser zusammen mit der Buchheldin von einer unvorhersehbaren Situation in die nächste. Deshalb sollten die Kinder für das selbstständige Erlesen schon über eine gewisse Lesefertigkeit verfügen.

Nach dem Lesen sammeln wir die einzelnen Episoden, die den Handlungsverlauf bestimmt haben. Aber wir schreiben sie nicht schön säuberlich in ein Arbeitsheft. Wir notieren sie auf bunten Abfallpapieren, die wir wie Herr Paprika aus der Geschichte in einem Spiel aufpicken werden.

6. ***Boy Lornsen:* Robbi, Tobbi und das Fliewatüüt, dtv**

Ein spannendes Abenteuerbuch, das in unserer Leseecke die guten Leser zum Schmökern verleiten soll, ist „Robbi, Tobbi und das Fliewatüüt".

Der Erfinder und Copilot, Tobbi, und sein Chefpilot, Robbi, der kleine Roboter aus der dritten Robotklasse, starten mit diesem Wunderfahrzeug zu einer großen Expedition, die sie bis zum Nordpol führt. Sie fahren, fliegen und schippern nicht nur zu ihrem Vergnügen, sondern um die kniffeligen Prüfungsaufgaben zu lösen, damit Robbi in die vierte Klasse der Robotschule versetzt werden kann.

Die beiden Piloten in ihrem Fliewatüüt müssen gewaltige Hindernisse überwinden und Auswege aus fast unüberschaubaren, gefährlichen Situationen finden, bis sie endlich zu der Lösung kommen.

Ein Buch, bei dem auch das Vorlesen Spaß macht, und das so manchen bis dahin unerkannten kleinen Erfinder auf den Plan ruft.

Fahrzeuge aus allen nur erdenkbaren Materialien und in allen machbaren Größen dürfen geplant, skizziert, hergestellt, beschrieben und in freien Abenteuerspielen (je nach Größe des Gefährtes mit Puppen oder handelnden Kindern) erprobt werden.

7. ***D. Bailey, B.Lornsen:* Schiffe. Vom Einbaum zum Ozeanriesen, Neuer Finken Verlag.**
***D. Bailey:* Autos. Vom Rad zum Zukunftsmobil, Neuer Finken Verlag.**
***D. Bailey:* Flugzeuge. Vom Fluggleiter zum Raumschiff, Neuer Finken Verlag.**

Wer über das Reisen spricht, sollte sich auch Gedanken über die möglichen Fortbewegungsmittel machen. Und wer gar ein Fantasiefahrzeug erfinden möchte, wird sich gerne zunächst mit der Realität und dem bisher Machbaren auseinandersetzen.

Deshalb sollten für das eigenständige Erarbeiten des Projektumfeldes für die Kinder in der Klassenbücherei auch immer geeignete Sachbücher bereitliegen.

Mit klar gegliederten, verständlichen Texten, in denen sogar wichtige Wörter und Passagen bereits durch Unterstreichungen hervorgehoben sind, werden den interessierten Leserinnen und Lesern Informationen geliefert.
Große Farbfotos, einige historische Schwarz-Weiß-Bilder und klare übersichtliche Zeichnungen verdeutlichen und vertiefen die Texte, lassen Größenvorstellungen konkreter werden und zeigen Details, die herauszuarbeiten den Umfang des Erlesbaren für Grundschulkinder sprengen würde.

8. ***Ch. Kahn:* Rufi und Knufi entdecken die Welt, Elbi-Verlag**

Es gibt überall etwas zu entdecken, zu beobachten und auszuprobieren. So geht es wohl nicht nur zwei aufgeweckten Fuchskindern, so dürfte es auch Menschenkindern ergehen, die sich in ihrer näheren Umgebung interessiert umschauen.
Eine Wippe oder eine Scherbe im Wald, der Boden einer zerschlagenen Flasche, regen Rufi und Knufi zum entdeckenden Experimentieren an. In einem gewissen Stadium ihres Spiels treffen sie jeweils auf den weisen Uhu, der Erklärungen abgibt und ihnen das entsprechende technische Gerät dazu vorführt.

Man sollte die Lektüre dieses Bilderbuches allerdings nicht auf das Quiz am Ende hinausführen und die angesprochenen Themen damit beenden wollen, vielmehr sollten die Kinder immer wieder Gelegenheit haben, die angesprochenen Geräte im Mathematikunterricht (Waage, wiegen, vergleichen) und im Bereich Sachkunde (spiegeln, vergrößern, Anwendung eines Brennglases usw.) ausprobieren zu können.

## II. Die Nähe erkunden

### 1. Aktionen rund ums Schulhaus

### a) Besuch in der Schule

Bei diesen Spiel kommen uns zwei Komponenten zugute: die Freude der Kinder am freien Rollenspiel und der Spaß beim Suchen von fotogenen Motiven.

Als Spielidee geben wir vor: Der kleine Tiger und der kleine Bär kommen auf der Suche nach dem Land ihrer Träume in unseren Ort, in unsere Schule. Wir zeigen ihnen alles Sehenswerte in der Umgebung unserer Schule, damit sie zum dem Schluss kommen: „Oh, wie schön ist ... ." (Name des Schulortes).

Dieser Besuch soll mit Schwarzweißfotos dokumentiert werden, d. h. die Kinder schreiben und gestalten ein Fotobilderbuch mit gleichnamigem Titel.
Unser Buch heißt dementsprechend „Oh, wie schön ist Peterzell". Das Original wurde von den Schülerinnen und Schülern gedruckt.

Das Spiel soll in der großen Pause beginnen. Damit wir ungestört spielen und auch fotografieren können, verlegen wir deshalb die Pause um einige Minuten, damit unsere Klasse den Schulhof einmal für sich hat.
Tiger und Bär kommen in Fellkostümen oder dicken Wollpullovern mit Hut und selbstgebastelter Tigerente auf den Schulhof und fragen die Kinder nach dem Weg nach Panama. Die Schulkinder wissen das nicht, dafür wollen sie aber ihren Ort und ihre Schule zeigen.

Da die spielenden Kinder ganz in ihren Rollen aufgehen und auch die anderen ihre Rollen als Fremde auf dem Schulgelände annehmen, können wir den Spielverlauf weitgehend den Einfällen und Intuitionen unserer Schulkinder überlassen.
Falls das Spiel ein wenig ins Stocken kommen oder an Spannung verlieren sollte, weisen wir die Kinder unauffällig auf sehenswerte Ziele hin, die sie den beiden Suchern noch zeigen könnten.
Die Schülerinnen und Schüler lernen so, völlig in ihr Spiel vertieft, ihre alltägliche Umgebung mit neuen Augen – entdeckend – zu sehen.

Wenn alle müde, hungrig und durstig geworden sind, laden sie den kleinen Tiger und den kleinen Bär ins Schulhaus ein. Auch das wird gezeigt, einschließlich der Schulküche, die wir uns für diesen Tag reservieren müssen. Dort haben nämlich alle eine schöne Festtafel vorbereitet, an der nun gemeinsam gespeist und gefeiert wird.

Als Abschluss können die Kinder ihren „beiden kleinen Freunden" noch das Klassenzimmer zeigen und dort mit ihnen spielen und lesen.

☛ Als besonders guter Termin für dieses Spiel hat sich übrigens ein Wandertag erwiesen.

**Arbeit am Bilderbuch**

**Entwickeln der Bilder**
Nachdem ein Fotograf den Film entwickelt hat (das sollte man auf jeden Fall einem Profi überlassen!), können wir in dem Fotolabor der Schule die Bilder entwickeln. Das Eintauchen und Herausziehen der Fotos in die Entwicklungsbäder ist für die Grundschulkinder eine ungemein interessante und spannende Tätigkeit. Ihre Freude ist riesengroß, wenn auf den Bildern, wie durch Zauberhand Bekanntes und Bekannte sichtbar werden. Dafür können wir eventuell auftretende Striche auf den Fotos getrost hinnehmen.

Ist kein Labor vorhanden, lassen wir die Bilder gleich fertig entwickeln. Bei einem bekannten Fotografen dürfen vielleicht kleine Schülergruppen zuschauen und den anderen davon berichten.

☛ Fotopapier erhält man kostenlos bei Industriefotografen, wenn das Datum überfällig geworden ist. Man kann dann mit den Kindern unbekümmerter arbeiten, wenn mal Bilder verpatzt werden.

**Gestalten der Texte**
In einer großen Runde werden die Bilder nach der chronologischen Abfolge sortiert und kurz besprochen. Danach erhalten immer zwei Schüler ein Foto, zu dem sie gemeinsam einen kleinen Text schreiben sollen. Wir halten dann eine Schreibkonferenz ab, in der die Texte besprochen und aufeinander abgestimmt werden. Nach dem Überarbeiten und Drucken legen wir alle Bilder mit den dazugehörenden Texten auf einem Ausstellungstisch aus.

Nun kann noch einmal jeder nachlesen und Verbesserungsvorschläge einbringen. Erst wenn alle einverstanden sind, kleben wir die fertigen Arbeiten mit den Fotos in ein Buch, das wir aus bunten DIN A3-Blättern zusammengeheftet haben. Es wird bestimmt für lange Zeit das Lieblingsbuch in unserer Klassenbücherei.

☛ Machen Sie vor dem Einkleben der Bilder eine Probe. Wir hatten zunächst einen Klebstoff verwendet, der auf die dahinterliegende Textseite durchgeschlagen hatte und diese damit total verfleckt erscheinen ließ.

Unsere Text- und Bildbeispiele finden Sie auf Seite 99 und 100.

Es war Winter geworden.
Der kleine Tiger und der kleine Bär
saßen auf ihrem Sofa.
Aber da wurde es ihnen langweilig.

Komm, wir reisen in die Berge!
sagte der kleine Bär.
Au ja, Bär! rief der Tiger.
Wir gehen nach Peterzell.

Der Weg in die Berge war weit.
Sie stapften durch den weißen Schnee.
Juhu, wir sind in Peterzell!
jubelte der kleine Bär.

Bald sahen sie die Schule.
Wollen wir die Kinder besuchen?
fragte der Tiger.
Au ja, antwortete der kleine Bär.

Die Schulkinder hatten große Pause.
Sie spielten im Schulhof.
Alle freuten sich über den Besuch.
Ahmet ließ den Tiger
von seinem Brot abbeißen.
Hanns-Ulrich sagte:
Versuche einmal von meiner Milch!

Sie zogen ihre Schlitten über verschneite Wiesen und Felder, an der Schule vorbei, bis zum Waldrand.
Dort drüben wollen wir uns eine Schlittenbahn bauen, schlug Daniel vor.
Alle waren einverstanden.

Dann fuhren sie alle zusammen Schlitten.
Der kleine Bär jauchzte: Das macht Spaß!
Und er sauste den Hang hinunter.
Schlitten fahren ist genauso schön wie Fische fangen, sagte der kleine Bär.
Schau nur Michi,
dem kleinen Tiger gefällt es auch!

Ach Tiger, seufzte der kleine Bär, in Peterzell ist es fast noch schöner als in Panama! Ja, Bär! Der kleine Tiger nickte. Vor allem, wenn man so viele Freunde hat.

Nach dem Rodeln gingen alle zusammen in die Schule.
In der Küche kochten sie heißen Tee.
Sie feierten ein schönes Fest.
Der Bär jammerte:
Ich habe gedacht, dass der Tee kalt wäre. Jetzt habe ich mir die Zunge verbrannt!

Die Kekse und die Bananen schmeckten gut.
Der kleine Tiger und der kleine Bär sagten: Bei euch gefällt es uns! Im Klassenzimmer hatten sie es gemütlich.

Sie lasen, spielten und malten.
Im Kaufladen rechneten sie mit Pilzen und Bananen.

### b) Zurechtfinden im Schulhaus

Die Kinder erhalten einen einfach skizzierten Bauplan des Stockwerks, in dem sich ihr Klassenzimmer befindet. Gemeinsam werden die einzelnen Räume bezeichnet, eine Folie auf dem Tageslichtschreiber hilft beim ersten Zurechtfinden.

Danach beschreiben die Schülerinnen und Schüler anhand ihres Planes den Weg ins Lehrerzimmer, in ein anderes Schulzimmer oder zur Toilette.

Nun wird die Aufgabe umgekehrt gestellt. Die Lehrerin beschreibt den Weg, die Kinder müssen den Raum benennen, in dem sie angekommen sind: „In welchen Raum kommst du, wenn du aus unserem Zimmer hinausgehst, dann nach rechts abbiegst und an der zweiten Tür auf der linken Seite anklopfst?“

Schließlich erhalten die Kinder gruppenweise einen Plan, aus dem hervorgeht, in welchem Raum sich ein Buch befindet, das sie holen sollen.

☛ Man muss sich bei diesen Spielen mit den Kollegen absprechen, damit die Suchgruppen nicht irgendwo in eine Klassenarbeit hineinplatzen.

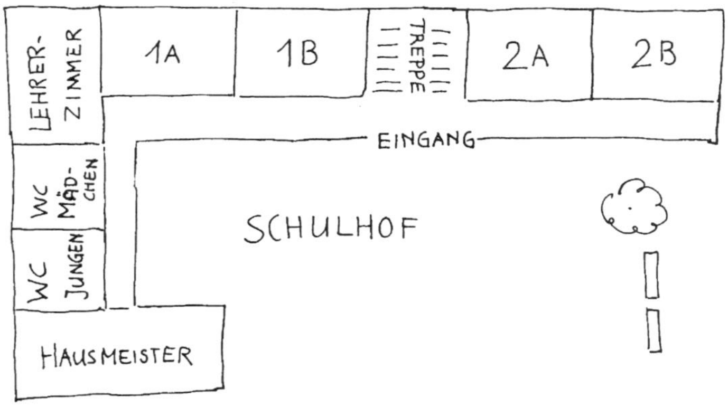


### c) Schulhausrallye: „Die Suche nach dem Teddy“

Die Kinder erfinden in Tischgruppen kurze Spielszenen mit ihren Tierfreunden. Dafür bringen sie ihre Plüschtiere mit in die Schule.

In der großen Pause sollen die Tiere nicht mit in den Hof genommen werden, sondern am Platz liegen bleiben. Wenn alle die Klasse verlassen haben, nehmen wir einen kleinen Bären weg und verstecken ihn irgendwo im Klassenzimmer. Auf den Platz, auf dem er lag, hinterlassen wir den ersten Zettel unseres Suchspiels.

Die anderen Zettel haben wir größtenteils schon vor Unterrichtsbeginn versteckt, ebenso wurden die Personen an den verschiedenen Anlaufstellen schon vorher eingeweiht.

☛ Wenn wir im Spielverlauf z. B. eine Hose nähen lassen, sollte der Bär unbekleidet sein oder wir müssen ihm die Hose ausziehen und diese zum Schluss noch gesondert suchen lassen.

1. Zettel (am Platz eines Kindes)

**Hilfe! Musste fliehen! Verstecke mich hinter Karten von der großen, weiten Welt.**

2. Zettel (im Lehrmittelzimmer bei den Landkarten)

**Viel zu ungemütlich hier. Auf weichen Stühlen sitzt man viel bequemer. Die Lehrer müssen eben ein wenig zu Seite rücken.**

3. Zettel (im Lehrerzimmer, kann von einer Kollegin überreicht werden)

**Sie waren mir auf der Spur. Diese verflixte Gummibärenbande! Auf einem stillen Örtchen erscheint es mir nun doch sicherer.**

4. Zettel (im WC, irgendwo oben an einem Fenster, damit er nicht frühzeitig gefunden wird)

**Nein, dieser Gestank! Nicht auszuhalten! Bin bei Frau XY.**

5. Zettel (wird eventuell von der Hausmeisterin überreicht)

**Musste eiligst weiter. Brauche eine Stärkung in der Küche.**

6. Zettel (in der Schulküche)

**Diese Gummibären sind gemein. Haben mir meine Hose geklaut. Suche Hilfe im TW-Raum.**

7. Zettel (im Handarbeitszimmer oder im Klassenzimmer am Schrank mit den TW-Materialien – man kann die Kinder eine kleine Hose nähen lassen)

**Ihr seid meine Rettung. Bringt mir die Hose bitte in den Gruppenraum.**

8. Zettel (im Gruppenraum)

**Musste eiligst weiter. Sitze zwischen Bällen. Lasst die Hose aber hier. Vielleicht kann ich sie mal abholen.**

9. Zettel (in der Turnhalle, Ballschrank)

**Hahaha, alle gefangen. Da, schaut sie euch an! Die gehören euch! Bin schon mal ins Klassenzimmer vorausgegangen. Bin schrecklich müde!**

Neben dem Zettel liegt ein Beutel mit Gummibärchen.

Im Klassenzimmer finden die Kinder den gesuchten Bären „schlafend“ zwischen den Kissen in der Leseecke. Die neue Hose müssen sie gegebenenfalls noch im Gruppenraum holen.

## 2. Orientierungsübungen im Schulort

### a) Wegbeschreibung

Zur Schule zurückfinden

Wir machen einen Lerngang zu einem sehenswerten Ort unserer Gemeinde. Nach der Besichtigung bekommen die einzelnen Gruppen den Auftrag, den Rückweg zur Schule so genau aufzuschreiben, dass ihn auch ein Fremder finden könnte. Die einzelnen Wegabschnitte sollen sie der Übersichtlichkeit wegen durchnummerieren. Danach werden die Notizen innerhalb der verschiedenen Arbeitsgruppen ausgetauscht, damit andere Kinder die Richtigkeit der gegebenen Wegbeschreibung überprüfen können.

### b) Die Wohnung eines Mitschülers finden

Wenn die Kinder aus verschiedenen Teilorten oder einem großen Stadtgebiet kommen, so dass sie nicht genau wissen, wo die anderen Mitschüler wohnen, können wir die Wohnung einer Mitschülerin suchen. Sonst sollten die Kinder das Haus ihrer Tante oder eines zunächst unbenannten Freundes auswählen. Die Aufgabe besteht nun darin, dass jedes Kind so genau wie nur möglich den Weg zu der gewählten Wohnung aufschreibt. Aus dem Stapel dieser Wegbeschreibungen wird nun eine herausgezogen, damit sich die Klasse genau nach den gegebenen Anweisungen auf den Weg machen kann. Alle sind gespannt, wo sie herauskommen.

☛ Wenn man sich die Mühe macht, die Wegbeschreibungen alle mit einer Schreibmaschine oder auf einem PC in der gleichen Schrift abzuschreiben oder in der Klasse die Möglichkeit dafür besteht, kann auch in einem kleineren Ort jeder den Weg zu seinem Haus beschreiben, weil zunächst ja niemand so genau weiß, wohin die Beschreibung führen wird.

### c) Suchspiel: Kennst du deinen Heimatort?

Ein besonders interessantes Projekt ist es, mit seiner Klasse oder für seine Klasse ein Suchspiel durch den Heimatort zu erarbeiten, bei dem besondere Orte und Dinge gefunden oder Informationen bei bestimmten Stellen wie Rathaus, Kurverwaltung oder auch bei bestimmten Betrieben eingeholt werden können. Als Beispiel ein paar Bilder aus dem Buch „Kreuz und quer durch Alpirsbach", das mein Mann mit seiner Klasse erarbeitet hat, und das immer wieder gern von Schulklassen gekauft wird, die hier bei uns in Alpirsbach ihren Schullandheimaufenthalt verbringen.

☛ Wollen Sie eine Musterbroschüre, senden Sie bitte 8 DM in Briefmarken an Herrn I. Grimm, Sulzbergschule, 72275 Alpirsbach. Es bleibt dabei abzüglich Druck und Versand ein klitzekleiner Gewinn. Der fließt in eine „Kulturkasse" der Klasse. Davon wurde beispielsweise eine kleine Lichtanlage für ein Klassenzimmertheater und der Besuch von „Phantom der Oper" mitfinanziert.

*Kreuz und quer durch Alpirsbach*
*(zur Nachahmung empfohlen)*

*Wo befindet sich dieses Gebäude und wie heißt es?*

*Wo befindet sich dieses Gebäude und wie heißt es?*

*Was hat diese Kirche mit Alpirsbach zu tun?*

### 3. Einen neuen Schulraum einweihen

Wenn unser Schulraum durch einen Anbau erweitert wird, gibt das Anlass für eine Feierstunde. Für das Spiel, das zu diesem Anlass aufgeführt werden soll, wählen wir ein Thema, das zu der jeweiligen Raumbestimmung passt.
Bei der Einweihung eines Musikzimmers könnte das beispielsweise eine Aufführung von „Peter und der Wolf“ sein, einen Zeichensaal könnte man mit dem „Rabenspiel“ (Beschreibung siehe Seite 78) einweihen. Für die Turnhalle wählen wir das turbulente Spiel um den Wettlauf zwischen dem Hasen und dem Igel. Die Kinder spielen auf der Bühne. Die jeweiligen „Schlagwörter“ (siehe S. 105) werden auf eine Folie kopiert und mit Hilfe des Tageslichtprojektors auf die dahinterliegende Wand projiziert. Denkbar wären auch bunt ausgestaltete Plakate und Transparente, die die Kinder schwenken. Zwischen den Spielszenen von *Hase und Igel* zeigen verschiedene Klassen oder Kindergruppen ihre Aufführungen. Das können Tänze, sportliche Darbietungen, Lieder oder Gedichte zum Thema sein. Ein Sprechchor liest sie jedesmal laut vor.

***Hase und Igel in ...***
(Hier den Namen Ihres Schulortes einfügen.)

**Sprechchor:** Sport macht schnell und flink.
*(Text mehrfach wiederholen)*
*Projektion der Folie an der Wand*

**I.**

**Igel:** Mensch, die ist Klasse!

**Igelfrau:** Wer???

**Igel:** Toll ist die!

**Igelfrau** *(gereizt)*: Wer??

**Igel:** Na, die Sporthalle hier!! Wetten, dass der Hase da gleich wieder sein Sportstalent entdeckt, wenn er die sieht?

**Igelfrau:** Und ob! Du, ich glaube dort kommt er schon.

**Igel:** Schnell, Frau, verstecke dich!

*Sie versteckt sich hinter einem Kasten.*
*Der Hase kommt angehoppelt.*

**Hase:** Hoppla! Heute bin ich mal wieder in Topform! Spitzenklasse! Ich bin sicher, dass der kurzbeinige Stachelpeter heute nicht die geringste Chance hat. He! Wie wär's mit einem Wettlauf?

**Igel:** Wenn's mal wieder sein muss .... Also! Auf die Plätze, fertig los!

*Lauf – Musik.*
*Der Igel geht zurück und versteckt sich hinter seinem Kasten. Auf der anderen Seite der Halle taucht die Igelfrau aus ihrem Versteck auf und ruft.*

**Igelfrau:** Ich bin schon da!!

**Hase:** Neiiiiiiiiiin!

*Er hoppelt gekränkt davon.*
*Der Igel kommt und legt den Arm um seine Frau.*

**Igel:** Siehst du, der muss noch viel üben.

*Er deutet auf die Schrift auf der Projektionswand oder Transparent. Beide lachend ab.*

**Sprechchor:** Sport macht geschmeidig,
gelenkig und ausdauernd.

***Tanz oder sportliche Darbietung einer Klasse oder Gruppe***

**II.**

**Igelfrau:** Wo bleibt heute bloß unser Langohr? Der wird uns doch nicht schlapp machen?!

**Igel:** Keine Sorge. Der kommt.

**Igelfrau:** Bis gleich!

*Sie versteckt sich. Der Hase kommt angehoppelt und trinkt aus einer riesigen Flasche.*

**Hase:** Hmmm, Vitamine! Multivitamine! Megavitamine! Millibillitrillirillivitamine! Aufbaustoffe! Baustoffe! Backsteine! Hohlblocksteine! Das gibt Kraft und Ausdauer! Heute bin ich in Spitzenform! Ach, was sage ich, Weltallspitzensternenform! Hei, alter Stachelpeter! Kann's losgehen?

**Igel:** Klar! Auf die Plätze ...

*Wettlauf*

**Igelfrau:** Bin schon da!!

**Hase:** Neiiin, neiiin!

*Er wirft sich auf den Boden und trommelt mit den Fäusten. Dann humpelt er davon.*
*Igel lachend ab.*

**Sprechchor:** Sport macht partnerschaftlich
und hilfsbereit.

*Großprojektion der Worte*

***Vorführung einer Klasse, z. B. Szenische Ausgestaltung eines Gedichtes oder Liedvortrag.***
(Bei uns haben die Erstklässler das Gedicht von J. Guggenmoss, „Sieben kleine Bären“ gesprochen und gespielt.)

**III.**

**Igel** *(aufgeregt)*: Schnell, Frau! Da hinten kommt er schon angerast, dieser Supersprinter!

**Igelfrau:** Nur immer mit der Ruhe. Bin schon weg!
*Hase kommt angelaufen und stoppt scharf.*

**Hase:** Hach, war das ein superspitzenklasse Training gestern Abend.

*Er zeigt seine Muskeln.* (Hier kann man Luftballons an entsprechenden Körperstellen befestigen.)
*Er hüpft, macht Kniebeugen.*

**Hase:** Jetzt bin ich in Düsenhochform. Hoffentlich wirst du von meiner Spitzensuperpowergeschwindigkeit nicht aus der Bahn geworfen!

**Igel:** Keine Angst! Alles unter Kontrolle! Lauf nur los! Achtung! Auf die Plätze ...

*Lauf wie vorher.*

**Igelfrau:** Bin schon da!!

*Der Hase sinkt erschöpft in sich zusammen.*
*Die Igel stützen und schleppen ihn von der Bühne.*

**Sprechchor:** Sport macht kameradschaftlich und gruppendynamisch.

*Großprojektion der Worte*

***Tanz- oder Gymnastikvorführung***

**IV.**

*Igel geht auf und ab, schaut auf seine Taschenuhr.*

**Igel:** Wo nur das Weib so lange bleibt?

*Er geht immer aufgeregter hin und her.*

**Igel:** Ernaaa! So komm doch endlich! Immer dieser Dorfklatsch wegen der neuen Turnhalle.
(Es lässt sich natürlich jedes aktuelle Thema aus dem Gemeindegeschehen aufnehmen.)

**Igel:** Ach, du meine Güte! Da düst er auch schon heran, dieser rasende Spinner!

**Hase:** Hallo, Igel! Heute bin ich in Weltspitzenuniversumsform! Heute werde ich dich besiegen!

*Igel schaut sich suchend um und brummt.*

**Igel:** Wart's ab, du Angeber!
*(Er zählt langsam)* Also, eins, ...

*Hase saust los.*

**Igel:** Fehlstaaart!

*Hase kehrt an seinen Platz zurück. Igel zählt noch provozierender langsam.*

**Igel:** Also, eieieins, zwzwzwzwei, ...

*Hase saust los.*

**Igel:** Fehlstaart!

*Hase kehrt schimpfend und grummelnd auf seine Startposition zurück.*

**Igel:** Achtung, fertig, eins, zwei, drei!

*Igel zählt blitzschnell und saust vor dem Hasen los. Hase überholt und schießt vor dem keuchenden Igel durchs Ziel.*

**Hase:** Hurra! Hurra! Hurra! Gewonnen! Gewooonnen! Ich bin der Champion, der Champiooon! Platz dem Sieger, dem Größ...

*Er fällt vor Freude in Ohnmacht.*

**Igel:** Neiiiin! Auch das noch! Fällt diese Vitamindrossel vor Begeisterung in Ohnmacht! Ernaaa, so komm doch endlich und helfe mir diesen Verrückten aus der Bahn zu tragen.

*Sie kommt – alle ab.*

**Sprechchor:** Sport macht selbstbewusst.

*Großprojektion*

***Showtanz*** (möglichst mit gleichen Kostümen)
(Aus alten Gardinen lassen sich schnell und preiswert für eine ganze Gruppe von Mädchen entzückende Röckchen herstellen, die über einen Body getragen werden. Man kann sie jahrelang verwenden.)

**V.**

**Igel:** Bist du auf deinem Platz, Frau? Ich spüre schon seinen Fahrtwind! Der Typ bildet sich doch jetzt ein, er würde immer gewinnen!

*Igelfrau schaut aus ihrem Versteck.*

**Igelfrau:** Klar, Mann! Alles im Griff!!

*Hase stürmt herein.*

**Hase:** Hopp, hopp, hopp, ... dopp, dopp, dopp ...
*(Er läuft im Kreis)* Hach, heute bin ich in Siegerlaune! Olympiareif! Auf zum neuen Weltrekord! Fertig, los!

*Er saust einfach weiter. Der Igel schaut ihm kopfschüttelnd nach.*

**Igelfrau:** Bin schon da!!

*Der Hase hoppelt weiter, in immer enger werdenden Kreisen. Die Igel schauen ihm kopfschüttelnd zu.*

**Hase:** Hopp, hopp, dopp, dopp.....

*Er bricht zusammen. Die Igel schleppen ihn fort.*

**Igel:** Einfach keine Kondition!

**Igelfrau:** So ein Hasenfuß!

**Sport** macht
**schnell und flink.**

**Sport** macht
**geschmeidig, gelenkig**
**und ausdauernd.**

**Sport** macht
**partnerschaftlich**
**und hilfsbereit.**

**Sport** macht
**kameradschaftlich**
**und gruppendynamisch.**

**Sport** macht
**selbstbewusst.**

## III. In die Ferne reisen

### 1. Bilderbuch: Ein Zug für Kinder

Für Johannes und Deesje (aus den Büchern von Seite 96) sind die Bahnreisen ziemlich aufregend, außerdem fühlen sich beide nicht besonders gut, weil sie alleine unterwegs sind.
Nach der Lektüre überlegen sich die Kinder, in welcher Begleitung sie denn am liebsten im Zug verreisen würden. Die Kinder meiner Klasse wollten am liebsten in einem Zug reisen, in dem eine Zirkustruppe mitfahren sollte.

In einem Kreisgespäch wurde beschlossen, wen das reisende Kind am liebsten treffen wollte. Hierzu sollte sich jeder der beiden Arbeitspartner, die sich für diese Szene entschieden hatten, ein Bild malen (damit das Buch in doppelter Ausfertigung in der Klasse war). Danach erst durften sie gemeinsam einen Text entwerfen und drucken.
Für die Handlung wurde weiterhin festgelegt, dass niemand der Zirkusleute für das reisende Kind Zeit aufbringen könnte, aber die Zirkuskinder sich um so mehr über seine Gesellschaft freuen würden.
Wer keine völlig neuen Texte schreiben lassen möchte, kann die Vorlagen auf Seite 107 und 108 vergrößern und vervielfältigen und die einzelnen Textblätter den Kindern als Arbeitsvorlage für die Ausgestaltung ihres Bildes geben.

Die Zugabteile werden auf bunte DIN A4-Blätter gemalt. Dazu müssen die Gegenstände und Personen zunächst mit Wachsmalfarben völlig Weiß in Weiß ausgebracht werden. Die bunten Farben werden erst auf die weißen Flächen aufgemalt. Die Farben leuchten jetzt viel schöner!
Die fertig ausgestalteten Bilder von den Abteilen werden nun auf ein leuchtend buntes DIN A3-Blatt aufgeklebt und durch ausgeschnittene Räder und Kupplungen, die drangeklebt werden, ergänzt, so dass man beim Umblättern des Buches das Gefühl hat von einem Wagen in den nächsten zu kommen.

Die gedruckten Textteile klebt man auf die dazugehörige Bildseite, damit Text und Bild immer gleichzeitig zu sehen sind.

✂ Buntes Tonpapier DIN A3 und DIN A4, Wachsmalfarben (Weiß muss vorhanden sein). Papier für Räder und Kupplungen, Klebstoff, Schere, Binderücken

### 2. Bewegungsspiele: Unterwegs sein

#### a) Fahrzeugfangen

Die Kinder laufen frei in der Halle herum. Eines ist der Fänger.

Will dieser ein anderes Kind abschlagen, muss es schnell den Namen eines Fahrzeuges nennen, z. B. Auto, Bus, Fahrrad ... (auch Automarken sind möglich) und sich schnell zu Boden fallen lassen.
Nun kann es nicht mehr abgeschlagen werden, muss allerdings auf dem Boden sitzen bleiben, bis ein anderer Mitspieler kommt und es durch Berührung mit der Hand befreit.

**Spielvariation:**
Ruft das Kind, das abgeschlagen werden soll, einen vorher vereinbarten Namen, z. B. „Lastwagen", so muss es selbst der Fänger sein.

#### b) Autofahrt

Einige Kinder bekommen einen Gymnastikreifen als Steuerrad, andere halten paarweise Gymnastikstäbe zwischen sich und sind Lastwagen.

Alle Fahrzeuge kurven kreuz und quer durch die Halle. Sie dürfen aber auf keinen Fall zusammenstoßen. Sonst müssen sie sich hinsetzen und auf den Pannendienst, Kinder mit einem gelben Band, warten, der sie durch Berühren mit der Hand wieder fit und fahrtüchtig macht.

Zwischen allen läuft ein Fänger herum, der die Fahrzeuge abschlägt. Wer von ihm berührt wird, muss sich ebenfalls hinsetzen und auf den Pannendienst warten.

#### c) Staffellauf mit Koffern

Zwei gleichstarke Mannschaften stellen sich hintereinander auf. Jeweils der erste Spieler erhält einen Koffer mit verschiedenen Kleidungsstücken. Diese muss er anziehen, den Koffer nehmen, um ein Hindernis herum- und wieder zurücklaufen, die Kleider ausziehen, alles in den Koffer legen und diesen dem zweiten Spieler aus seiner Mannschaft überreichen.

Ein bekanntes Spiel, das immer wieder begeistert durchgeführt wird und bestens zu unserem Projektthema passt!

**Max fährt mit dem Zug**
**zu seiner Tante. Allein!**
**Ihm ist so langweilig.**
**Deshalb beschließt er**
**Freunde zu suchen.**

**Im ersten Abteil sitzt eine Oma.**
**Die strickt einen Schal.**
**Sie sagt: „Ich habe keine Zeit.**
**Ich muss noch fünf Schals**
**für meine Enkel stricken.“**

**Max geht weiter.**
**Er trifft einen Zirkusdirektor.**
**Doch der muss Geld zählen.**
**„Leider keine Zeit“, murmelt er.**
**„Hunderfünf, hundertzehn, hundert...“**

**Im nächsten Abteil sieht Max**
**den Schlangenbeschwörer.**
**Er fragt ihn: „Spielst du mit mir?“**
**„Nein, geh' schnell aus dem Wagen,**
**sonst beißt dich meine Schlange!“**

**Dann kommt er zum Jongleur.**
**Der ruft: „Pass doch auf!**
**Meine Bälle fallen runter!“**

**Danach trifft er den Zauberer.**
**Aber der muss zaubern.**
**Max geht weiter.**

**Er schaut ins nächste Abteil.**
**Dort ist der Löwenbändiger.**
**Der schreit: „Geh weg!**
**Mein Löwe ist sehr gefährlich!"**

**Max rennt in den nächsten Wagen.**
**Er fragt die Seiltänzerin:**
**„Willst du mit mir spielen?"**
**Aber sie antwortet: „Nein, ich muss üben."**

**Im nächsten Wagen übt der Clown:**
**Grimassenschneiden vor dem Spiegel.**
**Aber der hat seinen schlechten Tag.**
**„Suche dir einen anderen Freund!"**
**sagt er unfreundlich.**
**Max schleicht traurig aus dem Abteil.**

**Endlich! Im letzten Wagen**
**trifft er alle Zirkuskinder.**
**Die tollen und toben herum.**
**Max darf mit ihnen spielen.**
**Er freut sich darüber**
**und schlägt einen Purzelbaum.**

**Alle fahren zum selben Ort.**
**Sie werden Freunde.**

**d) Familie Überzwerch unterwegs**

*Alle Kinder liegen auf dem Hallenboden.*

Die Lehrerin (der Lehrer) erklärt:
**Ich bin jetzt eure Tante (euer Onkel). Heute gehen wir auf große Fahrt. Doch zunächst einmal müssen wir uns gründlich ausschlafen.**

*Alle legen sich hin und schnarchen ein wenig. Schließlich wird die Geschichte weitererzählt und in Bewegung umgesetzt.*

**Kinder! Kinder! Aufwachen! Der Wecker hat nicht geklingelt. Du liebe Zeit! Unser Zug fährt in 15 Minuten. Zu spät zum Frühstücken! Los, auf, schnell zum Bahnhof!**

*Alle laufen los.*

Bis die Bemerkung fällt:
**Oh, nein, wir haben ja alle noch unsere Schlafanzüge an.**

*Richtungswechsel. Alle laufen zurück. Pantomimisch werden die Schlafanzüge ausgezogen.*

☛ Man kann an dieser Stelle auch das Hampelmannlied (sie finden es in fast allen Liederbüchern!) singen und spielen: „Jetzt steigt Hampelmann, ... aus seinem Bett heraus. Oh du, mein Hampelmann ... Jetzt zieht Hampelmann sich seine Socken an ..." Und das so lange, bis Hampelmann vollständig angezogen ist.

*Weiterlaufen.*

**Haaalt! Wir sind da. Aber nein! So ein Pech! Der Zug ist weg. Doch schaut mal, hier steht ja ein Reisebus. Leider ohne Fahrer. Der hat heute frei. Wisst ihr was, wir leihen den Bus aus. Wir schleichen alle hinein.**

*Alle setzten sich hintereinander, so leise wie möglich, auf eine Langbank.*

☛ Bei großen Klassen stellt man zwei Bänke hintereinander. Die Lehrerin (der Lehrer) sitzt ganz vorne, damit die Kinder ihre (seine) Bewegungen imitieren können.

**Festhalten! Die Fahrt beginnt. Achtung! Linkskurve! – Rechtskurve! – Ich muss bremsen!**

*Alle beugen sich nach links, nach rechts oder nach vorne, nach hinten.*

**Hilfe! Eine Maus!! Alles auf die Sitze!**

*Alle Mitspieler stellen sich schnell auf die Bank.*

**Sie ist weg. Aber schaut doch bitte mal unter den Sitzen nach, ob sich nicht noch eine versteckt hat!**

*Alle krabbeln unter der Bank durch und wieder zurück.*
*Alle setzen sich und die Fahrt geht weiter.*
*Linkskurve, Rechtskurve usw.*

**Achtung! Ich bremse! Wir haben den Zug eingeholt. Alles umsteigen!**

*Die Kinder steigen in Kastenteile, heben diese hoch und fahren Zug.*

☛ Sind sie dafür noch zu klein, legen sie die Hände auf die Schulten ihrer Vordermänner und „fahren" so durch die Halle.

**So Kinder, aussteigen. Wir sind in den Bergen. Kommt, wir klettern dort auf die hohe Bergwand.**

*Turnen an der Sprossenwand, Schwingen am Seil.*

**So, steigt wieder in den Zug. Wir fahren ans Meer.**

*Die Züge bewegen sich zu der großen Matte, die in der Hallenmitte liegt.*

**Hurra, wir haben unser Schiff gefunden. Alles einsteigen, bitte!**

Alle spielen „Schiff fahren" bei Sonnenschein und Sturm mit Schwimmen und Angeln und flüchten vor gefährlichen Haien, bis sie wieder am Hafen anlegen und mit dem Zug bis zu ihrem Bus und mit diesem bis nach Hause zurückfahren.

### 3. Fahrzeuge bauen

Wir legen Technikbaukästen und freie Materialien wie Holzklötze, Kistchen, Schachteln, Dosen, Drähte, Pappe, Papier, Nägel, Schrauben, Stifte, Stäbe, Fleischspieße, Zahnstocher (für die Achsen), Perlen und ähnliche Dinge bereit. Rollen aus den verschiedensten Materialien, die wir für die Räder brauchen, lassen wir von den Kindern schon Wochen vorher sammeln. Wir können sie natürlich auch mit einem Rundbohrer aus einer Holzplatte heraussägen.
Eine weitere Möglichkeit besteht darin, dass die Kinder aus einer dicken, stabilen Pappe Kreise herausschneiden und mehrere solcher Pappscheiben aufeinanderkleben. Sie können aber auch schmale Streifen einer Wellpappe zum Rad aufrollen.

Bestimmt werden sich die Schülerinnen und Schüler mit viel Fantasie und Feuereifer ans Werk machen, so dass die Klasse schon bald einen stattlichen Wagenpark ausstellen kann.

### 4. Theaterstück: Die blinden Passagiere

In diesem Theaterstück wollen zwei Kinder verreisen um dem Alltag zu entwischen und um neue Länder kennen zu lernen. Es handelt sich um ein Spiel mit Liedern und Gesang, bei dem alle mitmachen können, Kinder, Lehrerinnen und Lehrer, Eltern, geladene Gäste.

Am Schluss der Reise sollen alle, die irgendetwas Besonderes können, die Gelegenheit haben ihre Kunst im Zirkus vorzuführen.

Es darf gesungen, musiziert, gemalt, getanzt oder geturnt werden. Je mehr Leute mitmachen, desto interessanter wird es!

**Gestaltung des Bühnenbildes**
Für unser Bühnenbild bauen wir viele kleinere, zweidimensionale Schiffe aus dicker Pappe und ein großes dreidimensionales Schiff aus Stangenmaterial oder großen Kisten.

Alle Schiffe werden mit Wimpeln und Fahnen geschmückt, die aus bunten Stoffen herausgeschnitten und auf ein langes Band aufgenäht werden.

Fahnen: Der rechteckige Stoff für die Fahne wird umsäumt, bedruckt, bemalt oder bestickt und um einen Holzstab gewickelt, mit Reißnägeln oder einem Tacker an dem Stab fixiert.

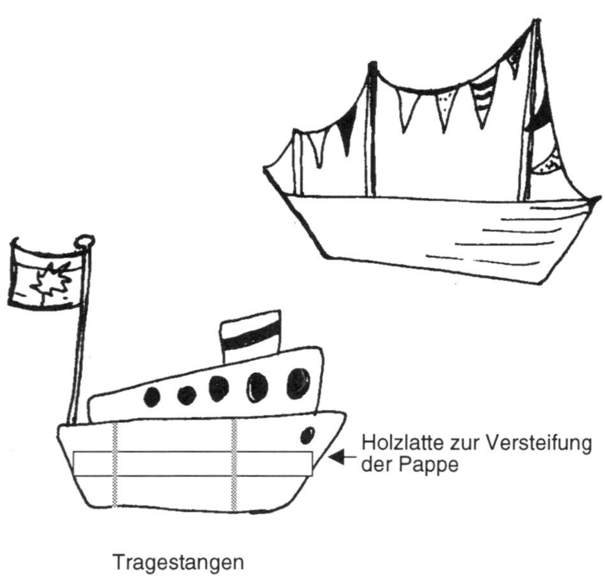


Schiffe im Hafen:
In Partnerarbeit schneiden die Kinder aus großen Pappebögen (ca. 100 x 150 cm) Schiffe aus und bemalen und bekleben sie mit bunten Farben. Schließlich werden die Schiffe mit Wimpelketten und Fahnen geschmückt und auf zwei Holzleisten festgeklebt. Diese Stangen dienen als Tragestangen und zur Festigung des Materials.

### Theaterspiel mit Musik und Gesang

#### I. Hafen

*Ein großes Schiff zieht vorbei. Dick vermummte Jungen schlendern zum Schiff.*

**1. Junge:** Mensch, da möchte ich mitfahren! Ferne Länder sehen! Abenteuer ...

**2. Junge:** Au, das wäre stark! Und morgen kein Diktat schreiben müssen!

*Sie gehen weiter bis zum Schiff.*

**2. Junge:** Spitze, der alte Kahn!

**1. Junge:** Da, schau, die Kisten! Wohin sollen sie? *(Er liest)* Zirkus Bandala, San Juan, Puerto Rico.

**2. Junge:** Wo liegt denn das?

**1. Junge:** Hm?! Du, wir fahren mit. Dann wissen wir's genau!

**2. Junge:** Du spinnst! Meinst du, die nehmen uns einfach so mit!

**1. Junge:** Brauchst sie ja nicht erst zu fragen. Noch nie was von blinden Passagieren gehört? Schnell, wir verstecken uns! Ich glaube, dort kommt die Mannschaft!

*Die beiden verstecken sich schnell im Schiff. Matrosen verabschieden sich von den Mädchen, die sie zum Schiff begleitet haben.*

**Kapitän:** Los, Männer! Noch diese Kisten an Bord! Anker gelichtet! In der Karibik ist es viel wärmer als hier!

*Sie lösen die Taue.*

**Alle:** Hau – ruck, hau – ruck, hau – ruck!

*Das Segel wird gehisst.*
*Lied: Muss i denn ...*
*Matrosen und Mädchen winken. Mädchen und Schiffe, die im Hafen bleiben, gehen langsam zurück. Großes Tuch, möglichst aus Seide oder ähnlichem Stoff, wird als Wellen geschwenkt.*

#### II. Fahrt

*Fahrtmelodie: z. B. Wenn die bunten Fahnen wehen...*
*Matrosen bei der Arbeit.*

**Kapitän:** Schluss für heute.

*Ein Kalenderblatt wird abgerissen.*

**1. Junge:** Uff, von Tag zu Tag wird es wärmer.

*Nacheinander werfen sie Mützen, Handschuhe, Pullover über Bord.*

*Matrosen bei der Arbeit.*

**1. Matrose:** Feierabend!

*Kalenderblatt wird abgerissen.*

**2. Matrose:** Feierabend!

*Kalenderblatt wird abgerissen.*

**3. Matrose:** Feierabend!

*Kalenderblatt wird abgerissen. Matrosen ab.*

*Die Jungen schleichen über das Deck. Sie sind mit Würstchen behängt, tragen einen Kochtopf und einen Wasserkrug.*

**1. Junge:** Endlich mal keiner auf Deck. Ich denke, wir sollten uns lieber in der Speisekammer verstecken.

**2. Junge:** Oder in der Nähe vom Klo!

**1. Junge:** Oder wir sollten uns doch mal beim Kapitän melden!

**2. Junge:** Quatschkopf, dass der einen seiner Tobsuchtsanfälle bekommt? Jetzt, so kurz vor dem Ziel noch mit dem alten Krummbein anlegen? Nee!

*Sie gehen o-beinig über die Planken und singen ein Shanty: Ick heff mol en Hamburger ... Die Matrosen kommen und singen mit. Die Jungen verstecken sich hinter ihnen.*

**Geschrei:** Ein Sturm! Ein Hurrikan! Achtung, ein Riesenbrecher!

**Kapitän:** Segel einholen! Alle Mann an die Arbeit!

*Das Wellentuch wird stark bewegt, das Segel wird eingeholt. Ein großes gelbes Tuch wird über das Schiff gelegt, Palmen werden aufgestellt. Die Jungen gehen mit der Kiste hinter das Wellentuch.*

## III. Insel

*Wellentuch ab. Die Jungen ziehen die Zirkuskisten an Land.*

**1. Junge:** Hurra, gerettet!!!! Ein Glück, dass uns die Kisten getragen haben!

*Er lässt sich in den Sand sinken. Der zweite Junge geht um die Insel herum. Er kommt enttäuscht zurück.*

**2. Junge:** Mensch, nichts als Sand und Sand und Sand und diese zwei Kokospalmen. Wären wir nur nie auf das verdammte Schiff gegangen. Meinst du, wir werden jemals wieder heimkommen?

**1. Junge:** Komm, wir schauen erst mal nach, was in den Kisten ist! Vielleicht hilft uns das weiter!

*Sie packen aus. In den Kisten finden sie nur Musikinstrumente. Traurig lassen sie die Köpfe hängen. Sie sitzen eine Weile schweigend nebeneinander. Dann beginnt der erste Junge eine traurige Melodie zu spielen. Der andere geht wieder um die Insel herum. Er bleibt ein wenig im Hintergrund. Plötzlich kommt er angerannt und ruft.*

**2. Junge:** Ein Schiff! Ein Schiff!

*Der erste springt auf.*

**1. Junge:** Wo, wo ?

*Er hebt die Hand vor die Augen und schaut nach allen Richtungen. Bis der andere ruft.*

**2. Junge:** Hier!

*Er zeigt ein Papierschiff, das er auf seinem Rücken gehalten hatte.*

**1. Junge:** Blödmann!!

*Traurig spielt er weiter.*

**2. Junge:** Ein Schiff! Ein Schiff!

*Er zeigt aufgeregt in eine Richtung. Der andere spielt zunächst ungerührt weiter.*

**1. Junge:** Hat dir die Sonne schon so zugesetzt?

**2. Junge:** Nein! Wirklich, dort!

*Endlich sieht auch der andere das Boot. Er legt das Instrument weg und beide rufen.*

**Beide:** Hilfe! Hilfe!

*Der Bootsfahrer winkt freundlich herüber und ruft.*

**Bootsfahrer:** Hello, boys!

**2. Junge:** Mann, ich glaube, der versteht uns nicht.

*Sie rufen weiter um Hilfe. Da begreift der Bootsfahrer endlich und steuert die Insel an.*

**Mister X:** Oh, hat euch der Sturm hierhergeweht? Da habt ihr aber Glück, dass ich euch doch noch verstanden habe. Ich dachte zuerst, ihr hättet einen Ausflug hierher gemacht. Kommt mit! Ich bringe euch nach Puerto Rico. Sie verladen die Kisten und steigen ein. Wellentuch. Dahinter Umbau der Insel zum Schiff im Hafen. Obst- und Blumenstand.

**Mister X:** Hei, da drüben sind ja die Fischer von San Juan!

*Fischerlied: Ich schaukel auf dem Wasser ...,(Menschenkinder Musikverlag, Münster) Wellentuch ab.*

### IV. Hafen

**1. Junge:** Dort, schaut! Unser alter Kahn hat es doch noch geschafft!

**2. Junge:** Gott sei Dank! Wenn der uns jetzt nur wieder mit nach Hause nehmen würde! Auch wenn wir jeden Tag fünf Diktate schreiben müssten.

*Sie steigen aus.*

**2. Junge:** Da drüben sitzt ja der Kapitän. Der sieht aber gar nicht glücklich aus.

**Mister X:** Hallo, Käptn! Auch mal wieder an Land? Sag mal, ist dir 'ne Laus über die Leber gelaufen? Dein Kahn scheint doch noch zu schwimmen?!

**Kapitän:** Ach, hallo. Na ja. Ich hatte mich so auf Doña Ramona und ihren Zirkus gefreut. Und jetzt will sie nichts mehr von mir wissen. Ich kann doch nichts dafür, dass dieser verfluchte Sturm die Kisten, die ich ihr versprochen hatte, über Bord gefegt hat!

**Mister X:** Hei, da wüsste ich einen Rat. Du, alter Seebär, wäre es dir zwei, sagen wir mal, zwei halbe Schiffspassagen nach Hamburg wert, wenn du diese Kisten wiederbekämst?

**1. Junge:** Wir würden auch in der Küche helfen und Planken schrubben und ...

**2. Junge:** Wenn sie nur einverstanden wären!

**Kapitän:** Und ob ich einverstanden bin!

*Er springt auf und schüttelt allen dreien die Hände.*

**Kapitän:** Klar, abgemacht.

*Schuhputzerlied: In San Juan auf Puerto Rico, (Fidulafon).*
*Der Kapitän winkt einen Jungen herbei und gibt ihm einen Brief, den er schnell geschrieben hat.*

**Kapitän:** Du,Chico! Hier, nimm das und hole Doña Ramona und ihre Leute! Sag ihr, dass mit den Kisten alles klar ist.

*Junge ab.*

*Lied, szenisch dargestellt: Banana Señor (Fidulafon).*
*Während der letzten Strophe kommen die Zirkusleute. Große pantomimische Begrüßung. Doña Ramona erhält die Instrumente vom Kapitän. Sie verteilt viele Handinstrumente und bunte Bänder an die Zirkusleute.*

### V. Zirkus

*Lange Bänder werden an das Ende einer Stange geknüpft. Die Stange wird von einem Schüler gehalten. Das Ende der Bänder wird von einzelnen Schülerinnen und Schüler auf einem Kreis so gehalten, dass ein Zirkuszelt entsteht. In diesem Kreis tanzen alle Anwesenden Lambada.*

*Nach dem Tanz begrüßt Doña Ramona die Zuschauer.*

**Doña Ramona:** Leute, Kinder, heute ist ein wundervoller Tag! Ein Glückstag! Deshalb sollt ihr Zirkus erleben! Zirkus, wie niemals zuvor hier auf Puerto Rico! Zunächst dürft ihr unsere Limbatänzerinnen bestaunen.

*Tanz mit Bällen, Melodie: Limbarock.*

**Doña Ramona:** Und nun, Manege frei, für den Zirkus Bandala!

*Nun entfaltet sich ein buntes Zirkusprogramm, das sich nach den Fähigkeiten der Schülerinnen, Lehrer und Eltern richtet.*

## 5. Mit dem Auto unterwegs

### a) Eine Reisegeschichte zum Lesen, Ausgestalten und Nachspielen

„So, da wären wir wieder. Nach zehn Minuten zurück aus dem Urlaub. Einfach super!" Vater stellte den Motor ab. Mutter hatte bereits die Wagentür aufgerissen. Etwas beleidigt sagte sie: „Na ja. Ich hatte ja auch die meiste Arbeit mit der Packerei. Und mein Schmuck kann unmöglich drei Wochen lang neben dem Waschbecken liegen bleiben!" Und weg war sie.

„Papi, ich hole noch schnell meine Märchenkassetten!" rief Tobias und rannte auch schon seiner Mutter hinterher. Er hörte nicht, wie Vater hinter ihm herbrummte: „Als ob unsere Blechkiste nicht auch so schon total überladen wäre!" Jedenfalls hielt dieses Gebrumme Steffi davon ab noch schnell ihren Teddy zu holen. Endlich konnten sie wieder starten.

Der Stadtverkehr war dichter geworden. Langsam quälten sie sich von Ampel zu Ampel. Plötzlich schreckte Tobias hoch. „Du, Mutti", fragte er, „hast du die Minka gesehen?"
„Ich, wieso ich? Ihr solltet sie doch zu Frau Tiba rüberbringen!"
„Oh, vergessen", murmelte Steffi kleinlaut. „Ich glaube, die sitzt noch auf dem Sessel im Wohnzimmer."
„Nein, nicht doch", hauchte Mutter, „und ich habe auch noch vergessen, der Tiba den zweiten Wohnungsschlüssel zu geben."

Vater trat so stark auf die Bremse, dass sie alle mit dem Kopf nickten. „Ihr Wahnsinnskandidaten!" keuchte er. „Also, nochmal zurück!"
Die Stimmung im Auto sank auf den Nullpunkt, obwohl der Verkehr jetzt, in der Gegenrichtung, besser lief.

Minka lag tatsächlich seelenruhig im Wohnzimmer und schlief, aber Vater, der sie nun doch lieber selbst rüberbringen wollte, musste sie im Vorgarten laufen lassen, weil Frau Tiba nicht da war. Dann ging er mit Mutter zusammen in die Wohnung zurück, um einen Brief an die Nachbarin zu schreiben, den sie zusammen mit dem Wohnungsschlüssel in deren Briefkasten steckten. Währenddessen hatten Steffi und Tobias Zeit ihren neugierigen Freunden alles zu erzählen.

Nach ihrem dritten Start waren die Straßen noch verstopfter. Es dauerte gut und gerne eine Stunde, bis sie die Autobahn erreicht hatten. Vater schaltete das Radio ein. Endlich wollte er so richtig entspannt losdüsen.

Da hörten sie es alle. Unter Mutters Sitz kam es hervor: unverkennbar, ein klägliches Miauen.

„Oh nein!" hauchten Steffi und Mutter. „Minka!" schrie Tobias.
„Sagt mal", fragte Mutter, „konntet ihr zwei nicht besser aufpassen? Ihr habt doch neben dem Auto gewartet. Wir können die Katze doch unmöglich mitnehmen!"
„Ja, aber, die Tür war doch offen", verteidigt sich Steffi kläglich, „wegen der schlechten Luft im Wagen. Und da ..." Weiter kam sie nicht. „Ich werde noch wahnsinnig!" brüllte Papa. „Ich fahre doch nicht noch einmal heim! Die Nachbarn müssen uns ja für total bescheuert halten!"

„Aber Minka kann nicht mit," sagte Mutter bestimmt. „In dem Hotel erlauben sie keine Tiere. Und überhaupt, ob das so an der Grenze geht?"
„Dann werfen wir sie dort eben raus. Oder besser noch, gleich auf dem nächsten Parkplatz!" sagte Vater gereizt. Steffi heulte los: „Nein! Niemals! Dann wird sie überfahren oder ..."
„Aber ich fahr nicht noch einmal zurück!"
„Aber Papi, das kannst du doch nicht ...". Auch Tobias war nahe am Heulen. „Und ob ich kann!" zischte Vater böse. Aber dann sagte Mutter nur: „Schau doch, in 1000 Metern kommt ja schon die nächste Ausfahrt!" Und schon waren sie erneut auf dem Heimweg.

Nach einer weiteren Stunde waren sie wieder einmal zu Hause. „Oh Mann," stöhnte Vater, „die Nachbarn drücken ja schon Beulen in ihre Fensterscheiben, weil sie es nicht für möglich halten, dass wir so oft aus dem Urlaub zurückkommen."

Das stimmte natürlich nicht, denn die anderen hatten ja einen ganz normalen Arbeitstag hinter sich und hatten anderes zu tun, als eine hin- und herreisende Familie zu beobachten.
Schließlich konnten sie Minka abgeben, Steffi durfte ihren Teddy holen, weil sie den jetzt brauchte, nach all der Aufregung, und Mutter konnte noch überprüfen, ob sie den Stecker des Bügeleisens auch wirklich herausgezogen hatte.

Der vierte Start glückte problemlos, auch wenn alle das unbestimmte Gefühl hatten, dass es in ihrem Auto ein wenig anders roch als sonst. Aber da die Luft sowieso schon so dick war, sagte niemand etwas. Vater öffnete das Schiebedach ein wenig und Mutter ihr Fenster.

Der nächste Stau kam erst auf der Autobahn.
Vater war mittlerweile alles egal. Er hämmerte mit den Fingern auf dem Lenkrad herum und sagte gar nichts mehr. Das Radioprogramm war langweilig und Steffi wollte kein Märchen hören.
Mutter zog in Erwägung, ob es nicht besser wäre, umzukehren und die Ferien ganz gemütlich und stressfrei zu Hause zu verbringen.

Es war dunkel geworden. Vor ihnen, auf der Straße wand sich eine endlos erscheinende Schlange aus roten Lichtern, auf der anderen Straßenseite eine ebenso große aus grellen gelben. Endlich kam wieder ein wenig Bewegung in die Fahrzeuge. Langsam zwar, aber immerhin, sie kamen wieder vorwärts.

Vater beugte sich über das Lenkrad, als müsste er nun eine Rallye fahren, Mutter lehnte sich etwas entspannter in ihren Sitz zurück und Steffi fragte: „Papi, sind wir jetzt bald da?“

„Diese Fahrerei ist ja ätzend“ fügte Tobias noch hinzu. „Das dauert ja eine geschlagene Ewigkeit! Meinst du, wir brauchen noch lange?“

Das war für ihren gestressten Vater einfach zu viel. Er umklammerte das Lenkrad, als könnte es ihn vor einem Absturz aus 100 Meter Höhe retten und tobte los: „Ja, ja, genau. Seit zwei Stunden sind wir eigentlich schon da. Das heißt, wir hätten schon vor zwei Stunden dort sein müssen, wenn „denken“ für meine Familie nicht ein absolut unverständliches Fremdwort wäre. Oder wenn die anderen auch solche Hirnschmalzverweigerer hätten und jetzt auch noch alle um zwei Stunden Wegstrecke hinter uns dreinfahren würden!“ Er konnte und wollte sich nicht bremsen. „Ja, oder wenn unser Auto sich in einen Hubschrauber verwandeln könnte oder ich Superman wäre oder ...“

Endlich ging ihm die Puste aus. Es wurde peinlich still im Wagen. So still, dass Steffi und Tobias bald einschliefen.

Durch eine ungewohnte Helligkeit und eine fremde Stimme wurden sie geweckt. „Und Sie haben wirklich keinerlei Papiere dabei? Ja, Sie müssen sich doch irgendwie ausweisen können und Fahrzeugpapiere brauchen sie doch auch!“

Kein Zweifel, sie waren am Schweizer Zoll und die nächste Katastrophe bahnte sich an!

Vater hauchte nur noch: „Wenn ich jetzt noch einmal zurückfahren muss, bleiben wir zu Hause. Darauf könnt ihr Gift nehmen!“ Und Mutters Stimme schien dem Heulen nahe. „Ach, wir mussten so oft ins Haus zurück. Da muss ich wohl meine Handtasche noch einmal mit hineingenommen haben. Und ...“ Ratlos brach sie mitten im Satz ab.

Tobias fühlte so etwas wie Beschützerinstinkt. „Komm, Mami, mach dir nichts draus. Ihr sagt doch immer, das mit dem Schweizer Zoll ist so was von überholt. Und man sollte den sowieso abschaffen, überall hin kann man so viel Alkohol und so viel Zigaretten mitnehmen, wie man will, aber die hier müssen ja Theater machen. Wir sollten doch viel lieber nach Frankreich f...“

„Jetzt halt aber mal die Luft an!“ dröhnte Vater und schnitt ihm damit das Wort ab. Er hatte nämlich das immer düsterer werdende Gesicht des Zollbeamten beobachtet und wollte weitere Schwierigkeiten vermeiden. Doch es war bereits zu spät.

„So, haben Sie denn etwas zu verzollen?“ fragte der Grenzbeamte mit eisiger Stimme. Und als alle vier übereifrig „Nein, nein, nicht doch! Bestimmt gar nichts!“ durcheinanderriefen, befahl er: „Fahren Sie doch einmal Ihren Wagen zur Seite und steigen Sie alle aus!“

Kurz darauf standen sie alle vollkommen niedergeschlagen, müde und frierend im grellen Neonlicht vor dem Zollgebäude, während der Grenzer den Innenraum ihres Autos Zentimeter für Zentimeter durchsuchte.

„Pfui Teufel! Was ist denn das?“ rief er und zog die Hand unter Mutters Sitz hervor. Die Familie begann vor Glück zu strahlen. Denn es war nichts anderes als Mutters schöne, wunderbare, einzigartige Handtasche mit all den wichtigen Ausweispapieren drin. Die Tasche war zwar ein wenig beschmiert und roch auch nicht mehr so gut nach Mutters Parfüm. Aber alle vier hatten plötzlich sehr viel Verständnis dafür, dass Minka vorhin, als sie so unter dem Sitz gesteckt hatte, in Panik geraten war und etwas nicht so ganz Salonfähiges gemacht hatte.

Weniger verständnisvoll zeigte sich der Grenzbeamte. Sie mussten alle Koffer und Taschen ins Zollgebäude tragen und dort aufs Genaueste durchsuchen lassen.

Doch auch das ging vorüber, denn sie hatten natürlich keinen Alkohol und nicht einmal eine einzige Schachtel Zigaretten dabei.

Endlich, nach einer weiteren Stunde, hatten sie ihr Hotel erreicht.

Es sollen noch wunderschöne Ferien geworden sein!

## b) Spiele im Auto

Nicht jeder hat das Glück, dass er unterwegs im Auto spannende oder lustige Geschichten lesen kann. Vielen Menschen wird es dabei schlecht. Ist einer dabei, dem das Lesen während der Fahrt nichts ausmacht, kann er den anderen vorlesen, z. B. unsere Reisegeschichte, die die Schüler/innen als Kopie erhalten, illustrieren und auf die Reise mitnehmen.

Außerdem erhält jedes Kind eine Liste mit Spielvorschlägen von Spielen, die man ohne aufwendige Hilfsmittel unterwegs durchführen kann. (Viele davon können natürlich auch von den Daheimgebliebenen an langweiligen Regentagen gespielt werden).

Um die Spielregeln in Erinnerung zu rufen, probieren wir einige in den letzten Schultagen in der Klasse noch einmal aus.

**Kofferpacken:**
Namenwörter müssen aneinandergereiht werden, jeder fügt reihum eines hinzu. Sie müssen immer in derselben Reihenfolge wiederholt werden. Wer ein Wort vergisst, scheidet aus.

**Teekesselraten:**
Ein Namenwort mit verschiedener Bedeutung z. B. „Hahn" wird von zwei Spielteilnehmern in kurzen Sätzen beschrieben, die anderen müssen erraten, um welches Wort und um welche verschiedenen Bedeutungen es sich handelt.

**Lustige Sätze bilden,**
deren Wörter mit den Buchstaben beginnen, die auf den Nummernschildern vorüberfahrender Autos stehen (RA-LS-520 Richard aber liest schrecklich).

Spielt man das Spiel daheim, nimmt man die Autos, die am Haus vorbeifahren.

Leute in anderen Autos anschauen und ihnen **Geschichten andichten.**

**Ein Rätselspiel oder Rätselbuch** mitnehmen und die Familie raten lassen.

**Knobeln:**
Jeder Mitspieler braucht drei Streichhölzer und nimmt eine bestimmte Anzahl davon in die rechte Hand. Alle Teilnehmer müssen raten, wie viele Hölzer in der jeweiligen Runde insgesamt im Spiel sind. Wer die genaue Anzahl errät, erhält alle Hölzchen aus dieser Spielrunde.

**Rätsel für unterwegs oder daheim:**

Wenn die Sprache Wörter spart,
wird das Raten schon mal hart.

Mancher nimmt es vor den Mund.
Beim Lesen hast du's in der Hand.
Im Herbst macht es die Wälder bunt.
Ist dir das Wort schon wohlbekannt?
Blatt

Setz dich drauf,
steh' wieder auf!
Schieb's nicht auf die lange!
Manche Zahlen machen hier
Menschen Angst und Bange.
Viele Leute warten drauf,
manchmal sind's auch Daten.
Sie steht in Kirchen und beim Sport.
Mehr wird nicht verraten. Bank

Wenn du drin bist, sitzt du gerne am Fenster,
aber willst trotzdem keinen abbekommen. Zug

**Und hier noch ein Rätselspaß für die ganze Familie:**

Wer ihn angibt, sollte immer den richtigen finden
und den guten wahren.
Ein zu grob schamottierter schadet Künstlerhänden
und ein zu tiefer Künstlerohren.
Oder einfacher:
er macht die Musik und die Tassen.
*1. Buchstabe*

Ein guter Jäger braucht das in zweifacher Hinsicht,
was einem Schürzenjäger manchmal abgeht.
*1. Buchstabe*

Was dir an deinen Jeans gefällt,
willst du selbst noch lange nicht sein.
*letzter Buchstabe*

Heiße Suppe wäre dem einen ebenso abträglich
wie ein flauschiger Pelz dem anderen.
*3. oder 4. Buchstabe*

Und wenn wir schon einmal dabei sind:
Viele von ihnen stehen in Vorgärten,
aber die eine ist immer hinten.
*letzter Buchstabe*

Na, und geht euch dieses Licht auf?
Der Meister selbst heißt so, und eine ganz
bestimmte von ihnen hat vorne Taschen.
*1. Buchstabe*

Ob Fuchs- oder Neu-, Über- oder Auf-
irgendwann wohnt mal jemand drin,
wenn auch nur in Gedanken.
*3. Buchstabe*

Wenn du in einer stehst, die wartet,
ist das langweilig.
Aber wenn du dich in einer befindest, die würgt,
ist das gefährlich.
*4. Buchstabe (SCH = 1 Buchstabe)*

Was ein Märchen historisch macht,
steht vor Gericht hinter AUS.
Hinter ZU wird es zum freudigen,
hinter AB mitunter zum tragischen Ereignis.
*3. Buchstabe*

Die Lösungsbuchstaben aneinandergereiht, ergeben eine Wand voller kleiner Tafeln!

☛ Um viele aktuelle Spielideen zu bekommen und die Familien ein wenig für das Problem „mit Kindern im Auto unterwegs" zu sensibilisieren, wenden wir uns vor den Ferien mit einem kleinen Brief an die Eltern und bitten um Spielvorschläge. Für die Schülerinnen und Schüler ein aktueller Schreibanlass um die Briefform zu üben!

**Lösung zum „Familienrätsel":**

**T**ON

**A**NSTAND

NIET**E**

LÖF**F**EL

BLUM**E**

**L**AMPE

BA**U**

SCHLA**N**GE

SA**G**E

Lösungswort: TAEFELUNG

### 6. Speisen in fremden Ländern

Es sollte nicht zum Problem, sondern zum Genuss werden, das Essen in anderen Ländern.
Um unsere Kinder darauf einzustimmen und vorzubereiten oder auch um die, die nicht verreisen können, ein wenig teilnehmen zu lassen, führen wir folgendes Kleinprojekt durch:

a) Wir sammeln beliebte Rezepte aus anderen Ländern, in die die verschiedenen Familien reisen wollen (oder schon gereist waren) oder in denen sie Verwandte haben. Hier sind natürlich auch wieder ganz stark die Kinder aus Ausländerfamilien angesprochen!

b) Wir schreiben und gestalten kleine Rezeptbücher.

c) Wir machen einen Familiennachmittag oder Familienabend mit einem internationalen Büffet. Jede Familie wird gebeten, hierzu eine kleine Spezialität mitzubringen.
Damit das Büffet abwechlungsreich ist und wir die entsprechenden Lieder, Geschichten und Tänze zu den betreffenden Ländern aussuchen und mit den Kindern zusammen erarbeiten können, bitten wir um eine Vorinformation.

☛ Alternativ zu Punkt c) lassen wir die Kinder darüber abstimmen, welches der mitgebrachten Rezepte sie gerne einmal ausprobieren würden. Wir wählen dann nur ein Land für unser kleines Fest und kochen mit den Kindern zusammen in der Schulküche.

# Kinder aus fernen Ländern

## I. Bücher zum Thema

### 1. *Frank Ruprecht:* Wo der Pfeffer wächst, Thienemann

Eine Geschichte von Mäusen, kindgemäß, lustig bebildert, denkt man beim ersten Durchblättern des Buches. Doch hinter den bunt illustrierten Seiten dieses Bilderbuches verbirgt sich mehr: eine Tierfabel, die sich sehr ernsthaft mit dem Verhältnis einer übersättigten Wohlstandsgesellschaft zu hilfebedürftigen Asylanten befasst.

Da ist die Familie Langzahn, die wie die Maden im Speck in dem letzten noch nicht abgerissenen, verlassenen Haus lebt. Die Eltern gehen einer geregelten Beschäftigung nach. Papa Langzahn klaut Lebensmittel im Supermarkt und Mama Langzahn sorgt für gesellschaftliche Kontakte. Sie geht täglich aus, um mit ihren Freundinnen zu plaudern. Da wird es den Kindern Wolle und Molle schon mal langweilig. Der kleine „Der im Regen steht" mit seinem schwarzen Fell und seinem so ganz anderen Gesicht ist deshalb eine willkommene Abwechslung für sie. Und weil sie mit ihm sprechen, sich um ihn bemühen, finden sie sofort Kontakt zu ihm und bringen Verständnis für ihn auf. Nicht so Papa Langzahn, der von Vorurteilen und Abneigung geleitet, den kleinen Asylantenjungen kaltherzig auf die Straße wirft.

Bei der Lektüre dieses Buches treten Konflikte, gegenseitiges Nicht-mehr-verstehen-können innerhalb einer Familie zutage, geben Anlaß zum Gespräch und zur Erarbeitung des kleinen Theaterstückes „Sterntaler 1994", in dem auch versucht werden soll, nicht den „Asylanten", sondern den Mitmenschen zu sehen.

### 2. *U. Kirchberg:* Selim und Susanne, Ellermann

*Selim und Susanne* ist ein Bilderbuch, bei dem der Leser und Betrachter der ersten Buchseiten bald selber Worte finden muss, Worte, die das verzweifelte Handeln des kleinen Türkenjungen Selim beschreiben und die ohnmächtige Wut von Susanne, deren Puppe kaputtgeht. Erst als sich Susanne selbst in die Situation Selims versetzt sieht, kann sie ihn verstehen. Danach schließen die beiden Kinder Freundschaft ohne viel Worte.
Dieses Buch mit den klaren, die Empfindungen der Betroffenen ausdrückenden Bildern und seinem sparsamen Text bringt Kinder zum Nachdenken und zum Sprechen und hoffentlich auch zum Wörter-Finden für Kinder, die unsere Sprache nicht verstehen können.

### 3. *Käthe Recheis/Christine Krais:* Tomasita, Verlag St. Gabriel

Das Buch gibt auf sehr anschauliche Art und Weise Einblick in das Leben der Chiquito-Indios, die im Tiefland von Bolivien leben.
Tomasita, ihre Familie, ihre Freunde, alle warten sehnlichst auf den dringend notwendigen Regen, denn nur wenn es endlich regnet, kann die Ernte auf den kleinen Feldern gedeihen. Selbst der Schulbesuch der Kinder hängt von diesem Regen ab, denn die Familie ist auf die Erträge angewiesen, um das notwendige Geld für Schule und Hefte aufbringen zu können.

In bunten, sehr realitätsnahen Bildern werden Menschen, Tiere, Pflanzen, Häuser und Geräte dargestellt, so dass man sich das Leben dort im Urwald sehr gut vorstellen kann. Dabei wird durchaus nicht eine heile, utopische Idylle aufgezeichnet. Am Beispiel von Luchito, Tomasitas Schulfreund, kommt die ganze Problematik von Krankheit, Verlockung durch Alkohol und Leben in der Stadt mit ins Spiel. Also unbedingt ein Buch, das wertvolle Anregungen bringt, sich mit dem Thema Lateinamerika weiter zu befassen.

### 4. Tiere der Wildnis, aus der Reihe Farbiges Wissen, Ravensburger

Einen sehr beeindruckenden Einblick in die Fauna Lateinamerikas gibt dieses Buch auf den Seiten 14 bis 19. Anhand farbenprächtiger, ins Detail gehender Bilder und kurzer, sehr verständlicher Texte können sich die Kinder über Aussehen, Lebensweisen und Besonderheiten der Tiere Lateinamerikas informieren.

Bestimmt werden Sie auch gerne in diesem Buch weiterblättern, um Tiere der Wildnis auf der ganzen Welt kennen lernen zu können.

### 5. *H. Bürstmayr/C. Hunkeler:* Sonne und Mond, Ein Märchen aus dem alten Peru, rex-Verlag

Ein künstlerisch wunderbar ausgestaltetes Bilderbuch, in dem ein altes peruanisches Märchen in einer klar pointierten Sprache erzählt wird: „Es gab eine Zeit, da lebten die Menschen glücklich und zufrieden zusammen, viele tausend Jahre lang."

Ein kurzer Text, vor einer paradiesisch bunten Landschaft, mit einem gelben Himmel voller Sterne. „Dann aber begannen die Menschen habsüchtig zu werden."

So beginnt die Handlung auf der nächsten, grau gehaltenen Seite, auf der man kleine, eingemauerte, karge Gehöfte sieht, und sich wirklich in eine graue Winterlandschaft auf dem Altiplano versetzt fühlt. Als sich auch noch die Sterne von den Menschen zurückziehen, herrscht bald überall große Not. Endlich findet sich eine alte Frau, die Rat weiß: Ein Mensch muss gefunden werden, der so viel Liebe für die anderen in seinem Herzen hat, dass er bereit ist sein Leben für sie herzugeben.
Auf seiner Reise weit über die Grenzen der Erde hinaus, auf einem mühsamen Weg von Stern zu Stern gelingt es schließlich einem Fischer, so viele leuchtende Steine einzusammeln, um damit eine Sonne, die Sonne für die Menschen, an den Himmel setzen zu können.

Ein großartiges Märchen, das in uralten Bildern aufzeigt, welche Folgen die Habgier der Menschen nach sich zieht. Ein Märchen, das ansatzweise für das große Leid, das den Menschen in der Geschichte dieses Kontinents widerfahren ist, ein Beispiel gibt.

### 6. *K. Recheis:* Pablito, Herder

Pablito lebt bei seiner Großmutter auf einer kleinen Lichtung, mitten im Urwald. Sein einziges Problem ist die Ziege Uyuni, die ihm niemals gehorchen will. Doch dann stirbt seine Großmutter und Pablito muss sich mit seinem Hund und der Ziege auf den gefährlichen Weg machen, um seinen Onkel und seine Tante im weit entfernten Tupica zu suchen. Er muss den großen Fluss mit den Krokodilen (mit denen wohl Kaimane gemeint sind) und das gefährliche Sumpfgebiet überqueren, aufregende Abenteuer und Begegnungen bewältigen, bis er endlich sein Ziel erreicht, an dem er dann doch alles anders antrifft, als er erwartet hatte.

Beim Lesen des kindgemäß geschriebenen und mit Schwarzweißzeichnungen illustrierten Buches erhalten die jungen Leser/innen Einblicke in die Lebensgewohnheiten der Indios, ihre Speisen und Wohnverhältnisse und die sie umgebende Tierwelt.

### 7. *S. Koehler/ F. Ruprecht:* Der Schlangengarten, P. Hammer-Verlag

Auch dieses Bilderbuch, mit dem Untertitel „Eine wahre Geschichte aus Zentralamerika“ führt uns in den Urwald. Paco, der hier mit seinen Eltern und Geschwistern lebt, gibt den Lesern des Buches ein anschauliches Beispiel für ein interessantes, gelungenes Projekt.

Paco nimmt seine Umwelt mit allen Sinnen wahr. Er beobachtet das Aussehen und Verhalten der Tiere, er lauscht ihren Stimmen. Am Sirren der Insekten erkennt er zum Beispiel, wie hoch die Sonne über dem dichten Blätterdach des Waldes steht.
Doch sein Hauptinteresse gilt den Schlangen. Er weiß um ihre Besonderheiten, ihre jeweils ganz besondere Schönheit, aber auch um die Gefährlichkeit oder Harmlosigkeit der entsprechenden Arten. Er erkennt ihr Rascheln und Zischen, er weiß, wie er sie anfassen muss und wie sie sich anfühlen.

Was er draußen im Urwald nicht erforschen kann, gelingt ihm in seinem Schlangengarten. Um mehr über diese Tiere aus Büchern und der Fachzeitschrift erfahren zu können, lernt er das Lesen. Es gelingt ihm, sich so viel Wissen auf seinem Gebiet anzueignen, dass er auf einem Kongress in der Stadt vor erfahrenen Fachleuten eine Rede halten kann.

So erhalten die lesenden Kinder nicht nur Einblicke in die Vielfalt des Lebens im Urwald, sie erfahren auch, dass es sich lohnt, sich voll und ganz auf eine Sache einzulassen und sich für etwas einzusetzen.

☛ Dieses Buch kann auch im Kapitel „Hund und Katze, Kröte, Storch“ (*Und weiter geht's mit allen Sinnen* Band 2, Bestell-Nr. A355) eingesetzt werden, und Kinder dazu anregen, in ihrer eigenen Umwelt Tierbeobachtungen zu machen und sich mit einer Gruppe von Tieren intensiv auseinanderzusetzen.

### 8. *H. Quiroga:* Der Papagei mit der Glatze, P. Hammer-Verlag

Das Leben draußen in der Natur ist hart. Es macht auch die Menschen, die sich dort täglich behaupten müssen, hart: in ihrem Denken, in ihren Anschauungen und in ihren Urteilen.

In den „Geschichten von meinen Kindern“ von Horacio Quiroga kommt das deutlich zum Ausdruck. Da nimmt der Papagei mit der Glatze gnadenlos Rache an dem Tiger, da kämpfen die Rochen in der Furt im Yabebir genauso unaufhaltsam und unerbittlich für ihren sterbenden Freund und Beschützer, wie auch die Tiger einen Jagdhund nach dem anderen in einen Hinterhalt locken und umbringen. Nur in der Geschichte „Der Goldhase & der Hirsch“ wird das Jagen, das Jagdverhalten in Frage gestellt.

Wer Menschen aus den beschriebenen Gebieten kennt, wer um ihren Kampf ums Überleben und ihre Naturverbundenheit weiß, erkennt, wie sehr diese Geschichten Wesentliches treffen und aussagen. Ich denke, auch Kinder stehen in ihrem oft noch gefühlsbetonten Weltempfinden diesem Denken und natürlich-naiven Rechtsempfinden sehr nahe und werden sich schnell in diese fremdartig reizvollen Geschichten, mit ihrer Verbindung von Wirklichkeit und Fantasie, einlesen.

Zwei Bücher, die das harte Leben von Straßenkindern schildern, sollen noch erwähnt werden:

**9. *U. Hasler:* Pedro und die Bettler von Cartagena, dtv junior, und *G. Pausewang:* Das Tor zum Garten der Zambranos, Ravensburger, Jeans-Taschenbuch**

Während das Buch von U. Hasler von guten Lesern des vierten Schuljahres durchaus erlesen werden kann und als Lektüre zum Vorlesen großen Anklang finden wird, würde ich „Das Tor zum Garten der Zambranos“ schon wegen des harten, auswegslosen Schlusses wirklich nur älteren Schülern empfehlen. Allerdings eignet sich dieses Buch hervorragend zur Vorbereitung des Projektes und des Theaterstückes „Elena in der Stadt“ auf Seite 124 für die Projektleiter/innen, da sowohl die Vielschichtigkeit als auch die gnadenlose Härte des gesamten Milieus detailgenau aufzeichnet werden.

**10. Bücher zur Geschichte der lateinamerikanischen Völker**

Sehr viel Interessantes über die Geschichte Lateinamerikas können die Schülerinnen und Schüler den bunt illustrierten Bildbänden mit ihren klar verständlichen, präzisen Texten entnehmen.

***S. Purin/G. Hoffmann:* Zur Zeit der Inkas, Reihe: Kinder in der Geschichte, Union**

Der neunjährige Huascar erzählt vom Leben eines Kindes in der Gebirgswelt der Anden zur Zeit des Inka-Reiches. Die Leser erhalten Einblick in das Leben einer Bauernfamilie, sie begleiten Huascar auf dem Weg über steile Gebirgspfade und die gepflasterte Straße nach Cuzco, wo der Inka regiert, und es goldene Gärten zu bestaunen gibt. Über die Festungsanlage Sacsahuaman und den Markt von Pisco gehen Huascar und sein Onkel wieder zurück.

***M. Wood:* Azteken, Reihe: Wie die Leute früher lebten, Schneider Buch**

In diesem Bildband wird von dem Leben der Azteken berichtet, vom Leben in der Hauptstadt und dem bäuerlichen Leben draußen auf dem Land. Essen und Trinken, Spiele, Schule, Ausbildung der Krieger sind einige der angesprochenen Themen, die die Kinder sicher interessieren dürften.

***L. Nougier:* So lebten sie zur Zeit der Maya, Azteken und Inka, Tessloff**

Das Thema dieses farbenprächtigen Bildbandes ist die präkolumbianische Zeit. Der Weg der ersten Siedler, die über die Landenge kamen, die Asien mit dem Norden Amerikas verband, bis in den Süden des Kontinents nach Feuerland wird in sachlich kurzen Texten beschrieben und mit zahlreichen Bilddokumentationen versehen.

Die Bilder sind sehr naturalistisch, Jagd-, Kampf- und Opferszenen kommen der möglichen Sensationslust der Leserinnen und Leser ebenso entgegen, wie die Ankündigung auf der Rückseite, dem eigentlichen Klappentext, die teilweise sehr an publikumswirksame Schlagzeilen erinnert, wie z. B. „Edelmetalle auf den Rücken von Lamas • Menschenopfer: 20 000 in vier Tagen! • Die militärische Ausbildung der Azteken“.

## II. Fremde bei uns

Auch als Grundschullehrerinnen und -lehrer müssen wir nicht hilflos und schulterzuckend danebenstehen, wenn wir von Fremdenhass oder gar von Anschlägen auf Ausländerwohnungen oder Asylantenwohnheimen hören. Wie bei anderen Phänomenen, die gefährdend in das Leben der uns anvertrauten Kinder hereinbrechen können, hilft auch hier eine möglichst frühe Prophylaxe, Schäden zu vermeiden. Wir berücksichtigen bei unserem Vorgehen drei Punkte:

a) Wir machen den Kinder bewusst, dass ihre eigenen Meinungen und Anschauungen sehr oft von denen anderer abhängen.

b) Wir geben anhand von Beispielen Einblicke in die Lebensbedingungen und -verhältnisse anderer Menschen und Völker. ( In diesem Projekt, aber auch beim Thema 1002. Nacht. Band 2 von *Und weiter geht's mit allen Sinnen* Bestell-Nr. A355)

c) Wir lassen die Kinder hinter dem Gruppenmitglied eines fremden Volkes den ganz bestimmten, konkreten Menschen sehen und erleben.

### 1. Eine eigene Meinung haben

Damit die Kinder erkennen können, inwieweit sie sich zu dem Thema bereits eine eigene Meinung gebildet haben, beginnen wir mit einem Kurzinterview. Jedes Kind beantwortet schriftlich und geheim zwei Fragen:

a) Was sind Asylanten?

b) Findest du es gut, dass Ausländer zu uns nach Deutschland kommen?

Die Ergebnisse unserer kleinen Umfrage und die anschließenden Kreisgespräche brachten grob gefasst folgende Ergebnisse:

**Zu a)**
Begriffe wie Asylanten oder auch Asylantenwohnheim (im Gespräch benannt) werden von unseren Schüler/innen zwar täglich in den Medien gehört, sie können ihnen aber noch keine wirkliche Bedeutung zumessen. Alle Urteile, die sie deshalb dazu äußern könnten, wären daher so verschwommen, wie der Begriff an sich für die Kinder unklar bliebe. Hier sollte die unmittelbare Begegnung mit einer asylsuchenden Familie stehen.

Wir hatten das große Glück, dass eine Familie aus Afghanistan zu uns in die Schule kam, Dinge aus ihrer Heimat zeigte, erzählte, spielte, kochte und vieles mehr (Vgl. hierzu 1002. Nacht).

**Zu b)**
Im Gespräch schälte sich sehr klar heraus, dass die Kinder oft Erwachsenenredewendungen unreflektiert und unverstanden wiedergaben. Sie waren aber durchaus gern zum Hinterfragen und Überdenken bereit.
Eine Schüleräußerung „Wenn wir in den Ferien in Urlaub fahren, sind wir dort ja auch Ausländer", veranlasste selbst Kinder aus Familien, die Ausländern nicht besonders freundlich gegenüberstanden, zum Überdenken aufgeschnappter Wortfetzen.

Kinder aus der eigenen Klasse oder dem eigenen Ortsteil, mit denen man täglich spielte, wurden nicht als „Ausländer" angesehen, über deren Hier- oder eben Nicht-Hiersein geredet werden sollte. Sie waren da und gehörten dazu, egal ob man sie nun besonders leiden konnte oder nicht. Sie waren eben Mitschüler, wirkliche Menschen und nicht nur irgendwelche Angehörige eines fremden Volkes.

### 2. Spielszene: Sterntaler 1994

Bevor wir mit unserem Spiel beginnen, bearbeiten wir mit den Kindern das Sterntalermärchen der Gebrüder Grimm.

Dieses Märchen ist den meisten Grundschülern schon bekannt. Der Aufbruch des kleinen Mädchens, sein Weg in die dunkle geheimnisvolle Nacht, betrifft Kinder im Grundschulalter unmittelbar. Die Ablösung und Trennung von bekannten Personen und Dingen aus ihrer Kleinkinderzeit, die Hinwendung zu Neuem, Andersartigem, das Offensein für die Not der Mitmenschen und das Geben bis zur Selbstaufgabe berührt sie auf eigentümliche Weise, stößt sowohl auf Bewunderung, als auch auf Ablehnung, und führt somit unmittelbar zu Diskussionen zwischen den Schülerinnen und Schülern.
Im Unterrichtsgespräch sollte auf drei Schwerpunkte eingegangen werden:

1. Das Alleinsein des Mädchens, entsprechend der Isolation vieler Ausländerfamilien,

2. der Verlust des Elternhauses und der Weg ins Dunkle, Unbekannte, was der Flucht der Asylbewerber aus ihrem Heimatland entspricht und

3. das Sich-Hinwenden zu anderen Menschen, das Asylfinden, gleichbedeutend mit dem Auf- und Angenommensein am Zufluchtsort.

Nach diesem einführenden Gespräch können die angesprochenen Themenschwerpunkte spielerisch handelnd in dem kleinen Theaterstück erschlossen werden.

### Konflikte innerhalb der Familien

Konflikte und Sorgen, die Familien in solchen Extremsituationen, wie eben der Asylsuche, bewältigen müssen, können sich durchaus trennend auswirken. Dies wird in unserem Bühnenbild veranschaulicht: Jedes Familienmitglied sitzt allein in einer großen Kiste. Wir hatten die Möglichkeit Aluminiumcontainer aufzustellen, es bieten sich jedoch auch große Verpackungskisten oder -kartons an.

Für diese Szene wird in Kleingruppen ausgearbeitet, was jedes Familienmitglied in dieser Situation bedrücken könnte. Die Spieler sitzen dann in ihrer Kiste und sprechen nacheinander mit monotoner Stimme vor sich hin, was sie besonders ängstigt oder was ihnen besonders große Sorgen bereitet. Spielerprobte Schülerinnen und Schüler werden diese Szene auch gerne in die Aufführung mit aufnehmen.
Die Darsteller zeigen, dass die einzelnen Familienmitglieder an dieser Stelle nur noch Monologe halten, eine Kommunikation ist ihnen nicht mehr möglich.

### Konflikte mit den neuen Mitschülern

Die Schwierigkeiten des fremden Kindes in seiner neuen Umwelt, das Ausgeschlossen-Sein, das Nicht-verstanden-Werden sollen bei der szenischen Darstellung nicht zur sensationellen Gaudi verkommen. Die oft wortwörtliche Sprachlosigkeit und das dadurch bedingte hilflose Ausgeliefert-Sein können am besten in einem pantomimisch dargestellten Schattenspiel gezeigt und verinnerlicht werden.

### Verlust der Heimat

Das emotionale Ablösen von der Heimat dürfte vor allem für Kinder und ältere Leute sehr schwierig sein. Die kurzen Szenen, in denen die verschiedenen Personen das Mädchen um Dinge von daheim bitten, sollen dies zum Ausdruck bringen. Die Kinder finden hier bestimmt immer wieder aktuelle Beispiele, so dass bei der Aufführung jedes Kind einer Klasse eine Rolle übernehmen kann.

### Menschliche Zuwendung als Mittel der Konfliktbewältigung

Die Spielszenen veranschaulichen auf bildhafte Weise, dass dem Mädchen nicht so sehr Geld und Wohlstand gefehlt haben, sondern das Angenommen-Werden in seiner neuen Umwelt.

Im Gespräch mit den Kindern können weitere Möglichkeiten für menschliche Zuwendungen und damit vielleicht Handlungsmuster für den Umgang mit dem fremden Kind von nebenan gefunden werden.

### b) Bühne und Requisiten

Wir brauchen für die Bühnenausstattung nur wenig Material, auch die Sprechtexte der einzelnen Spieler sind kurz gehalten, so dass sich eine Aufführung problemlos und schnell inszenieren lässt.

Für die Bühnenausstattung wählen wir Kisten oder Container, die im Hintergrund der Bühne aufeinandergestapelt werden. In ihnen liegen auch die Requisiten, die das Sterntalermädchen im Spiel braucht:

- eine warme Wollmütze
- ein großes, buntes Tuch
- ein Brief (Umschlag mit bunten Briefmarken)
- ein Teddybär
- ein Stück Brot

☛ Wenn Sie die oben beschriebenen Container suchen, halten Sie die Augen offen bei Betriebskonkursen.

**c) Spielszene Sterntaler 1994**

Es war einmal ein kleines Mädchen, das hatte seine Heimat verloren.

Seine Heimat, das war das alte Haus, in dem es acht Jahre lang gelebt hatte,
das war sein Bett, sein Stuhl, seine Puppe
und seine Großmutter,
das waren seine Freunde und Freundinnen.
Sie alle waren jetzt weit, weit fort von ihm.

Das kleine Mädchen war mit seinen Eltern in ein lautes, hektisches Land geflüchtet.
Hier wohnten sie in einer Wohnkiste, die die Leute „Container" nannten.
Es schien, als habe diese Kiste unsichtbare Trennwände, Wände, die sich zwischen das Mädchen und seine Eltern schoben.

Seine **Mutter** fürchtete sich immer:
„Hoffentlich schicken sie uns nicht zurück,
nicht zurück in dieses schreckliche Land,
aus dem wir geflohen sind!"

Und sein **Vater** grübelte:
„Wie komme ich nur zu Arbeit? Zu Geld?
Zu einer Wohnung für mich und meine Familie?"

Das Kind musste immer an die Schule denken.

*Pantomimische Darstellung hinter einer Schattenleinwand*

Dort war es allein. Dort wurde es nur ausgelacht und herumgeschubst. Niemand wollte mit ihm spielen.

Eines Abends sagte das **Mädchen:**
„Bald ist Weihnachten. Ich will heim zur Großmutter.
Dort will ich bleiben.
Nie mehr will ich hierher zurückkommen!"

Aber seine **Mutter** sagte:
„Sei nicht dumm! Hier geht es uns viel besser.
Schlaf jetzt brav! Papa und ich müssen noch zum Sprachkurs."

*Vater und Mutter ab.*

Als die Eltern gegangen waren, nahm das Mädchen alles, was ihm wichtig war:

*Sie nimmt nacheinander die Sachen aus dem Container.*

- *die warme Wollmütze*
- *den großen Schal seiner Mutter*
- *den Brief mit Großmutters Adresse (Riesenumschlag an einem Band)*
- *seinen weichen Kuschelteddy*
- *und ein Stück selbstgebackenes Brot.*

Damit verließ es die Wohnkiste. In dieser Nacht sollte ein Lastwagen in sein Heimatland fahren. Man hatte Kleider gesammelt für die vielen Armen dort.

Das **Mädchen** dachte: Zwischen den Kleidersäcken kann ich mich gut verstecken.

Draußen war es kalt und dunkel. Nur die Sterne leuchteten am Himmel.

Da kam ein kleines Mädchen, das in einem anderen Container wohnte. Das sagte:

**Mädchen 2:**
„Hast du eine schöne Mütze.
Mich friert so an den Ohren.
Bitte, schenke mir deine Mütze!"

*Das Kind gibt dem fremden Mädchen die Mütze, dieses zieht sie auf.*

**Mädchen:**
„Hier, nimm sie! Meine Großmutter wird mir eine neue stricken."

**Mädchen 2:**
„Oh vielen Dank! Herrlich warm ist die."

*Mädchen 2 ab.*

Bald begegnete dem Mädchen eine alte Frau.

**Frau:**
„Ach Kind, du hast ja genau so ein großes buntes Tuch wie die Leute bei uns zu Hause. Hätte ich doch nur so einen Schal! Ein kleines Stück Erinnerung."

*Das Mädchen gibt der Frau das Tuch.*

**Mädchen:** „Hier nimm es! Meine Großmutter hat das gleiche zu Hause."

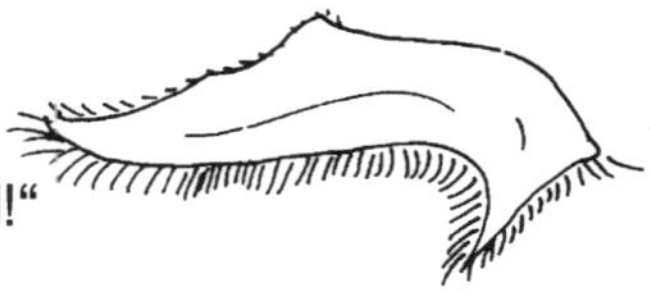

**Frau** *(legt das Tuch um):*
„Gott segne dich, mein Kind!"

*Frau ab.*

Kaum war das Mädchen ein Stück weitergegangen, da begegnete ihm ein Mann. Als der den Briefumschlag mit den Briefmarken entdeckte, bat er:

**Mann:**
„Schenke mir den Umschlag. Ich sammle Briefmarken. Briefmarkensammeln ist die einzige Abwechslung, die ich hier habe. Ich bin schon wochenlang arbeitslos."

**Mädchen:**
„Aber die Adresse meiner Großmutter?"

**Mann:**
„Lerne sie auswendig!"

*Mädchen nimmt den Briefumschlag vom Hals, liest ihn leise durch und gibt ihn dem Mann.*

**Mädchen:**
„Es wird gehen!"

*Mann mit Brief ab.*

Schließlich traf das Mädchen einen kleinen Jungen. Der rief:

**Junge:**
„Oh, so ein schöner Bär.
Ich habe gar nichts zum Spielen!"

*Das Mädchen schenkt ihm den Teddy.*

**Mädchen:** „Hier, du kannst ihn haben. Bei meiner Oma habe ich ja meine Puppe wieder."

**Junge:**
„Danke, danke, vielen Dank!"

*Er rennt davon*

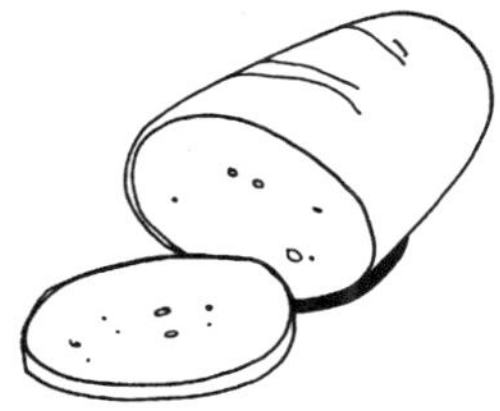

Da kam ein alter Mann vorbei.

**Mann:**
„Wie dein Brot nur duftet!
Ach, hätte ich noch einmal so ein kräftiges Brot!"

*Das Mädchen gibt es ihm.*

**Mädchen:**
„Hier, es ist für dich. Der Lastwagen wird wohl schnell genug fahren. Und meine Großmutter wird mir sicher wieder Brot backen."

Kaum hatte das Mädchen alles weggegeben,
was ihm wichtig erschienen war,
da fielen wie funkelnde Lichter die Sterne
vom Himmel.

*Kinder mit Stern-Laternen kommen auf das Mädchen zu.*

Und hinter dem Glitzern und Leuchten erkannte das Mädchen die Gesichter der Kinder aus seiner Klasse.

**1. Kind:**
Ich will in der Schule neben dir sitzen!

**2. Kind:**
Ich möchte mit dir spielen.

**3. Kind:**
Am Nachmittag kannst du zu mir kommen.
Ich helfe dir bei den Hausaufgaben.

**4. Kind:**
Ich will dir meine Puppe schenken.

**5. Kind:**
Im Haus meiner Oma ist eine große Wohnung frei.
Ihr könntet dort wohnen.

**Mädchen:**
Und meine Großmutter?

**5. Kind:**
Die auch. Meine Oma sucht schon lange eine Freundin. *(Es nimmt das Mädchen bei der Hand)*
Und ich auch!

*Alle Kinder ab.*

## III. Kinder im Urwald

Wo das Gleichgewicht der Natur gewahrt bleibt, wo der Mensch in Einklang mit seiner Umgebung lebt, hat er mehr Überlebenschancen und eine größere Lebensqualität als in verkehrsüberfluteten Großstädten oder gar auf den Abfallbergen übervölkerter Elendsviertel.

Manchmal sind es naturbedingte Katastrophen, manchmal aber auch von Menschen verursachte, die die Indios in die Slums der Riesenstädte treiben, manchmal ist es auch nur eine falsch geleitete Sehnsucht nach einem besseren Leben.

### 1. Arbeit mit den Büchern

Anhand der Lektüre des Bilderbuches „Tomasita" von Käthe Recheis und Christine Krais können vier Themenkomplexe herausgearbeitet werden. Über das Leben der Straßenkinder erfahren wir viel in *U. Hasler:* Pedro und die Bettler von Cartagena

**a) Die Abhängigkeit der Urwaldbewohner von Umwelteinflüssen – Regen gleich Segen!**
Bereits die Eingangsszene gewährt uns aufgrund des gelungenen Zusammenspiels von Wort und Bild Einblick in die Lebensverhältnisse und -gewohnheiten der Indios.

Tomasita lebt mit ihrer Familie im Urwald. Die Mutter und die kleinen Geschwister arbeiten auf dem Baumwollfeld, der Vater und der große Bruder sind auf der Jagd, während Tomasita mit einfachsten Arbeitsgeräten eine Maissuppe vorbereitet.
Die Familie führt ein recht bescheidenes, aber sehr zufriedenes Leben ohne Hast und Hektik. Allerdings warten alle voller Sorge auf den nächsten Regen. Ausbleibender Regen bedeutet Armut, Hunger, keine weitere Schulbildung.

**b) Soziale Schwierigkeiten der Indiofamilien**
Tomasitas Freund Luchito lebt in großen Schwierigkeiten. Seine Mutter ist gestorben, die Kosten für das Spital haben die Familie in Armut gestürzt. Der Vater ist in seiner Verzweiflung in die Stadt abgewandert und hat die Kinder allein gelassen. Ein Waldbrand, entstanden durch die Unachtsamkeit der Kinder, lässt die Hütte abbrennen. Nur das intakte Sozialgefüge der Waldmenschen verhindert eine weitere Familienkatastrophe.

**c) Gegenseitige Fürsorge und Hilfsbereitschaft der Ranchobewohner**
Luchito und seine Geschwister werden sofort nach dem Brand bei verschiedenen Familien aufgenommen, sein Vater aus der Stadt zurückgeholt.

Danach helfen alle, den Wald für ein neues Feld zu roden, dieses anzupflanzen und eine neue Hütte zu bauen. Der endlich einsetzende, lang ersehnte Regen lässt ihre Bemühungen erfolgreich werden. Nach getaner Arbeit feiern alle ein gemeinsames Fest.

**d) Schule in anderen Ländern**
Tomasita und ihre Freunde besuchen eine Einklassenschule. Der Lehrer bearbeitet vor dem Unterricht seine Felder, um leben zu können. Die Kinder können nur dann zur Schule gehen, wenn die Eltern das Schulgeld und das Geld für die Arbeitsmittel aufbringen können.

Paco, aus „Der Schlangengarten" lernt aus Interesse an seinen Schlangen beim Pfarrer Lesen und Schreiben, die Straßenkinder können sich den Luxus Schule meist gar nicht leisten, vgl. „Pedro und die Bettler von Cartagana" und „Das Tor zum Garten der Zambranos".

**e) Das Leben der Straßenkinder**
Aufgrund ausgewählter Textpassagen aus den Büchern „Pedro und die Bettler von Cartagana" und „Das Tor zum Garten der Zambranos" , die die Projektleiter oder sicher lesende Kinder vorlesen, gehen wir mit den Schüler/innen folgenden Fragen nach:

- Wie kommt es, dass Kinder zu „Straßenkindern" werden?
- Von was leben diese Kinder?
- Wo schlafen sie?
- An wen wenden sie sich, wenn sie krank sind?
- Wie verhalten sich die Straßenkinder innerhalb ihrer Gruppe?
- Welche Personen sind ihre Freunde, welche ihre Feinde?

### 2. Theaterstück „Elena in der Stadt"

Unser Theaterstück **Elena in der Stadt** soll zeigen, wie verheerend sich die Zerstörung der Umwelt auf das Leben dieser Indiofamilien auswirkt.

Weil ein Staudamm gebaut wird, müssen die Familien ihre Hütten und Felder verlassen. Sie finden aber in der Stadt keine richtige Arbeit und damit natürlich auch keine gute Unterkunft. Auch wenn unser kleines Spiel noch zu einer Art Happy-End kommt, soll es doch zum Überdenken und Diskutieren, vielleicht auch zum Helfen anregen im Hinblick auf die Rodung riesiger Urwaldabschnitte in (nicht nur!) südamerikanischen Ländern.

Projekte wie „Kinder kaufen Urwald" können aus dieser Einheit resultieren. Das Geld für einen solchen Kauf könnte aus der Vorführung dieses Theaterspiels bei einem kleinen „Südamerika-Fest" gewonnen werden.

## a) Bühne, Kulissen, Musik

### Bühnenbild

Der Hintergrund der Bühne wird mit grünen Tüchern verhängt. Lianen werden aus Wolle angefertigt und am Bühnengestänge befestigt. Die Blätter fertigen wir aus grünem Tonpapier, vergleiche Seite 134.

Vögel werden als Pompontiere hergestellt, Schmetterlinge aus bunt bemaltem, dünnen Papier oder bemaltem, über Draht gespannten Stoff (siehe Seite 133). Die Schule wird nur durch eine Holztür (Palette oder aufgestellte und bemalte Verpackungsschachtel oder Holzkiste) angedeutet. Die Kinder kommen in der Eingangsszene hinter ihr hervor.
Es ist auch möglich, dass die Kinder einfach durch den grünen Bühnenvorhang schlüpfen. Wir haben das Stück auch im Freien gespielt, hier waren dichte Büsche unsere Urwaldkulisse. Die Tür steht dann vor diesem Buschwerk.
Die Stadtansicht der modernen Großstadt und das Elendsviertel werden mit Plakafarben auf die Rückseiten ausgedienter Landkarten gemalt. Beim Szenenwechsel werden diese Kulissenteile einfach an einen Kartenständer gehängt. Die Großstadt wurde in Gelb-, Rot- und Orangetönen gehalten, bei der Darstellung des Elendsviertels sollte Grün, Grau und Braun vorherrschen.

### Requisiten

Die Kinder brauchen Körbe für den Tanz. Die Autos und die Ampel werden auf große Kartons aufgemalt und mit Stäben hinterklebt, damit man sie über die Bühne tragen kann (siehe Zeichnung Seite 133).
Die Zeitungsjungen tragen Umhängetaschen, in denen sich alte Zeitungen befinden, die Brotmädchen Stoffbeutel mit trockenem Brot.

Für die Schlange nähen wir große farbige Tücher zu einem langen Schlauch zusammen, in dem sich dann mehrere Kinder fortbewegen können.

Die Herstellung der Stahlfedern für die Begleitmusik der Schlange erfordert allerdings ein wenig handwerkliches Geschick. Am besten verständigen Sie sich mit dem Techniklehrer oder dem Hausmeister der Schule.
Wir haben uns von einer Federstahl verarbeitenden Fabrik Stahlfederdraht mit Durchmessern von 1,5 und 1,8 mm und etwa 20 m Länge pro Feder erbeten. Aus dem Vorrat von Rohren oder Vollmaterial wurde eine Stange (1) von etwa 1,50 m ausgewählt (siehe Zeichnung). Der Durchmesser kann zwischen 12 und 16 mm betragen. Im Abstand von etwa 10 cm wird ein Loch auf der einen Seite der Stange im Durchmesser des Federstahls gebohrt.
Jetzt fertigen wir die Wickelvorrichtung (siehe Zeichnung Seite 126): In ein Holzstück (Maße etwa 10 x 5 x 5 cm) wird durch die lange Seite ein Loch mit dem Durchmesser der Stange plus 4 mm gebohrt.

Also z.B. Stange 16 mm + 4 mm = 20 mm = Bohrloch.
Jetzt muss noch an einer beliebigen Stelle in der Mitte quer ein Loch (3) im Durchmesser des Federstahls in den durchbohrten Holzklotz so gebohrt werden, dass das feine Bohrloch in das Längsloch hineinführt. Den Holzklotz stecken Sie nun auf die Stange.
Nun spannen Sie die Stange in eine gute regelbare Bohrmaschine. Die andere Seite der Stange versenken Sie am besten in ein entsprechendes Bohrloch im einem eingespannten Holzklotz. (5)

Nun wird der Federstahl (4) durch das feine Bohrloch im Holzklotz in das Querloch in der Stange gefädelt. Ihr Mitarbeiter lässt nun die Maschine langsam anlaufen, und Sie halten den Holzklotz fest und führen ihn mit dem Wickelvorgang nach, so dass die Windungen exakt beieinander liegen.

### Gesamtansicht der Wickelvorrichtung

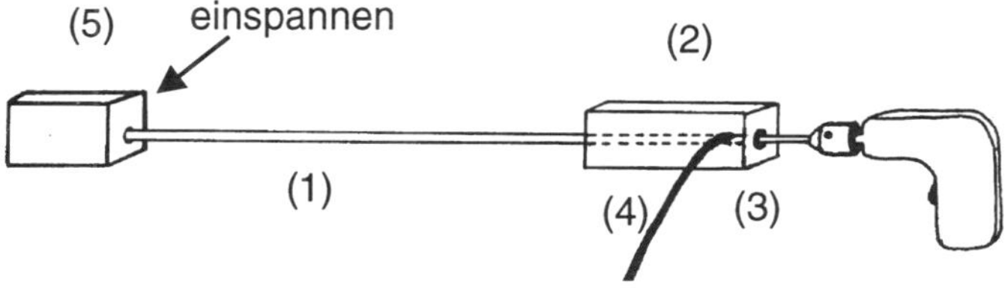


Ziehen Sie dazu stabile Arbeitshandschuhe an. Nach einiger Übung erhalten Sie meterlange, enggewickelte Spiralfedern auf der Stange.
Vorsicht beim Entfernen! Die Federn entspannen sich natürlich, wenn Sie beim Querloch den Federdraht abschneiden. Diese Federn hängen Sie frei auf und befestigen sie mittels eines schraubbaren Hakens außen am Boden eines nach unten offenen Gurkeneimers (Jeder Metzger ist froh, wenn Sie bei ihm einige abholen). Dies ist für die Resonanz wichtig.

Streichen oder klopfen Sie nun mit einem Trommelstock oder Ähnlichem leicht über die Feder, dann erhalten Sie schaurigschöne, schwebende Töne. Die Schülerinnen und Schüler werden Ihnen bei vielen Gelegenheiten immer wieder diese eigenartige „Musik" vorschlagen. Geisterszenen lassen sich damit super gestalten. Viel Spaß!

**Musik:** Los Desperados, Harpes & Flutes indiennes, Musidisc oder andere Musikstücke aus Südamerika, z. B. Platten von den Los Paraguayos.
Vorschlag für den Tanz vor der Schule:
Caminito verde, Pasaje
Schlangentanz: Inca Tambo, Danza India
Schmetterlingstanz: Trigo verde, Charram
Hintergrundmusik in der Stadt:
Tren lechero, Polka Paraguaya

**Wickelvorrichtung (Holzstück)**

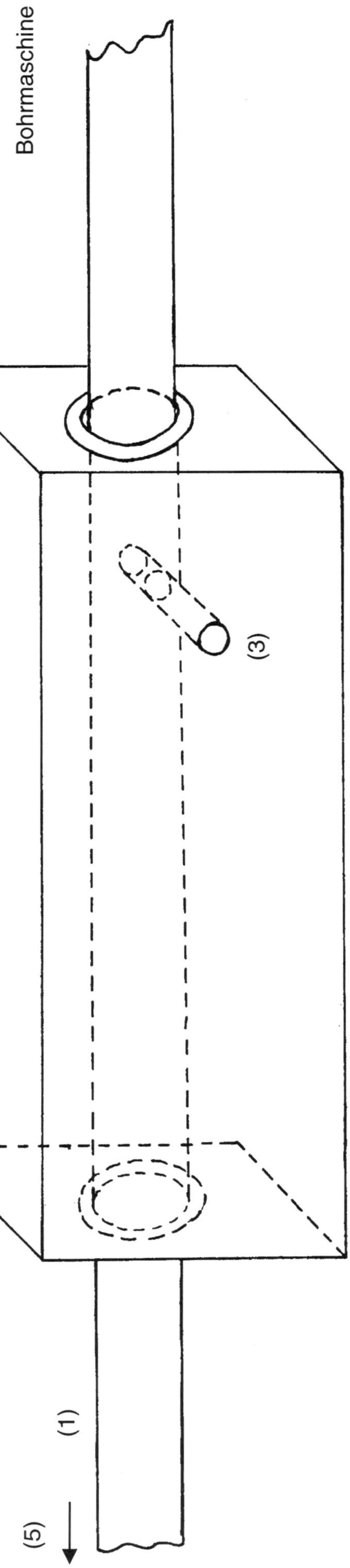

**b) Theaterstück: Elena in der Stadt**

I. Im Urwald

*Kinder, Lehrer, Lehrersfrau vor der Schule*

**Lehrer:** So, Kinder, das war's für heute. Vergesst eure Hausaufgaben nicht!

**1. Kind:** Oh, ich glaube, ich habe sie schon vergessen! Was ...

**2. Kind:** Komm doch zu mir, dann machen wir sie zusammen!

**3. Kind:** Ja, dann könnt ihr sie zusammen vergessen.

**4. Kind:** Genau, zwei Köpfe können doppelt so viel vergessen wie einer.

**5. Kind:** Vor allem zwei Dummköpfe!

**1. Kind:** Ihr seid gemein! Hundsgemein!

*Es will auf die anderen Kinder losgehen.*

**Frau des Lehrers:** Nicht doch, Kinder! Geht lieber nach Hause. Sonst wird eure Maissuppe noch kalt!

**Claudio:** Oh, Herr Lehrer, ist das dort drüben das neue Radio?

*Alle Kinder schauen neugierig hin.*
*Claudio holt das Radio.*

**Elena:** *(streicht darüber)* So schön glatt.

**Adriano:** Und wie das glänzt! Dürfen wir einmal reinhören?

**Kinder durcheinander:** Au ja, bitte! Ein bisschen Musik! Musik wäre schön!

**Lehrer:** Gut. Aber nur kurz. Die Batterien sind gar so schnell leer. Also, aufgepasst!

*Er schaltet das Gerät ein. Eine Tanzmusik ertönt.*

**Elena:** Oh hört nur, unser Lieblingstanz. Kommt, den tanzen wir mit!

*Die Mädchen beginnen zu tanzen, die Buben stellen sich hinter ihnen auf und klatschen den Rhythmus.*
*Musik aus.*

☛ Die Stimme des Radiosprechers kann man verfremden, indem das Kind in eine Gießkanne spricht, die in einer mit einem Tuch verdeckten Obstkiste steckt. Das macht den Kindern riesigen Spaß!

**Radiosprecher:** Achtung, Achtung! Wir unterbrechen unser Musikprogramm für eine wichtige Durchsage, es folgt eine Durchsage für die Waldindios im Gebiet des Rio Atapu.

**Adriano:** Mann, das sind doch wir, hört alle mal her!

**Lehrer:** Pst, seid still!

**Radiosprecher:** Nach der Fertigstellung des großen Atapu-Staudammes wird sich das Wasser rasch aufstauen. Alle Bewohner des Ataputales müssen deshalb das Flussgebiet so schnell wie möglich verlassen! Das ganze Gebiet wird schon bald überflutet sein. Achtung! Achtung! Das Flussgebiet des Rio Atapu ist schnellstens zu räumen.
Ich wiederhole: Eine wichtige Durchsa...

*Radio aus.*

**Frau des Lehrers** *(tonlos)*: Wir müssen fort, wir müssen alle fort!

**Elena:** Aber ... das können die doch nicht machen! Die können doch einfach nicht unseren Wald überschwemmen, unsere Häuser.

**Lehrer:** Oh, doch! Die können!

**Claudio:** Gut! Dann gehen wir in die Stadt! Was soll's! Wir arbeiten dort. Wir werden viel Geld verdienen und Radiogeräte haben und Fernsehapparate. Die können nicht nur sprechen und Musik machen, die zeigen sogar richtige Bilder. Bilder, die sich sogar bewegen!

**Adriano:** Ach, wenn das so einfach wäre mit dem Geld verdienen. Also, ... mein Vater ...

**Elena:** Schau doch! Na, so was ! Dort kommt er!

**1. Kind:** Dein Vater, Adriano!

**5. Kind:** Wie man den Esel nennt, so kommt er gerennt.

**Adrianos Vater:** Maestro, Maestro! Ich komme aus der Stadt. Ich soll dir diesen Brief übergeben. Er wäre wichtig!

*Der Lehrer öffnet den Brief und schüttelt ratlos den Kopf.*

**Lehrer:** Hier steht es. Schwarz auf weiß. Wir müssen das Flussgebiet verlassen, so schnell wie möglich!
Kinder, lauft, schickt eure Eltern her! Wir müssen beraten, was zu tun ist. Bitte, beeilt euch! Sie müssen sofort hierherkommen!

**2. Kind:** Also dann, bis gleich! Ich laufe los!

**3. Kind:** Warte, ich komme mit.

**Alle andern:** Wir auch! Bis gleich! Bis bald!

*Die Kulissenschultür wird umgedreht, die Rückseite zeigt grünen Urwald. Erwachsene ab.*
*Kinder rennen über die Bühne davon.*

*Nur Elena und Claudio gehen langsam.*

**Elena:** Ich will nicht fort! Sieh nur, der schöne Schmetterling! Claudio, in der Stadt kannst du bestimmt keine so schönen Schmetterlinge sehen!

**Claudio:** Aber Radios und Fernsehgeräte! Und in den Fernsehern auch Schmetterlinge! Noch viel schönere! Und ach, bestimmt keine Schule mehr! Du, ich werde haufenweise Geld verdienen!

*Er läuft davon.*

*Elena schüttelt traurig den Kopf. Sie setzt sich und schaut dem Schmetterling zu.*

*Musik.*

*Kinder mit Schmetterlingen auf langen schwankenden Drähten führen den Schmetterlingstanz auf.*

*Musik aus. Schmetterlinge ab. Geräusche mit großen Stahlfedern. Eine Riesenschlange windet sich über die Bühne.*

*Elena weicht zurück. Schlange ab. Geräusche aus. Stille.*

**Elena:** Und was wird aus euch Tieren, wenn das große Wasser kommt? Ihr könnt doch nicht alle auf- und davonfliegen?

*Licht aus.*

II. In der Stadt

Vornehme Gegend, Villen, Gärten, Ampel an einer Straßenkreuzung, Verkehrslärm, Autos.

Tita und Elena betteln Brot. Tita bekommt ein Stück Kuchen geschenkt. Sie läuft damit zu Elena.

**Tita:** Da schau, sieh nur, was ich bekommen habe! Das bringe ich Mutter. Sie ist so schwach, seit das Baby da ist.

**Enrico** *(kommt)*: Aber, was ich erst bekommen habe! Seht doch! Er kramt einen Fußball aus seinem Beutel.

*Elena nimmt den Ball.*

**Elena:** Aber Enrico, den hast du doch nicht etwa geklaut!?

**Enrico:** Oh, nein! Geschenkt gekriegt! Weil ich Geburtstag habe!

**Elena** *(grinst)*: Ja, ja, genau in drei Monaten und ... fünf Tagen ... in ... äh ... in ungefähr 96 Tagen.

**Enrico:** Aber das weiß hier doch keiner! Und außerdem soll ich jede Woche einmal kommen und Schuhe putzen.

*Ein Herr kommt vorbei.*

**Enrico:** Senor, darf ich Ihre Schuhe putzen für 50 Pfennig? ...

*Der Herr unterbricht ihn.*

**Herr:** Für 20! Keinen mehr!

**Enrico:** Also, für 20! Sie werden staunen, wie Ihre Schuhe glänzen!

*Er putzt die Schuhe. Das Schuhputzerlied, „In San Juan auf Puerto Rico“ von Fidulafon, wird gesungen. Autos fahren vorbei, halten an der Ampel, fahren weiter. Die Mädchen betteln im Hintergrund um Brot. Enrico bekommt Geld, Mann ab. Ampel rot, alle Autos halten. Ein Zeitungsjunge springt zwischen die Autos, bietet Zeitungen an.*

**Zeitungsjunge:** Diario! Diario! Neueste Meldungen! Diario! Totale Überflutung des Ataputales! Staudamm am Rio Atapu! Diario! Kauft den Diario! Diario, immer mit den neuesten Meldungen! Diaaaaario! Ataputal in Riesensee umgewandelt! Bäume, Häuser, ganze Dörfer, alles unter Wasser!

*Zwei weitere Zeitungsjungen kommen und verkaufen ebenfalls Zeitungen an die Autofahrer.*

**Alle drei:** Diaaaario! Diaaaario ...

**1. Zeitungsjunge:** 80 Pfennige, bitte!

*Er reicht dem Autofahrer eine Zeitung durchs Fenster. Ampel grün. Autos hupen. Motoren heulen auf. Zeitungsjungen springen erschrocken auf den Gehweg zurück. Autos ab. Der erste Zeitungsjunge schüttelt die Fäuste hinter dem Auto her.*

**1. Zeitungsjunge:** He, Hundesohn, Schweinebacke! Du hast nicht bezahlt! Anhalten, Schweinebacke, anhalten! Gemeiner Hund! Wie war doch die Nummer?

**2. Zeitungsjunge:** Ist doch vollkommen egal! Du wirst dein Geld nie bekommen! *(Er schreit)* Nie! Nie! Nieeee! Die können doch machen, was sie wollen!

*Er sieht Enrico mit seinem Fußball.*

**2. Zeitungsjunge:**
He, hombre *(gesprochen: ombre)*, was hat denn der junge Herr da? So ein schöner Fußball! Der ist doch für uns!?

*Er reißt Enrico den Ball aus der Hand und wirft ihn dem ersten Zeitungsjungen zu.*

**1. Zeitungsjunge:** Den können wir viel besser brauchen! Los, kommt! Wir trainieren! Mit Fußball werden wir das große Geld machen! Nicht mit läppischen Zeitungen!

*Die Jungen rennen gröhlend davon.*

*Elena fasst den dritten Zeitungsjungen, der sich bis dahin im Hintergrund aufgehalten hatte, am Arm.*

**Elena:** Aber, das ist doch Adriano! Mensch, Adriano, warum sagst du nichts?

**Enrico:** Du, du gehörst doch nicht etwa zu denen dort?

**Tita:** Schnell, du musst Enricos Ball zurückholen! Er hat ihn zum Geburtstag bekommen!

**Adriano:** Das kann ich nicht. Die geben den nicht mehr her!

**Elena:** Gehörst du wirklich zu den Kerlen?

**Adriano:** Ja, wir wohnen zusammen bei der Zeitung. Die geben uns Essen – und schlafen können wir dort auch.

**Enrico:** Und dein Vater? Wohnst du nicht bei deinem Vater?

**Adriano:** Ach, der hat keine feste Arbeit, keinen sicheren Schlafplatz. Und wenn er mal was verdient, versäuft er es gleich wieder.

**Tita**: Und deine Geschwister?

**Adriano:** Sind beim Lehrer und seiner Frau geblieben im Urwald.

**Elena:** Was, im überschwemmten Gebiet?

**Adriano:** Nein, ein Stück weiter, irgendwo. Was weiß ich! Ich muss weiter! Heult nicht um den dämlichen Ball! Wenn ich's so gut hätte wie ihr ...

*Er rennt weiter.*

**Elena** *(ruft ihm nach)***:** Wir wohnen unten am Fluss! Wir haben ein Baby! Unser Vater ist krank ... Komm doch mal vorbei! *(Leiser)* Ach, es ist alles so schrecklich!

III. Im Elendsviertel

*Elena und Ninito, ihr kleiner Bruder, sitzen vor der Hütte und zerstampfen Maiskörner. Enrico kommt.*

**Enrico:** Elena, Elena! Ich bin reich! Mindestens tausend Schuhe habe ich heute geputzt!

*Er greift in seine Hosentaschen, holt Münzen heraus und klappert damit vor Elenas Nase herum.*

**Elena:** Ach, ach Enrico, wir werden das Geld brauchen!

**Enrico:** B r a u c h e n?? Ich will mir einen Fußball dafür kaufen! Jawohl! Einen Fußball!

*Tita kommt angerannt.*

**Tita:** Da, schaut! So viel Brot! Dieses hier ist noch ganz frisch. Das können wir gleich aufessen. Das harte da, weiche ich für die Entchen und das ganz alte bekommt das Schwein. *(Sie schaut sich um)* Wo ist denn Mama?

**Elena:** Die musste mit dem Baby zum Arzt. Es hatte einen schlimmen Durchfall. Und Papa ist auch mit. Sein Husten will einfach nicht mehr besser werden.

**Enrico:** Und alles wegen dem Staub in der Teefabrik. Und jetzt haben sie ihn rausgeschmissen!

**Elena:** Oh, es ist furchtbar. Mama hat gesagt, für den Arzt und die Medizin werden unsere letzten Ersparnisse draufgehen. Hoffentlich bekommt Claudio viel Geld für seine Aufpasserei auf die Autos.

**Enrico:** Ja, und fürs Waschen der Glanzkisten ...

**Tita:** Dort kommt er.

*Claudio kommt angerannt.*

**Claudio:** Mutter! Mutter!

**Enrico:** Die ist nicht da.

**Elena:** Was ist los mit dir, Claudio? Du bist so aufgeregt.

**Claudio:** Eine Schweinerei! Diese Hunde! Ein Kratzer! Über die ganze Beifahrertür! Ein Riesenkratzer von einem Nagel! Jetzt behaupten die, ich hätte den Lack zerkratzt. Sicher waren es die von der Zeitungsbande! Die sind zwischen den Autos rumgekrochen. Ich hab' sie ja noch davongejagt ...

*Die Zeitungsjungen kommen angestürmt.*

**1. Zeitungsjunge:** Mensch, Claudio, lauf doch nicht weg! Du kannst ruhig alles zugeben. Der Autofahrer hat gesagt, er gehe nicht zur Polizei.

**2. Zeitungsjunge:** Ja, ja, er geht nicht hin, wenn du alles zugibst. Und die Reparatur bezahlst!

**Claudio** *(schreit)***:** Aber ich, ich war das doch nicht! Ihr seid doch so lange um die blaue Kiste rumgeschlichen. Bis ich euch davongejagt habe. Ihr ...

*Die Zeitungsjungen packen ihn.*

**1. Zeitungsjunge:** Mach keinen Ärger! Wenn dir nichts passieren soll, gib es endlich zu!

**2. Zeitungsjunge:** Sage endlich, dass du es warst! Los! Sonst ...

*Er zückt ein Messer und macht eine Halsabschneidebewegung. Der Lehrer und seine Frau haben sich genähert. Der Lehrer stürzt zu den Jungen.*

**Lehrer:** Lasst ihn los! Das Messer weg! *(Schreit)* Zum letzten Mal, lasst ihn los!

*Der Junge steckt das Messer weg.*

**Lehrer:** Was ist denn das für eine Begrüßung nach so vielen Wochen?

**Lehrersfrau:** Endlich haben wir euch gefunden! (*Sie umarmt die Kinder einzeln.*) Elena! Tita! Enrico! Und du, kleiner Ninito! Ich hatte schon nicht mehr daran geglaubt, dass wir euch wiederfinden. Und dabei haben wir doch so eine gute Nachricht für euch. Wo sind denn eure Eltern?

*Kinder reden durcheinander.*

**Elena:** Beim Arzt!

**Claudio:** Eine gute Nachricht?

**Enrico:** Was denn für eine gute Nachricht?

**Lehrersfrau:** Ja, wenn ihr wollt, könnt ihr alle mit uns nach Hause kommen!

**Elena:** Nach Hause?

**Claudio:** Wie soll das denn gehen?

**Tita:** Sind unsere Häuser nicht alle vom Wasser überflutet?

**Lehrer:** Hm, ja, also, einige Kilometer weiter ist es schon. Da gibt es so eine Missionsstation. Die haben uns allen ein Stück Land geschenkt. Land, auf dem wir bleiben können. Viel Land! Und niemand kann uns verjagen.

**Lehrersfrau:** Und Arbeit gibt es auch! Wir können Tiere schnitzen und Körbe flechten. Auch schon ihr Kinder. Und dafür bekommen wir Essen und Kleider.

**1. Zeitungsjunge** *(zeigt auf Claudio)*: Und der da braucht Geld dafür. Der hat's nötig! Wenn er nicht ins Gefängnis will, muss er ...

*Adriano, der sich die ganze Zeit im Hintergrund aufgehalten hatte, tritt vor. Er wendet sich an den Zeitungsjungen und schreit.*

**Adriano:** Hör endlich auf zu lügen! Du warst das doch! Du hast das Auto zerkratzt! Den Nagel hast du doch noch in der Tasche!

*Die Zeitungsjungen wollen nun auf Adriano losgehen, aber der Lehrer hält sie ab.*

**Lehrer:** Langsam, langsam, ihr Burschen!

*Er greift in die Tasche des Zeitungsjungen und holt den Nagel heraus. Er hält ihn hoch, damit ihn alle sehen können.*

**Lehrer:** Oh, Junge! Da sind ja noch die Lackspuren dran! Ich glaube, du solltest einiges in Ordnung bringen!

*Der Junge hält sich die Hände vor das Gesicht und schüttelt schluchzend den Kopf.*

**1. Zeitungsjunge:** Nein, ich traue mich nicht! Ich traue mich nicht!

**Lehrer:** Wenn du willst, kann ich ja mit dir kommen.

**Beide Zeitungsjungen:** Ja, bitte, helfen Sie uns!

**Lehrer:** Also, gut. Ich komme mit! Und du, Adriano? Willst du mit den beiden zurückgehen?

*Adriano schüttelt den Kopf. Er gibt die Tasche mit den Zeitungen dem Lehrer.*

**Adriano:** Nein! Nie wieder gehe ich da hin! Wenn ich darf, gehe ich mit euch nach Hause.

**Lehrersfrau:** Das freut mich, Adriano! Deine Geschwister warten ja schon so auf dich.

*Musik. Licht aus.*
*Alle Mitspieler kommen auf die Bühne und verbeugen sich.*
*Licht an, gemeinsamer Tanz.*

**Anmerkung zum Spiel:**
Die Situationen sind durchaus realistisch und entsprechen unseren Erfahrungen, allerdings gibt es fast nie ein Happy-End für diese Kinder.
**Die geschnitzten Tiere gibt es wirklich. Wenden Sie sich an: Erika und Bruno Steiner, Rainstr. 7, CH-3098 Köniz, Schweiz, Tel. 0041 31 971 8231 oder an I. und H. Grimm, Ob. Hummelberg 10, 72275 Alpirsbach. Man kann die Tierchen bei beiden Adressen beziehen.**

## Unser „Elena“-Spiel in Bildern

Unsere Ankunft in der Stadt

Unsere Zeitungsjungen

Unser Schmetterlingstanz

Unsere Schuhputzer

Unsere Elena in der Stadt

### 3. Südamerika-Ausstellung

Wenn die Möglichkeit besteht, sollte eine Schule, die den Kindern ein Lernen mit allen Sinnen vermitteln will, eine Schule zum Anfassen, Aus- und Anprobieren sein.
Mit einer Ausstellung von Dingen aus dem fernen Kontinent wird dies durchführbar.

Nicht nur Familien (wie wir), die einige Jahre in Südamerika gelebt haben, besitzen typische Dinge wie Ponchos, Zierkürbisse, Hängematten, Westen und Pullover aus Lamahaar, geschnitzte Tiere, Bombillas oder verschiedene Wandbehänge.
In vielen Eine-Welt-Läden werden sie angeboten und zum Glück auch gekauft.

In meiner Klasse kam nach einer Rundfrage an alle Familien eine ansehnliche Ausstellung zusammen, die uns zu weiteren Aktivitäten anregte.
Ergänzt werden kann eine solche Ausstellung durch Bilderbücher, Bildbände, Poster, Zeitschriftenartikel und Ähnliches. Gutes Prospektmaterial kann man mit ein wenig Glück auch über die Auslandsvertretungen dieser Länder in Deutschland bekommen.

Es gibt in Südamerika viele deutsche Schulen, in denen einzelne Klassen an einer Brieffreundschaft mit einer deutschsprachigen Klasse in Europa interessiert sind.
Außerordentlich lebensnah wird unser Unterricht natürlich dann, wenn man mit einfachsten, selbst hergestellten Geräten die Arbeitsgänge von Tomasita und ihrer Familie nachvollziehen kann.

### 4. Maisfladen backen

Wenn es irgendwie möglich ist, besorgen wir uns von einem Bauern eine Maispflanze. Selbst unsere Landkinder staunten über ihre Größe, auch diejenigen, die nachmittags im Maisfeld spielten, betrachteten und befühlten in der Schule interessiert diese eigentümlich anmutende Pflanze.

Den Maiskolben aus seinen Deckblättern zu schälen, ist für die Kinder fast wie das Auspacken eines Geschenkes.
Die Deckblätter und die darunter verborgenen „Haare" werden getrocknet und später zu kleinen Püppchen verarbeitet.

Die Maiskörner werden von den Kolben abgepult und dann in den einzelnen Tischgruppen zwischen zwei flachen Steinen oder mit einem selbsthergestellten Holzmörser zu Maismehl vermahlen.

Nach dieser Arbeit geht es ans Backen der Fladen.

☛ Damit der Teig besser abbindet und die Vorbereitung nicht allzu langwierig wird, kaufen wir noch fertiges Maismehl dazu.

Da man außer Bananen, Ananas und Orangen auch viele bei uns seltenere Früchte aus Lateinamerika wie Papaya, Mango und Manioc bei uns kaufen kann, sollte man es nicht versäumen, einen Stand mit Früchten aufzubauen, damit die Kinder daran auch einmal bewusst fühlen, riechen und natürlich schmecken können.
Besonders großen Anklang fand das „Zuckerrohr". Es ist etwas mühsam, es zu zerschneiden, aber viele Kinder strahlen, wenn sie es auslutschen dürfen.

**Rezept für Maisfladen**
300 g Maismehl,
100 g Weizenmehl,
4 Eier,
ca. 80 ml Wasser,
2 Teelöffel Salz, Pfeffer

Mehl, Wasser, Eier zu einem glatten Teig verarbeiten, mit Salz und Pfeffer würzen, in den bemehlten Händen zunächst kleine Teigkugeln formen und diese dann zu flachen Fladen ausformen. In Öl ausbacken. Sehr gut werden diese Maistortillas auch, wenn man sie auf einem dicken Eisenblech über einem kleinen offenen Lagerfeuer bäckt. Das Blech liegt dabei auf großen Steinen.

### 5. Bastelarbeiten

**Urwald**
Unser erstes Bühnenbild zeigt, wie bereits erwähnt, Elena und ihre Freunde vor der Schule, mitten im Urwald.

Unser Bühnenbild erscheint abstrahiert:
Aus alten, ausgedienten Säcken, grober Jute oder Sackleinen werden aus großen, ausgeschnittenen Teilen Fäden herausgezogen. (Die Kinder gewinnen bei dieser Arbeit Einsicht in den Aufbau eines Gewebes.) Die dadurch entstehenden eigentümlich bizarren Formen werden durch Verziehen und Verschieben der Fäden noch verstärkt.

Mit Wollresten können die stehen gebliebenen Kettfäden unseres Gewebes durch Zusammenbinden noch weiter strukturiert werden. Dem freien Formen und Verformen werden keinerlei Grenzen gesetzt.

Nachdem die Kinder diese Arbeit beendet haben, sollte das Gewebe mit einer Spritzpistole grün übersprüht werden. Das entstehende Wechselspiel zwischen Grün und Braun spiegelt das Spiel von Licht und Schatten draußen im Urwald. Die fertigen Gebilde werden vor den grünen Tüchern auf der Bühne drapiert.

☛ Wenn zwei Partner an einem Gewebe zusammenarbeiten, können sie sich gegenseitig immer wieder dazu inspirieren und motivieren, neue Muster auszuprobieren.

✂ Alte Säcke oder Sackleinen, Wollreste, grüne Farbe

Im Urwald gibt es Lianen. Die Kinder häkeln mit – oder auch ohne – Häkelnadel, eine grobe lange Luftmaschenkette oder sie drehen Kordeln aus Wollfäden. Alle diese Lianen werden am Bühnengestänge befestigt und verleihen unserem Urwald sein eigenes Gepräge.

✂ Wollreste, Randschnittstreifen (Fragen Sie in Tuch- oder Trikotagenfabriken)

Aus Krepppapier gefaltete Blumen ergeben einen weiteren typischen Schmuck. In verschiedenen Farben und Formen werden Blumenmuster aus buntem Krepppapier ausgeschnitten. Blütenteile in verschiedenen Größen werden aufeinandergelegt und in der Mitte punktuell zusammengeklebt. Ein grüner Blumendraht wird durch die Blütenmitte gesteckt, umgebogen, durch das Papier zurückgeführt und zur Befestigung um den Stiel gewickelt. Die fertigen Blumen werden an den strukturierten grünbraunen Geweben befestigt.

✂ Krepppapier in vielen Farben, Blumendraht

**Schmetterlinge**
Auf einen harten Karton wird der Umriss eines Schmetterlings gemalt. Das Muster, das wir auf seine Flügel zeichnen, wird ausgeschnitten und mit leuchtend buntem Transparentpapier hinterklebt. Mehrere Farben übereinandergeschoben, vertiefen das Farbspiel. Die Schmetterlinge werden an einem dünnen, aber stabilen Draht befestigt und beim Tanz der Schmetterlinge als Stabfiguren mitgeführt.

✂ Karton, Transparentpapier, Draht

**Große Autos**
Auf eine sehr dicke Pappe werden große Autos gezeichnet und mit ausgeschnittenen Werbeaufdrucken beschriftet, z. B. Milchwagen.
Die Räder werden ausgeschnitten, angemalt und auf das Auto aufgeklebt.

Flache Holzlatten, an denen der Fahrer und der Beifahrer von hinten das Auto tragen, müssen mit Heißleim befestigt werden.
Die Fenster werden ausgeschnitten und mit durchsichtiger Folie hinterklebt. Das Fenster des Fahrers allerdings nur bis zur halben Höhe, weil dieser ja im Spielverlauf die Zeitung kaufen muss.

☛ Die großen Autos (ca. 1,50 m lang und 1 m hoch) werden in Partnerarbeit hergestellt. Beim Spiel müssen sie hinter dem Rücken der Zuschauer zurückgetragen werden, da sie ja nur eine Vorderseite haben und sonst rückwärts- „fahren" müssten.

✂ Starker Karton, Holzlatten, Farben, Farbbuchstaben, Heißleim

### 6. Tänze für das Theaterspiel

#### a) Schmetterlingstanz

Die Kinder tanzen einen bunten Reigen und lassen dabei ihre Stabfiguren-Schmetterlinge mitschweben.

Reizvoll ist dieser Tanz auch, wenn die transparenten Schmetterlinge hinter einer Schattenwand „tanzen". Die Kinder müssen dann aber angehalten werden, die Stabfiguren flach gegen die Leinwand oder Plexiglasscheibe zu halten und sie nicht wegzudrehen, da sie sonst für die Zuschauer nicht mehr zu erkennen sind.
**Vorgeschlagene Melodie:** Trigo verde, s. S.125.

#### b) Erntetanz

Dieser Tanz wird von Mädchen ausgeführt. Sie nehmen dazu kleine Körbe, die bisher zum Bühnenbild gehörten (Arbeitsplatz der Lehrersfrau vor der Schule) und halten sie in den angewinkelten Armen.
Während des Tanzes stellen die Kinder pantomimisch das Einsammeln verschiedener Früchte dar.
Wenn der Rhythmus wechselt und die Musik schneller wird, heben sie die Körbe auf ihre Köpfe und tanzen in einem weiten Kreis.
Die mitspielenden Buben bilden im Bühnenhintergrund einen Halbkreis und klatschen im Rhythmus.
**Vorgeschlagene Musik:** Caminito verde, s. S. 125.

## 7. Freies Spiel in den Kulissen

### a) Tiere im Urwald

Die Kinder dürfen Stoff- oder Holztiere mitbringen, die ihrer Meinung nach frei im Urwald leben oder aber von den Indios als Haustiere gehalten werden.

Es gibt sicher viele unterschiedliche Meinungen über den Lebensraum bestimmter Tiergattungen, was dazu führt, dass die Schülerinnen und Schüler eifrig in Büchern und Nachschlagewerken nachlesen, um viel über die in Frage kommenden Tiere zu erfahren. (z. B. in Tiere der Wildnis, Pablito, Tomasita, vergleiche Seite 117) Erst danach schließt sich das Spiel mit den Urwaldtieren an.

Im Anschluss an dieses Spiel bietet sich die Anfertigung eines Sachbuches durch die Kinder an, siehe Seite 144.

### b) ABC-Blätter

Aus grünem Tonpapier werden große Blätter ausgeschnitten. Auf diese Blätter stempeln die Schülerinnen und Schüler je einen Tiernamen. Sie achten darauf, dass sie zu jedem Buchstaben ein Tier finden. Mit Buntstiften wird dann der Lebensraum des betreffenden Tieres dazugeschrieben.

Schließlich werden die Blätter alphabetisch geordnet, auf eine lange Schnur aufgefädelt und über die Bühne gespannt.

## 8. Ein eigenes Bilderbuch gestalten

In einem großen Kreisgespräch wird zunächst der Handlungsverlauf des eigenen Buches abgesprochen. Danach erarbeiten die Kinder mit ihrem Partner eine vorher definierte Textpassage. Sie wird korrigiert und von den beiden Arbeitspartnern gestempelt oder gedruckt. Die folgenden Textseiten sind auf diese Weise entstanden. Wer keine neue Handlung mit seinen Schülerinnen und Schülern ausarbeiten möchte, kann sie als Lesetexte nehmen und diese dann mit Bilderbuchelementen illustrieren lassen. Haben die Kinder das erste Bilderbuch hergestellt, werden sie in freien Arbeitsphasen sicher gerne selbst weitereTexte ausarbeiten und gestalten.

Bei der Illustration sollte jedes Kind eine Seite bearbeiten. Nach dem Binden werden diese „Klappbilderbücher" bestimmt eine Attraktion in der Klassenbücherei.

### a) Textseiten: Die Flucht vor dem Feuer
Siehe dazu Seite 137.

### b) Vorschläge für die Ausarbeitung
Die kopierten Textseiten werden auf bunte DIN A3-Tonpapierbögen geklebt, die zu einem Buch zusammengeheftet werden.

Die Kinder malen auf bunte DIN A4 Blätter zunächst mit weißer Wachsmalkreide die Figur deckend auf das Blatt. Erst danach wird die weiße Grundform mit den gewünschten Farben übermalt. Vor dem Aufkleben der bemalten Seiten werden diese gegebenenfalls mit Schlitzen versehen, bzw. mit klappbaren Elementen beklebt. Erst nach ihrer endgültigen Fertigstellung sollten sie ins Buch eingeklebt werden.

☛ Damit die klappbaren Teile nicht festkleben, darf nur an den Rändern Klebstoff aufgetragen werden.

✂ Tonpapierbögen DIN A3 für das Bilderbuch, dünnere Farbpapierbögen DIN A4 für die bemalten Seiten, Zeichenpapier für die Bildelemente, die aufgeklebt werden.

# Ein Bilderbuch gestalten

**Bild 1:**
Hütte mit aufklappbarer Tür auf den Bildhintergrund, der aus Urwald, Wiese usw. besteht, aufkleben.
Vor der Hütte spielende Kinder mit einem Ball.
Der Ball wird auf einen schmalen Papierstreifen aufgeklebt, der in einen Führungsschlitz gesteckt wird, so dass man den Ball zwischen den Kindern hin- und herbewegen kann.

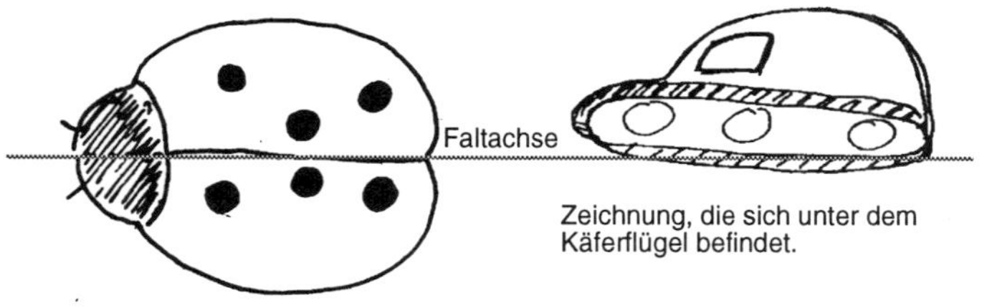


**Bild 2:**
Urwaldbild mit vielen Grün- und Brauntönen sowie einigen Farbtupfern für Blumen usw.
Riesenkäfer werden auf Papier gemalt, in der Mitte geklappt und dann nur an einer Seite festgeklebt, so dass man sie hochklappen kann, und auf der hochgeklappten Unterseite eine Planierraupe sichtbar wird.

**Bild 3:**
Bäume auf blauem Grund. Schmetterlinge und Vögel werden an einer Seite festgeklebt, so dass man auch sie zusammenklappen kann. Danach werden ihre grünen Rückseiten sichtbar, die mit den Blättern der Urwaldbäume auf dem Hintergrund verschmelzen.

**Bild 4:**
Wie Bild 3, Urwaldtiere wie z. B. Gürteltiere, Affen, Schlangen usw. können durch Umklappen in grüne Blätter verwandelt werden.

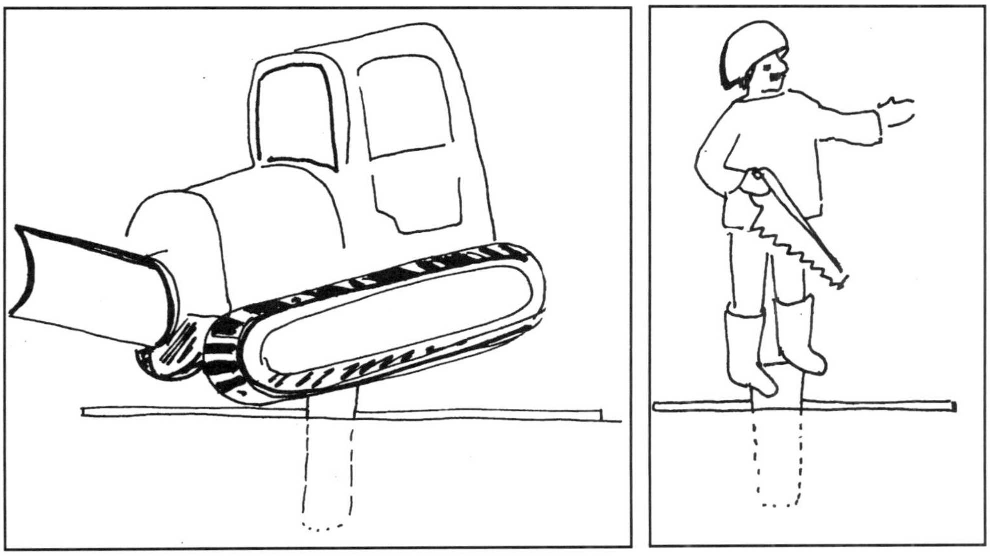

**Bild 5:**
Urwald, Arbeitsmaschinen. Kinder und Arbeiter werden auf Pappstreifen geklebt. In einer Schiebeleiste können sie hin- und herbewegt werden.

**Bild 6:**
Wald in verschiedenen Grüntönen.
Die Unterseite des Laubwerkes, das schuppenförmig immer nur zur Hälfte aufgeklebt wurde, ist mit flammenden Gelb- und Orangetönen bemalt, so dass nach dem Hochklappen nur noch die Farben des Feuers und keine Grüntöne mehr zu sehen sind.

**Bild 7:**
Flammender Urwald vor dunklem Hintergrund.
Schiebeleiste für flüchtende Urwaldtiere auf Führungsstäbchen.

**Bild 8:**
Hüttenansammlung. Schwarze Strichzeichnung auf orangenfarbigem Grund.
Die Türen der Hütten können geöffnet werden. Dahinter werden Kinder sichtbar, die traurig herumsitzen.

**Bild 9:**
Wie Bild 1 mit vielen Schmetterlingen, Vögeln und anderen Urwaldtieren um die Hütte.

**Bild 10:**
Urwaldbild mit vielen Blumen und bunten Tieren.

**Bild 11:**
Zuhause im Urwald, entsprechend Bild 1.

**Adrianos Vater hatte aus der Stadt einen Ball mitgebracht.
Alle Kinder spielten mit dem schönen Ball.
Rodrigo und Elena, Patricia und Nanita.**

**Plötzlich kam Pablito und sagte ganz aufgeregt:
„Da vorne sind so komische große Käfer."
Da gingen die Kinder hin.
Als sie näher kamen, sahen sie,
dass es riesige eiserne Maschinen waren.
Die rissen die Bäume einfach mit den Wurzeln aus.**

**Alle Tiere rannten aus dem Wald, weil es so schrecklich laut war.
Kein einziges wollte mehr bleiben.**

**Die Kinder schauten hinauf zu den Wipfeln der Bäume und sahen,
dass eine riesige bunte Wolke aufstob und davonflog.
Das waren die Vögel und Schmetterlinge.**

**Die Bauarbeiter drohten den Kindern:
„Weg da! Wir müssen den Wald anzünden."
Sie jagten die Kinder fort, dann zündeten sie den Wald an.
Die Kinder rannten davon.**

**Sie schauten sich noch einmal um.
Der Wald brannte lichterloh
und die Flammen stoben hoch.**

**Der Waldbrand wurde immer größer.
Die Flammen kamen auf die Häuser zu.
Da flüchteten die Indiofamilien in die Stadt.**

**Als sie in der Stadt waren, gefiel es ihnen gar nicht.
Sie hatten Heimweh.
Alle wollten zurück in den Urwald.
Der Urwald war ihr Zuhause.**

**Sie gingen zurück.
Sie fanden einen neuen Platz, wo es ihnen gefiel.
Sie bauten neue Häuser.
Und mit der Zeit vergaßen sie alles Feuer.**

**Endlich hatten sie wieder ein Zuhause.
Auch die Tiere kehrten zurück.**

## 9. Kunsthandwerk, Artesania

In vielen Ländern Südamerikas werden Teppiche hergestellt, entweder als Webarbeit oder als Applikation. Im Textilen Werken betrachten die Kinder nicht nur mitgebrachte Arbeiten oder Abbildungen dieser Arbeiten, sondern machen sich selbst ans Ausführen und Gestalten.
Genauso können sie Arbeiten aus Ton, Metall und Holz in Ausstellungen und in Büchern betrachten, um sich danach selbst ans Werk zu machen und Gegenstände aus diesen Werkstoffen herstellen.

### a) Webteppich

Für unsere Teppiche können wir auch in diesem Projektbereich Wolle färben, allerdings nicht wie im Thema „Mittelalter" mit heimischen Färbepflanzen, sondern mit Cochenille und Rotholz, dem Holz des tropischen Baumes „aesalpinia".

**Färben mit Cochenille**
Durch Färben mit Cochenille, dem Pulver aus der amerikanischen Schildlaus, erhält man wunderschöne Rottöne.
25% Cochenillepulver und 12% Weinsteinpulver werden in ein Leinensäckchen gegeben und in kaltem Wasser eingeweicht. Man sollte das Säckchen von Zeit zu Zeit durchkneten, damit das Pulver gleichmäßig eingeweicht wird.

Am nächsten Tag wird alles eine Viertelstunde lang gekocht. Danach muss man Schmutzrand und Schaum entfernen und die Färbflotte mit kaltem Wasser auffüllen. Damit die Farbe gut und gleichmäßig aufzieht, geben wir 1,5% Zinnchlorid dazu und etwas Wollwaschmittel.

Nun kann man die gut angefeuchtete, aber nicht vorgebeizte Rohwolle hineingeben und diese eine Stunde lang in dem Farbbad kochen. Während des Kochvorgangs muss man die Wolle immer wieder etwas im Farbbad hin- und herbewegen, damit das Säckchen mit dem Farbpulver immer wieder an eine andere Stelle kommt.

Nach dem Kochvorgang heben wir die Wolle aus der Färbflotte heraus und geben sie zum Ausspülen in langsam kälter werdende Wasserbäder. Dem letzten Bad fügen wir Essig hinzu, damit die Farbe haltbarer bleibt.

Macht man im selben Farbbad eine Nachfärbung, erhält man einen Violetton. Eine violette Farbtönung kann man auch durch Zugabe von 20% Weinstein erhalten.
Durch Mischung der Färbflotte mit bis zu 50% Zwiebelschalenflotte erhält man bei einer Vorbeizung der Wolle mit 20% Alaun verschiedene leuchtende Orangetöne.

✂ 1 kg Rohwolle, 250 g Cochenillepulver, 120 g Weinsteinpulver, 15 g Zinnchlorid, Wollwaschmittel, 2 Essl. Essig

**Färben mit Rotholz**
Durch das Färben mit Rotholz erhält man ebenfalls verschiedene Rot- und Violetttöne.

Vorbehandlung der Wolle: 1 kg Rohwolle wird in einem Wasserbad aufgekocht, dem man zuvor 150 g Alaun zugefügt hatte.
Die Rotholzspäne, 10%, werden in ein Säckchen eingebunden und 15 Minuten aufgekocht. Nach dem Auffüllen der Flotte kann man die Wolle hinzugeben.

Damit die Farbe lichtecht wird, müssen wir den Färbevorgang in drei Stufen durchführen, d. h. unsere Wolle wird nach 25 Minuten aus dem Farbbad geholt. Die Flüssigkeit wird gut abgedrückt, danach legt man die Wolle für zwei bis drei Stunden an der Luft (Halbschatten) zum Trocken aus. Dieser Vorgang wird noch zweimal wiederholt, erst danach wird die Wolle ausgewaschen.

✂ 1 kg Rohwolle, 100 g Rotholzspäne, 150 g Alaun

Grün- und Gelbtöne können wir aus heimischen Pflanzen herstellen (Genaueres auf S.160/161 beim Kapitel *Zurück in die Vergangenheit*), um eine bunte Farbpalette zu erhalten. Danach kann man die Wolle verspinnen, wie auf den Seiten 161 im Kapitel *Wolle verspinnen* beschrieben.
Vielleicht können wir den Schülerinnen und Schülern hierzu Bilder von Frauen auf dem Altiplano zeigen, wie sie, das Baby im Tragtuch auf den Rücken gebunden, Wolle spinnend und Steine werfend den Lamaherden hinterherlaufen.

### b) Wandteppich als Applikation

In einer abschließenden Gemeinschaftsarbeit gestalten die Kinder einen bunten Wandbehang als Filzapplikation. Aus bunten Filzstücken werden Menschen, Tiere, Pflanzen, Häuser und verschiedene Geräte ausgeschnitten, teilweise bestickt, mit kleineren Filz- oder Fellstücken oder auch Rohwolle verziert, und nach ihrer Fertigstellung auf einen großen, grünen Wandbehang aufgenäht.
Der Fantasie der Kinder sollten dabei keinerlei Grenzen gesetzt werden.

### c) Tongefäße

Aus einer Halbkugel aus Ton werden kleine Schälchen ausgehöhlt. Viele Indiostämme engobieren ihre Tongefäße, indem sie andersfarbigen Ton einschlemmen und mit diesem Tonbrei Muster auftragen. Die trockenen Gefäße werden nur einmal gebrannt, sie sind allerdings dann noch wasserdurchlässig. Einfache Muster lassen sich auch durch Einritzen mit einem Nagel erzielen. Die glatten Teile werden dann mit einem Stein durch gleichmäßiges Reiben glatt poliert.

**d) Tonperlen**

In Peru findet man wunderschön bemalte Tonperlen. Hierzu fertigen die Kinder kleine Tonkugeln an, die mit einer Stricknadel durchbohrt werden. Die Stricknadel sollte nicht zu dünn sein, da beim Brennen noch Schwund entsteht und die Perlen nach dem Brennvorgang auf ein Lederband aufgefädelt werden. Formt man kleine, walzenförmige Tonstücke und durchbohrt diese, erhält man längliche Kettenglieder.

**e) Holztiere schnitzen**

Aus weichem Holz versuchen die Schülerinnen und Schüler nach Vorlagen der Indiotierchen oder Abbildungen aus Büchern typische lateinamerikanische Tiere zu schnitzen.

**f) Schmuck aus Metallblech**

Nach dem Betrachten verschiedener Abbildungen der faszinierenden Schmuckstücke der Inkas, bearbeiten die Schülerinnen und Schüler dünne Metallbleche oder Metallfolien für Metalldrückarbeiten.

Als besonders geeignet haben sich Anhänger erwiesen, die verschiedene Sonnenmotive darstellen. Hierfür entwerfen die Kinder zunächst diverse Zeichnungen von abstrahierten, mit Ornamenten verzierten Sonnen, schneiden dann einen Kreis aus dem dünnen Blech aus und bearbeiten ihn durch Drücken, Lochen, Prägen oder Schraffieren auf einer Holzplatte.
Der Anhänger wird an einem Lederband befestigt.

✂ Weiches, tiefziehfähiges Metallblech, Kupfer- oder Alu-Prägefolie (Bastelläden, ALS-Verlag, Braun-Verlag), Metalldrück-Runer (ALS-, Braun-Verlag), Stichel oder Nägel, Schere, Lederband.

☛ Eine interessante Vorlage sind auch die „Tolimas“ der Tolima-Indios, Kolumbien. Abbildungen in: J. Willsberger: Gold, Deutscher Bücherbund.

Mit etwas Glück machen Sie eine Fabrik aus, die mit Metallfolien Holzprofile überzieht (Zierstangen und -leisten im Innenausbau). Vielleicht können Sie Abfallstücke erhalten!
Literatur zu dieser Technik:
*U. Kühnemann:* Drücken und formen, Frechverlag, Stuttgart,
*H. Hilpke:* Handbuch der Graveure, Ziseleure und Gürtler, Rühle-Dibener-Verlag, Stuttgart (ziemlich teuer!).

**10. Spielgedicht: Ein Papagei aus Paraguay**

Es lebt im fernen Paraguay
ein leuchtend roter Papagei,
der kam aus einem blauen Ei.

Der Pi, der Po, der Papagei
im Urwald tief in Paraguay,
geschlüpft aus einem blauen Ei,
der spricht: „Ich bin der Hellste,
der Schönste und der Schnellste.
Ich fliege hurtig wie ein Blitz!“
Doch ach, es ist ein blöder Witz:
Er prallt schon an den nächsten Baum
nach hundertfünfzig Metern kaum
und torkelt tief hinunter
zum Jaguar, der munter
die roten Federn flattern sieht
und einstimmt in ein frohes Lied:
Der Pi, der Po, der Papagei
im Urwald hier in Paraguay,
ist mir viel lieber als ein Brei!

Doch unser roter Papagei,
geschlüpft aus einem blauen Ei,
der konnte sich noch fangen
und Aufwind auch erlangen.
Frei wie ein Vogel fliegt er fort.
„Ich suche einen bess'ren Ort!“
kreischt unser roter Papagei
als Vogel aus dem blauen Ei.

Er fliegt zur großen Stadt hinein,
ein reicher Vogel will er sein,
sucht sich ein silbrig glänzend Haus
als seine Großstadtwohnung aus
und landet doch sehr zum Verdruss
des Fahrers auf dem Omnibus.
Und schon beginnt die Raserei.

Ein recht verstörter Papagei,
geschlüpft aus einem blauen Ei,
mit monotoner Stimme spricht:
„Nein, so was überleb' ich nicht!“
Er klammert sich am Busdach fest,
vor Schreck er etwas fallen lässt.
Die Windschutzscheibe wird verspritzt,
weil er am Rand ganz vorne sitzt.

Der schnelle Fahrer sieht nichts mehr,
das ist nicht gut im Stadtverkehr!
Ein Baum! Ein Krach! Ein Wehgeschrei!
Und unser roter Papagei,
geschlüpft aus einem blauen Ei,
fällt in besinnungslose Nacht.

Als aus der Ohnmacht er erwacht,
hält ihn der Fahrer in der Hand,
ist wütend, außer Rand und Band.
Die Federn er ihm rupfen will
und rösten auf dem nächsten Grill.
Ein kleiner Junge kommt gerannt,
reißt ihm den Vogel aus der Hand:
„Ich schneide ihm nur seine Schwingen,
dass keine Flucht ihm kann gelingen.
Der Pi, der Po, der Papagei,
ein Gast in meinem Garten sei!“

Den Papagei die Panik packt.
Er denkt: „Die Städter sind beknackt.
Ich bin ein roter Papagei,
der lebt ihm Urwald vogelfrei!“
Er kratzt und hackt und flattert sehr,
dass keiner ihn kann halten mehr.
Der Pi, der Po, der Papagei,
geschlüpft aus einem blauen Ei,
fliegt in den Urwald ... und lebt frei!

☛ Die Kinder können das Gedicht in den Urwald- und Stadtkulissen des Theaterstücks „Elena in der Stadt“ pantomimisch mit Stabpuppen für Papagei und Jaguar und einem Omnibus aus Pappe (vergleiche Fahrzeuge S. 133) vorspielen, während andere den Text in ein Mikrofon sprechen. Anstelle der Stabpuppen können die Schülerinnen und Schüler natürlich auch selbst die Tiere darstellen.
Beim AOL-Verlag, 77839 Lichtenau, gibt es eine Papageienmaske aus Karton, Bestell-Nr. V533, eine Raubkatze, Bestell-Nr. V532 und noch andere Tiere.

## 11. Kontakte knüpfen

Südamerika ist weit weg, die Vorstellungen von diesem großen vielfältigen Kontinent sind bei den Kindern recht verschwommen.

Deshalb beschließen wir mit südamerikanischen Schülerinnen und Schülern in Briefkontakt zu treten. Wenn wir uns an deutsche Schulen wenden, gibt es keine Sprachprobleme, denn diese Schulen werden von deutschstämmigen Kindern, Kindern deutscher Experten und Schülern besucht, die teilweise seit der ersten Klasse, manchmal sogar schon im Kindergarten Deutschunterricht haben.

Zunächst überlegen die Schüler, was sie von den Kindern aus dem fernen Land gerne wissen möchten. Sie beschließen alles das, was sie von den anderen interessiert erst einmal von sich selbst zu schreiben.
So entsteht ein kleines, reich bebildertes Buch, das zusammen mit dem gemeinsam verfassten Brief nach Übersee geschickt werden soll.

**Themen aus dem Buch:**

1. **Der Ort, in dem wir leben**
2. **Die Landschaft, in der wir leben**
3. **Das ist unsere Schule**
4. **Diese Tiere gibt es bei uns**
5. **Unsere Haustiere**
6. **Das sind unsere Hobbys und unsere Lieblingsspiele**
7. **Das essen wir gerne**
8. **Ein Sonntag in einer deutschen Familie**
9. **Unsere Feste und Feiern**

Die zusammengestellten Themen werden an verschiedene Schreibgruppen verteilt und zu einem Erstentwurf ausgearbeitet. In der Schreibkonferenz werden sie besprochen und gemeinsam überarbeitet.
Schließlich werden sie von der Lehrerin auf Rechtschreibfehler hin durchgesehen und in Schönschrift auf weiße Blätter geschrieben. Diese Blätter werden auf bunte Tonpapierseiten geklebt und zu einem Buch zusammengeheftet.

Zum Schluss werden Fotos, Schülerzeichnungen, ausgeschnittene Zeitungsartikel, Unterlagen von der Kurverwaltung usw. dazugeklebt oder geheftet. Notfalls müssen noch Seiten in das Buch eingefügt werden.

**Brief an die Kinder in Südamerika**
Die Klasse teilt sich in Gruppen, die anhand der gemeinsam an der Tafel gesammelten Stichpunkte einen Brief entwerfen. Im Gesprächskreis werden die verschiedenen Entwürfe vorgelesen und zu einem gemeinsamen zusammengefasst (nachstehend unser Entwurf). Adressen von deutschen Schulen im Ausland bei: Max Hueber Verlag, 85737 Ismaning.

Die Freude über die wunderschönen, reich bebilderten Bücher, die unsere Dritt- und Viertklässler zurückbekamen, war übergroß.
Vieles war so anders als das, was sie sich vorgestellt hatten,vieles gab Anlass zu neuen Fragen. Alle Klassen, die in Buenos Aires, die in Rio und die in Peterzell, waren hochmotiviert den Briefkontakt aufrechtzuerhalten.

Schule: ____________________

Klasse: ____________________

Straße: ____________________

PLZ, Ort: ________________ ,den __________

Colegio Alemán

Hallo, Ihr lieben Drittklässler!

Hier schreibt euch **Klasse 3a** aus der **Grundschule Peterzell**

Wir wollen im Sommer an unserer Schule ein Südamerika-Projekt veranstalten. Deshalb möchten wir so gerne mehr von eurem Land erfahren.
Ganz besonders interessieren uns Spiele und Tänze von euch, weil wir die an unserem Schulfest auch durchführen wollen. Gibt es bei euch auch Speisen, die wir herstellen könnten? Wisst ihr, es soll so ein richtiges Fest geben, an dem wir viel von eurem Land erfahren können.

Wir haben euch ein Buch über unser Leben hier bei uns geschrieben. Hoffentlich gefällt es euch ein wenig. Es wäre auch möglich, dass wir im Austausch mit euch einen Videofilm über unsere Schulen und Heimatorte drehen. Was meint ihr dazu?

Wir würden uns riesig freuen, wenn ihr uns zurückschreibt.

Bis bald,

viele liebe Grüße,

die Kinder und Lehrerinnen der Klasse 3a

## 12. Schenken ist besser als wünschen

Bereits in unserer Weihnachtsfeier beginnen wir mit dem Südamerika-Projekt. Wir stellen die Feier unter das Thema „Schenken ist besser als wünschen".

Zu Beginn singen wir das Lied „Morgen kommt der Weihnachtsmann" in der abgewandelten Form aus „Nikolaus und Weihnachtsstern", (Leseheft Klett Verlag), in dem es immer wieder heißt: „alles will ich haben."

Wir umrahmen das Lied mit einer ganz kurzen Spielszene:

Drei Kinder sind auf der Spielfläche.

**1. Kind zum dritten:** Du, spielst du mit uns?

**3. Kind:** Keine Zeit. Ich muss meinen Wunschzettel schreiben.

**2. Kind:** Ach, komm doch mit! Den kannst du auch noch heute Abend schreiben.

**3. Kind:** Nein, nein. Ich brauche schon ein bisschen Zeit.

Das erste und das zweite Kind gehen zur Seite.

Das Lied wird gesungen. Bei jedem Wunsch wird ein als Geschenk bemalter oder mit altem Geschenkpapier verpackter großer Karton vor dem dritten Kind abgestellt.

Wenn das Lied zu Ende ist, kann man das Kind hinter allen seinen Wünschen nicht mehr sehen.

In den Rahmen dieser Feier passt auch das Gedicht „Nikolaus komm ..." von Paul Reding aus demselben Leseheft, in dem es heißt: „Nikolaus nimm von unserem Überfluss, nimm von unserem Überschuss, damit auch andere leben."

Bei jeder Strophe legen die Kinder ein (leeres) Geschenkpaket ab.
Schließlich spielen wir mit den jüngsten Kindern das Kreisspiel „Kinderreigen".

### Kinderreigen

Wir reichen uns die Hände
zur Kette um die Welt,
zum bunten Kinderreigen,
der fest zusammenhält.

Wir türmen nicht nur Wünsche
zu Mauern hoch und kahl.
Wir wollen Freunde finden
in dieser Welt aus Stahl.

Wir lauschen leisen Tönen
und sehen auch die Not.
Nur manche Kinder singen,
denn vielen fehlt das Brot.

Die kunterbunte Erde
soll sich für alle drehen,
denn auf der großen Kugel
muss kein Kind unten stehen.

### Kreisspiel „Kinderreigen"

Die Kinder stellen sich in einem großen Kreis mit einem oder zwei Innenkreisen (je nach Klassenstärke) auf. Sie halten die Hände auf dem Rücken.

**1. Strophe, Zeile 1:**
Die Kinder fassen sich an der Hand.

**1. Strophe, Zeile 2:**
Die Hände werden hochgehalten.

**1. Strophe, Zeile 3 und 4:**
Alle gehen im Kreis, der Innenkreis in entgegengesetzter Richtung. Hände loslassen.

**2. Strophe, Zeile 1:**
Alle sitzen in der Hocke. Sie stehen langsam auf und zeigen mit den Händen pantomimisch das Errichten einer Mauer.

**2. Strophe, Zeile 2:**
Alle stehen, stellen sich auf die Zehenspitzen, bauen die Mauer bis hoch über ihre Köpfe.

**2. Strophe, Zeile 3:**
Mauer wird abgebaut.

**2. Strophe, Zeile 4:**
Alle fassen sich wieder an den Händen.
Hände loslassen.

**3. Strophe, Zeile 1:**
Eine Hand wird ans Ohr gehalten.

**3. Strophe, Zeile 2:**
Halbe Drehung nach außen, Hand wird über die Augen gehalten.

**3. Strophe, Zeile 3:**
Langsam weiterdrehen, bis alle wieder zur Kreismitte schauen.

**3. Strophe, Zeile 4:**
Die leeren Hände werden gezeigt.

**4. Strophe, Zeile 1 und 2:**
An den Händen halten, in eine Richtung gehen, Innenkreis entgegengesetzt.

**4. Strophe, Zeile 3 und 4:**
Richtungswechsel.

### Wir wollen das Schenken nicht nur spielen, wir sammeln für Indiokinder

Wir stellen den Schülerinnen und Schülern das Projektvorhaben vor. Es soll hier stellvertretend für die vielen Institutionen auf diesem Gebiet stehen:
Ein kleiner Indiostamm, der wegen des Baus eines Staudammes brutal vertrieben wurde, hat ein kleines Stück Land zum Bewohnen und Bewirtschaften geschenkt bekommen.
Die Indios werden von einer Schweizer Schule und der Kirche betreut. Alle Stammesmitglieder, vom Kleinkind bis zur Großmutter, alle schnitzen kleine Tiere aus schönem Hartholz. Vom Erlös aus dem Verkauf dieser Tierchen bekommen sie Nahrung, Kleidung und Medizin.
Da auch Anerkennung der geleisteten Arbeit zum menschenwürdigen Dasein gehört, wollen wir unsere Spenden hinschicken und dafür einige Tiere kaufen.

Die Kinder bekommen auf diese Art und Weise nicht nur eine ganz reale Rückmeldung, die kleinen Tiere, Tapir, Gürteltier, Affen, Papageien usw. sind auch ein wunderbares Anschauungsmaterial bei unserem Projektvorhaben.

☛ Die Tiere sind sehr klein, also keine Gefahr für den tropischen Regenwald! Aber eine große Hilfe für seine Menschen! Die Adressen finden Sie auf Seite 130.

### Die Erde ist groß

Die kurzen Sprechtexte werden langsam und betont vorgelesen. Dazu zeigen wir Dias oder Bilder.
Wenn wir in Büchern nur kleine Fotos und Zeichnungen als Anschauungsmaterial haben, malen die Kinder die entsprechenden Szenen mit Plakafarben auf großen Karton. Diese werden mit Holzlatten hinterklebt und zu den jeweiligen Texten hochgehalten.

☛ Man muss die Schüler anweisen die Texte sehr langsam aufzusagen und auch Pausen zu lassen, damit die Zuhörer genügend Zeit für die Bildbetrachtung und zum Überdenken des Gesagten haben!

Sehr gerne hören die Kinder die Weihnachtslieder von **Olivia Molina.** Der Refrain, den sehr oft Kinderchöre übernehmen, kann auch von unseren Kindern gelernt werden. Den Platten liegen die Liedertexte mit den Übersetzungen bei. Besonders beliebt war bei unseren Schülern das Lied aus „Feliz Navidad“, Weihnachtslieder aus Lateinamerika, Buenas noches Doña Maria, Guten Abend Doña Maria,Chile.

**1. Kind:**
Die Erde ist groß und grün, wie der Wald,
den wir Tag um Tag durchwandern
ohne sein Ende zu erreichen.

**2. Kind:**
Die Erde ist groß und bunt.
Überall Schmetterlinge, farbenprächtige Vögel,
große und kleine Tiere!

**3. Kind:**
Die Erde ist groß und rund.
Voll praller Früchte, die vor Saft
und klebriger Süße überquellen.

**4. Kind:**
Die Erde ist groß und traumhaft schön, dort, wo in endlosen Weiten die mächtigen Flüsse strömen und uns Kühlung und herrliche Fische bringen.

**5. Kind:**
Die Erde ist zu klein, sagen die Weißen,
die uns verjagen, die breite Wege bauen und riesige Dämme und alles mit Wasser überfluten wollen.

**6. Kind:**
„Gott hat die Welt für alle geschaffen“,
sagt der Fremde, der uns Land schenkt
für Häuser und Pflanzen.
„Die Erde reicht auch für euch!“

**7. Kind:**
Die Erde reicht auch für uns.
Der Wald gibt uns Holz für Häuser
und Blätter für die Dächer.

**8. Kind:**
Ein fruchtbarer Boden lässt unser Saatgut keimen und beschert uns üppige Pflanzen und Früchte, auch auf engstem Raum.

**9. Kind:**
Die Erde gibt uns Arbeit und Lohn, wenn andere Menschen uns nicht vergessen.

**10. Kind:**
Groß ist die Erde, rund und schön für alle,
wenn ihr auf der anderen Seite der Welt
ein wenig auch an uns denkt.

### 13. Tänze

In der Fastnachtszeit des Jahres, in dem wir das Lateinamerkafest feiern wollen, üben wir mit unseren Schülern lateinamerikanische Tänze ein.

**Raspa mexicana:**
Dieses Tanzlied von Fidulafon kann mit einfachen Schritten getanzt werden. Schon die Kleinsten der Schule haben den „Rhythmus“ schnell im Blut.

**Lambada und Samba:**
Diese Tänze lassen freies Bewegen und Experimentieren zu. Die Kinder tanzen gerne und begeistert mit.
Für den „Carneval in Rio“ kann man aus Krepppapier schönen Blumenschmuck anfertigen. Etwa 10 cm breite Papierstreifen werden so gewickelt, dass eine „gefüllte“ Blüte entsteht. Hierzu muss man beim Wickeln das Papier unten immer ein wenig in Falten legen und oben nach außen biegen. Die fertige Blüte wird mit einem Klebestreifen fest umklebt. Um diesen Klebstreifen wickelt man einen Kelch aus grünem Krepppapier. Man kann diese Blüten auf Drahtstiele stecken und in Vasen stellen oder an Girlanden binden oder den Mädchen als Schmuck für das Haar geben.

**Kreistanz aus Paraguy**
Sehr schön ist der Flaschentanz. Die Mädchen haben bei diesem Tanz Wasserflaschen oder -krüge auf dem Kopf. Unsere Kinder müssen sie natürlich festhalten, einige geübte Paraguayerinnen können so gut das Gleichgewicht halten, dass sie die Flaschen beim Tanz nicht mit den Händen festhalten müssen. Lieder und Tänze aus Paraguay findet man unter anderem auf Schallplatten und MCs der Los Paraguayos.

Ein sehr rhythmischer Tanz, bei dem man den Takt wunderbar stampfen kann, ist die chilenische **Cueca chilotta „Revalossa“** der chilenischen Insel Chiloe.

Weitere Tänze aus Chile in: *Ernst Hanselmann:* El condor pasa, Schott-Verlag.

### 14. Gestaltung eines Sachbuches

Es beginnt mit richtigen Schmökertagen: Auf drei großen Gruppentischen liegen Bücher, Illustrierte, Lexika, Zeitungsausschnitte, Reiseprospekte, einfach alles, aus dem man Informationen über den fernen Kontinent entnehmen kann.
Die Schüler bilden nach dem ersten Durchsehen der Literatur drei Gruppen, von denen jede einen der folgenden Themenbereiche bearbeitet:

1. In den Büchern auf diesem Tisch findest du viel Interessantes über die Haustiere, die die Menschen in den verschiedenen Ländern des großen Kontinentes halten. Suche dir eines davon aus, schreibe alles Wissenswerte auf und fertige eine Zeichnung zu diesem Tier ein. Trage bitte in die ausgelegte Liste noch ein, für welches Tier du dich entschieden hast.
2. In den Büchern auf diesem Tisch kannst du viele Tiere sehen, die in den Wäldern, den weiten Ebenen oder in den riesigen Gebirgen leben. Suche dir eines davon aus, zeichne es ab und schreibe dann aus dem Text heraus, was über das Tier berichtet wird.
   Trage in die Liste bitte den Namen des Tieres ein, zu dem du Text und Zeichnung anfertigst.
3. An diesem Tisch kannst du vieles über die großartigen Landschaften, über Länder, Flüsse, Seen und Städte erfahren. Schreibe auf, was du besonders interessant findest und fertige eine Zeichnung dazu an.
   Notiere dein Thema bitte in der Liste.

☛ Die Bleistiftzeichnungen wurden mit schwarzen Stiften nachgezeichnet, um kopierfähig zu werden. Ihre Texte tippten die Kinder mit großer Begeisterung in einen PC ein. Alle waren so eifrig bei der Arbeit, dass viele von ihnen das Unterrichtsende einfach ignorierten und andere am Nachmittag freiwillig wieder in die Schule kamen.

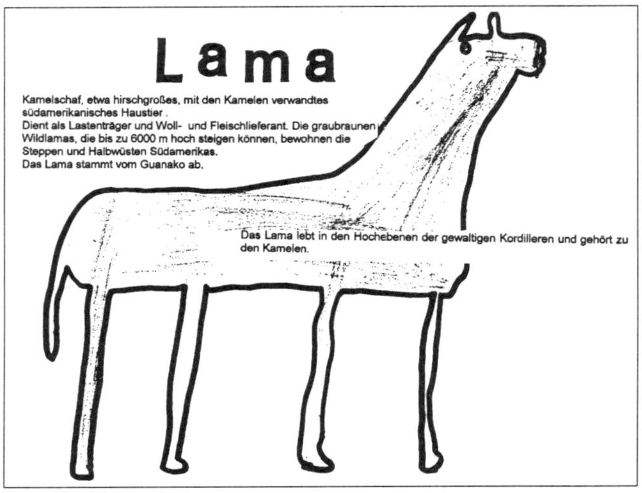

**Lateinamerikafest**

Alle genannten Punkte kommen in unser Festprogramm (Seite 146).

Das war unsere „Musikgruppe" beim Lateinamerikafest

☛ Sprechen Sie Folkloregruppen an, die irgendwo in der Stadt auf der Straße spielen. Viele kommen sehr gerne (und zu akzeptablen Preisen) zu einem Schulfest.

**15. Szenische Darstellung des Märchens „Sonne und Mond"** (siehe Seite 117)

Der Text des Buches wird vorgelesen, die Kinder führen die Handlungen pantomimisch aus.

**1. Szene:**
Kinder mit riesigen Sternplakaten stehen im Hintergrund, andere weben, spinnen oder spielen auf einer Wiese aus grünen Tüchern. Auf der Schattenleinwand liegt ein Stern aus bunter Folie.

**Melodie:** Von der Schallplatte „Magic of Panpipes", K-TEL sind viele Titel geeignet.

**2. Szene:**
Die Kinder nehmen sich die Dinge, mit denen sie sich beschäftigt hatten, gegenseitig weg. Die Sternkinder ziehen an die Seiten der Spielebene, so dass ein schwarzer Bühnenhintergrund sichtbar wird.
Die Kinder bilden enge Kreise, die Gesichter sind nach innen gewendet.

Musik.
Licht dunkler.

**3. Szene:**
Sternenkinder ziehen ganz ab. Text wird pantomimisch dargestellt.

**4. Szene:**
Der Rat der alten Frau.

**5. Szene:**
Über die grünen Tücher werden blaue und gelbe gelegt. Der Fischer und seine Frau sitzen am Strand und flicken ihr Netz. Auftrag und Abschied.

**6. Szene:**
Weisung der alten Frau. Auf der Schattenwand wird der Schild sichtbar. Bunte Folie auf TLP.

**7. Szene:**
Bühne dunkel, Fischer hat einen Schild aus Pappe in der Hand.

**8. Szene:**
Die Sternkinder kommen wieder. Der Fischer springt von einem zum anderen und lässt sich pantomimisch die Steine geben. Jedesmal wird das Licht heller.

**Musik:** Magic of Panpipes oder Sphärenmusik

**9. Szene:**
Wie Szene 1. Große Sonne erscheint auf der Schattenwand. Alle Menschen tanzen. Frau des Fischers steht etwas abseits und schaut nur immer die Sonne an. Neben der Sonne taucht der Mond auf. Während die anderen noch tanzen, hüllt sich die Fischersfrau in blaue Tücher und geht hinter die Schattenwand.

**Musik:** Magic of Panpipes oder Sphärenmusik

✂ Verschiedenfarbige Tücher, Schattenleinwand mit Folien für Stern, Sonne und Mond, Tageslichtprojektor, große Sterne, Fischernetz, Spindeln, kleine Bälle aus Leder, Webrahmen, Stofftiere.

**Herstellung der Sterne:**
Aus einer großen, stabilen Pappe wird die Sternenform herausgeschnitten.
Sternförmige und runde Löcher werden herausgeschnitten und mit Transparentpapier hinterklebt. Einige sollten in Augenhöhe liegen, damit das Kind, das den Stern im Spiel vor sich herträgt, herausschauen kann. Schließlich wird jeder Stern an Latten befestigt, damit die Seitenteile stabil werden und der Stern auch getragen werden kann.

Grundschule . . .

# Einladung zu unserem Lateinamerikafest

am ________

## Programm

**14.00 Uhr:** Tiere, Sensationen, Abenteuer:
Circus ... gastiert in unserer Schule

**15.00 Uhr:** O la la, café und tortas
Kaffee und Kuchen
Für alle Kinder von 1 bis 99
aktiv werden, spielen, einkaufen

**16.30 Uhr:** Starporgramm der Künstler unserer Schule

Musikstücke
Liedervortrag: Tief im Urwald
Schülerchor: Ein junger Jaguar
Gedicht: Ein Papagei aus Paraguay
Tanz: Raspa mexicana
Theaterstück: Elena in der Stadt
Tanz: Samba

**18.30 Uhr:** Abendessen: Parilla
Spezialitäten vom Grill, Salate

Vamos a bailar

**19.30 Uhr:** Tanz und Unterhaltung mit ...*

Dank großzügiger Spenden ist der **Eintritt frei!**

* Äußerst reizvoll und preiswert ist es, wenn Sie eine südamerikanische Musikantengruppe von der Straße weg engagieren können. Brasilianisches Tanzfeuer vermitteln die Mitglieder der Gruppe Beija-Flor-Brasil, Sonja Batista Fleckenstein, Herbert-Hoover-Str. 64, 74074 Heilbronn, Tel. (07131) 25 00 70, Fax -25 00 71.

# Zurück in die Vergangenheit

## I. Bücher zum Thema

### 1. *Gabriele Beyerlein* erzählt vom Mittelalter: Reihe: Feuer, Wasser, Luft. Oetinger

Gabriele Beyerlein erzählt in drei Episoden, wie die Leute im Mittelalter lebten. Bezugspersonen sind Kinder, die in den verschiedenen Ständen groß werden.
Da ist zum Beispiel Anna, ein Kind aus einer armen Bauernfamilie. Sie muss, wie alle Leute im Dorf, hart mitarbeiten, damit das mühsam erarbeitete spärliche Einkommen zum Überleben reicht. Denn vor der Arbeit auf den eigenen Feldern steht immer die Fronarbeit für das Kloster und die für den Burgherrn. Sie leben in engen, verrauchten Räumen, aber schon der Wunsch nach einer kleinen Änderung der Umweltbedingungen gilt als vermessen. „Der Vater sagte immer, man versündige sich, wenn man sich etwas wünsche, was einem nicht zustehe."

Ihr Burgherr ist Wolfram von Falkeneck. Das Leben auf der Burg ist wesentlich angenehmer. Es gibt gut und ausreichend zu essen, aber auch hier sind die Lebensbedingungen, ebenso wie die Reglementierungen, streng. Junker Walther musste fort von zu Hause, um beim Lehnherrn seines Vaters zum Ritter erzogen zu werden, nur für wenige Tage darf er nach drei Jahren kurz zu seiner Familie zurückkehren. Seine Schwester wird von ihrer Stiefmutter, einer vornehmen Dame, streng erzogen, der jüngere Bruder lebt eingesperrt hinter Klostermauern, um zum Mönch erzogen zu werden.
Am dritten Beispiel, dem von der kleinen Lisa und ihrer Familie, bekommen wir Einblick in das Leben in der Stadt. Dorthin musste Lisa mit ihrer Familie flüchten, weil sie die Sterbegeldabgaben für den Großvater nicht aufbringen konnten.

Anhand lebensnaher Schilderungen bekommen die Kinder so einen Einblick in die schwierigen Lebensbedingungen der Menschen im Mittelalter: Essgewohnheiten, das Gefühl für die unwiderrufliche Zugehörigkeit zu einem ganz bestimmten Stand, aber auch Gefährdungen durch mangelnde Hygiene und Intoleranz werden anschaulich beschrieben und geben Ansatzpunkte für vertiefende Gespräche. Nach der Lektüre dieses realistisch geschriebenen Buches werden sich unsere Schülerinnen und Schüler das Mittelalter bestimmt nicht mehr als leider vergangene, heile Welt vorstellen, in der sich edle Ritter mit bunt aufgezäumten Turnierpferden tummeln oder Königinnen und ewig hübsche Prinzessinnen in goldenen Hallen lustwandeln. Andererseits werden sie sich aber auch nicht durch angsteinflößende Schwarzweißmalerei verunsichert fühlen.

### 2. *Jörn-Peter Dirx:* Ritter Alfons und der Drache. Ravensburger

Nach der ersten Konfrontation mit dem oft mühe- und sorgenvollen Leben im Mittelalter genießen es die Kinder, in diesem Buch eine oft ins Groteske mündende Parodie dieser Zeit zu finden. Hier geht es um Ritter mit Metallallergien, um gefräßige Drachen, die kein Feuer mehr speien sollen, um eine Prinzessin, die eben nicht zur vornehmen Dame erzogen werden möchte und sich deshalb gerne vom Drachen rauben lässt, was ihr auch gut gelingt, weil ihre Familie auf der Flucht vor dem Drachen sie zu Hause vergisst.

Für junge Leserinnen und Leser ist die große Anzahl der auftretenden Personen vielleicht etwas verwirrend, bestimmt aber haben sie Spaß an den sonderbaren Namen. Da ist z. B. die Rede vom Quarkgraf Luder vom Hühnerei, die Markgrafentochter heißt Mieselotte, zwei unedle Ritter nennen sich „Big Mac" und „Mac Rip" der Drache ist Dragumir Pupp-puff. Vielleicht können sie sogar einige Anspielungen richtig deuten, wenn zum Beispiel die Reittiere „Scharlz" und „Lady Deidei" zu Wort kommen und Scharlz sich danach sehnt, einmal eine wichtige Aufgabe übernehmen zu können oder wenn die Ritter von der Schwafelrunde fast besiegt werden.
Alles in allem handelt es sich um ein weniger aufregendes als kunterbuntes Buch voller Personen und quirliger Ideen, das unsere Schülerinnen und Schüler anregen sollte, das Märchen „König Drosselbart" auf ähnlich humorvolle Art zu bearbeiten.

### 3. *Jörn-Peter Dirx:* Alfons, der Ritter von der Höhenangst. Arena Taschenbuch

Wer an der kunterbunten Pesiflage auf das Rittertum im oben genannten Buch Gefallen gefunden hat, kann in der Taschenbuchausgabe gleich zum Taschengeldpreis weiterlesen.

In diesem Band begleiten wir Ritter Alfons, der nicht nur von einer schlimmen Höhenangst sondern auch von einer Allergie gegen Metall geplagt ist, auf ein Turnier, bei dem es darum geht, die regenbogenfarbene Rüstung zu gewinnen. Überraschend komische Wortverdrehungen, groteske Situationen und illustre Figuren begegnen uns auf dieser Reise:
Wir werden überrascht von dem eigenartig modernen Minnesang des Ritters, lesen von Problemen mit der Rüstung aus zu jungem Holz und bekommen berichtet, wie eine Burg mit den eigenartigsten Gegenständen verteidigt wird.
Natürlich entsprechen auch die Kämpfe alles andere

als den aus überlieferten Berichten entstammenden Erzählungen.
Bestimmt wird es den Schüler/innen viel Spaß machen, sich in einem Kreisgespräch nach der Buch-Lektüre gegenseitig auf den teils hintergründigen Humor aufmerksam zu machen und die komischen Wortverdrehungen gemeinsam voll auszukosten.

**4. König Drosselbart: Märchen der Gebrüder Grimm**

In diesem Märchen geht es um eine Prinzessin, die wegen ihres Hochmutes für kurze Zeit in den Stand einer Bettlersfrau versetzt wird. Erst nachdem sie alle Tiefen und Erniedrigungen des Lebens in dieser Bevölkerungsschicht erduldet hat, kann das Happy-end eintreten und unsere Prinzessin wieder in ihre Kreise aufgenommen werden.
Dieses alte Volksmärchen ist sicher ein versteckter Hinweis auf die Sehnsucht der armen Leute nach einem besseren Leben in einer anderen Gesellschaftsschicht, die dann schließlich ganz allmählich zu einer Zeitwende geführt haben dürfte.

**5. *David Macaulay:* Sie bauten eine Kathedrale. Artemis**

Mit sehr feinen, ausführlichen und detailgenauen Zeichnungen wird der Bau einer gotischen Kathedrale veranschaulicht. In einem sachlich klaren, verständlichen Text wird geschildert, wie und unter welchen Umständen, mit welchen Werkzeugen und über welche Zeiträume so ein großes Bauwerk im Mittelalter errichtet werden konnte. Was im Text beschrieben wird, findet in den zahlreichen Bildern eine erklärende Vertiefung.
Überaus beeindruckend werden die Dimensionen herausgearbeitet, die ungeheure Größe des Bauwerks im Vergleich zu den eng aneinandergebauten Häusern der Stadt und vor allem zu den daran arbeitenden Menschen.

**6. *Gilian Osband/Robert Andrew:* Burgen. Wir erleben die Welt der Ritter. Südwest**

Dieses Pop-Up-Buch ist bei den Kindern unwahrscheinlich beliebt. Die Texte sind unterhaltsam und informativ. Kapitel wie „Der Bau der Burgen“, „Das Leben auf der Burg“, „Die belagerte Burg“ und „Turniere“ geben umfassend Antwort auf alle möglichen Leserfragen, aber die großartigen dreidimensionalen Burganlagen, die sich beim Umblättern der Seiten aufklappen, lassen es zum Renner in jeder Klassenbücherei werden.

☛ Anfangs hatte ich etwas Sorge, wie lange die Klappbilder bei dem stürmischen Andrang wohl halten würden, doch die Kinder wussten ihr Buch zu schätzen! Nach drei Jahren hat lediglich der Katapult seine Funktion aufgegeben.

**7. *Philippe Brochard:* So lebten sie in Burgen des Mittelalters. Tessloff**

Über das Leben in den Burgen kann man in diesem Buch nachlesen.
In dem bunt illustrierten Bildband erfahren die Leser viel Wissenswertes über die Lebensgewohnheiten der Burgbewohner.
Die Entstehungsgeschichte der Burgen wird ebenso angesprochen wie die Sozialstrukturen und die Ess- und Trinkgewohnheiten oder die Unterhaltungsmöglichkeiten und Spiele der Ritter, ihrer Familien und ihres Gefolges.

**8. *F. Glunk/S. Hulbe:* Auf der Ritterburg. Arena**

Ein Sachbilderbuch, das zum Blättern und Schmökern einlädt. Sehr detailgenaue Schwarzweiß- und Farbzeichnungen unterstützen den leicht verständlichen und informativen Text.
Was dieses Buch so interessant macht, sind die über die einfache Beschreibung hinausgehenden Erklärungen und Hinweise.
So erfährt der junge Leser beispielsweise nicht nur, dass die Ritter ein Kettenhemd trugen, es wird auch erwähnt, dass dieses ungefüttert war, weil es andauernd gegen Rost eingefettet werden musste, und dass der Ritter einen leichten, verzierten Waffenrock darüber trug, weil es sonst in der Sonne „unerträglich heiß wurde“. Doch dieser Luxus war im Kampf eben nicht möglich!
Solche und andere Passagen im Buch, die auf ähnliche Weise informativ sind, lassen den Leser in die geschilderte Umwelt der Ritter und ihrer Zeitgenossen eintauchen und das beschriebene Leben ein Stück weit nachvollziehen.

**9. *F. Stephan-Kühn:* Viel Spaß im Mittelalter. Arena Taschenbuch**

Dieses Buch bietet sehr viele interessante Informationen über das Leben im Mittelalter.
Bezugspersonen sind die Kinder Barbara und Johannes Overstolz, die im Köln des 12. Jahrhunderts aufwachsen.

Unzählige Zeichnungen beleben und untermalen den Text, der außerdem durch Suchbilder und Kreuzworträtsel, Rezepte, Schriftbeispiele und vieles mehr aufgelockert wird.
Allerdings wendet sich dieses Buch an Leser ab 10 Jahren. Die sehr kleine Schrift und die mit Jahreszahlen belegten geschichtlichen Hintergründe, könnten viele Viertklässler überfordern, wenn sie das gesamte Buch durcharbeiten müssten.

Deshalb sollte man es im Unterricht nur gezielt, mit kleinen, überschaubaren Leseaufträgen einsetzen. Dann jedoch kann es sich als Fundgrube erweisen!

## II. So lebten die Leute früher in unserem Dorf, in unserer Stadt

Naturgemäß wird dieses Unterrichtsprojekt von Gemeinde zu Gemeinde unterschiedlich ausfallen. Wichtig ist, dass man ein Objekt findet, von dem aus die Kinder die Geschichte ihres Ortes handelnd erschließen und entdecken können.
Dies kann ein altes Haus, das Rathaus vielleicht, ein Schloss, eine Burg, eine Ruine, ein Kloster oder eine Kirche sein. Von diesem alten Gemäuer, das als Zeichen seiner Zeit erhalten ist, wollen wir mit den Kindern die Brücke aus der historischen Vergangenheit ihres Heimatortes in die Gegenwart, in ihren derzeitigen Lebensraum, schlagen.

Bei uns war das Kloster der Ursprung des Gemeinwesens der Stadt. So verbrachten wir alle gemeinsam, die vier Klassen unserer Schule und die Lehrerinnen, einen Tag im Kloster Alpirsbach.
In Arbeitsgruppen von je etwa 15 Schülern wurden die Kinder in verschiedene Bereiche eingeführt, die später in der Schule weiterbearbeitet werden konnten und schließlich in einem großen Schulfest und beim Jahresausflug ihren Höhepunkt und Abschluss fanden.

☛ Die folgende Projektbeschreibung ist zwar auf eine ganz bestimmte Gemeinde zugeschnitten, ich denke aber, dass sich das Projekt mit entsprechenden Abwandlungen überall ähnlich realisieren lässt.

### 1. Ein Tag im Kloster

#### a) Lehrer/innenvortrag: Die Geschichte unserer Stadt

Wenn es irgendwie möglich ist, sollte man mit den Kindern aus dem Schulhaus herausgehen und ihnen die Erstbegegnung mit der Geschichte ihrer Gemeinde vor Ort ermöglichen, dort, wo sie eben noch sichtbar, zum Sehen und Anfassen und vielleicht auch ein bisschen zum Riechen ist, eben dort, wo sie noch erlebbar gemacht werden kann.

In einem großen Raum des Klosters, in dem sich vor vielen Jahren auch die Mönche versammelt hatten, erfuhren die Kinder das Wesentliche über die Geschichte ihrer Heimatstadt. Dazu hatte der Text aus dem Geschichtsbuch natürlich kindgemäß aufgearbeitet werden müssen. Er wurde den Kindern in einem erzählenden Lehrervortrag nahe gebracht. Jederzeit war ein vergleichender oder bestätigender Blick aus dem Fenster möglich, um die besonderen Bedingungen, die durch das Umfeld gegeben waren, besser verstehen zu können.
Im Anschluss erhielt jeder den abgezogenen komprimierten Text für sein Buch „Ein Tag im Kloster Alpirsbach“, das die Erfahrungen und Erlebnisse dieses Tages zusammenfassen sollte.

☛ Diese selbstgestalteten Bücher wurden beim Schulfest zum Kauf angeboten. Sie fanden sehr viel Anklang. Selbstverständlich erhielt aber jedes Kind sein persönliches Buch als Erinnerung an dieses Projekt.
Für das Deckblatt des Buches werden ein Schwarzweißbild, es kann natürlich auch eine Schülerzeichnung sein, und der gedruckte Titel jeweils auf eine Folie kopiert, die man nachher übereinander legen kann, um Text und Bild richtig in Übereinstimmung zu bringen.

**Gründung des Benediktinerklosters im Jahr 1095**

Wir müssen uns in eine Zeit zurückdenken, in der es noch keine Autos gab, noch keine Eisenbahnen und noch nicht einmal Fahrräder. Man kannte kein elektrisches Licht, keine Kühlschränke und keine Elektroherde. Viele Leute waren arm, von Hunger und Krankheiten geplagt, viele wurden nicht älter als 30 Jahre.

In dieser Zeit, vor etwa 900 Jahren, gab es die Stadt Alpirsbach auch noch nicht. Nur ein großes Hofgut mit dem Namen „Alpperspach" lag inmitten eines riesigen Waldgeländes. Es gehörte drei Töchtern des Grafen Adalbert von Calw und ihren Männern Routman von (Neckar-)Hausen, Adalbert von Zollern und Graf Alwik von Solz am Neckar.

Im Jahr 1094 starben in Schwaben viele Menschen an einer schrecklichen Krankheit, vermutlich der Pest, im folgenden Jahr litten die Leute unter einer großen Hungersnot. Man nimmt deshalb an, dass die drei adeligen Familien Gott das Gelübde gegeben hatten, das Hofgut Alpirsbach der Kirche zu stiften, wenn sie von diesen Plagen verschont blieben.

Und dieses Versprechen wurde eingelöst: Das Hofgut Alpirsbach wurde den Benediktinermönchen gestiftet. Eine kleine Gruppe von Mönchen aus dem Benediktinerkloster St. Blasien baute die erste Kirche aus Holz, die am 16.1.1095 geweiht wurde. Die Mönche arbeiteten fleißig weiter und so konnte bereits im Jahr 1099 ein erster Kirchbau aus Stein, die Leutkirche, dem Ordensvater Benedikt geweiht werden. Danach erst begann der Bau des großen Münsters mit den Klausurgebäuden, in denen die Mönche beteten und arbeiteten.

Man nimmt an, dass der Bau im Jahr 1130 vollendet wurde. Man weiß das nicht genau, da, wie zu jener Zeit üblich, nur Tag und Monat, nicht aber das Jahr aufgeschrieben worden war. Das Münster wurde dem heiligen Nikolaus geweiht.

**b) Führung durch die Anlage**

Bei einer Führung durch die gewählte Gesamtanlage können die Schülerinnen und Schüler auf die anschaulichste Weise Interessantes über das Leben in dem Gebäude erfahren. Wichtig ist, dass weniger auf historische Fakten Wert gelegt wird, als auf wirklichkeitsnahe Schilderungen der Lebensbedingungen und Umstände in früheren Zeiten.
Nach dem Gang durch die Klosteranlage durften sich die Kinder in kleinen Gruppen auf Matten in einer der seit langem leerstehenden Mönchszellen niederlassen. Zuerst sollten sie sich einfach ganz entspannt hinsetzen, den Geruch des alten Gemäuers wahrnehmen, die erfrischende Kühle des Raumes spüren und die Stille genießen, sich ausmalen, wie wohl die Mönche in dieser Zelle gelebt haben könnten.
Erst danach wurde ihnen ein Text vorgelesen, der vom Tagesablauf in einem Kloster erzählte.

☛ Aus dem Buch „Judith, die junge Priorin", Klosterleben im Mittelalter, von *W. v. Thadden*, Arena Taschenbuch kann man sehr gut Passagen auswählen und vorlesen. Es ermöglicht ein informatives und unterhaltsames Einarbeiten in das Thema. Einzelne Textstellen können auch von Schülern vorbereitet und vorgetragen werden!

**c) Der Grundriss der Anlage**

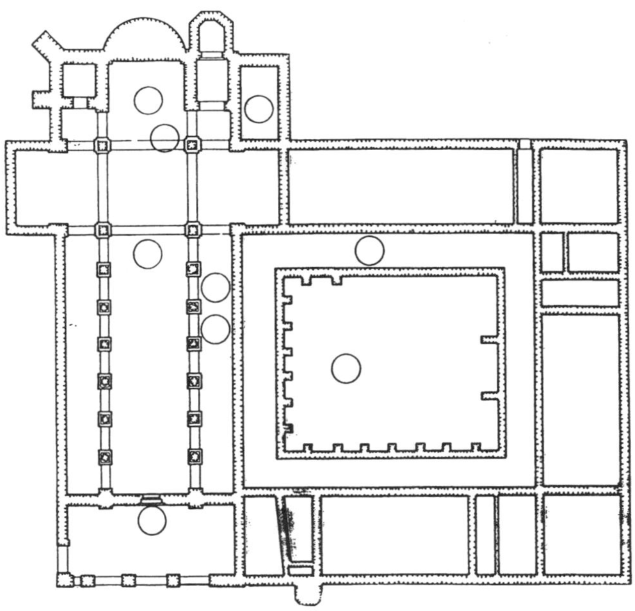

Grundrisszeichnung aus: Kleines Alpirsbacher Heimatbuch, bearbeitet von K. Hummel, herausgegeben von der Stadt Alpirsbach. Die wiederum haben es entnommen aus: G. Fehleisen: Die Bauten des Klosters Alpirsbach, 1929.
Die Genehmigung für den Nachdruck im Heimatbuch erteilte die Kommission für geschichtliche Landeskunde in Baden-Württemberg.

Der Grundriss des gewählten Gebäudes wird auf einen großen Karton übertragen. Die Kinder sitzen in der Hocke um diesen Plan herum und stellen ihre Vermutungen an, was die verschiedenen Linien wohl bedeuten könnten. Es ist deshalb sinnvoll, diese Phase an die Besichtigung anzuschließen.

Nach dieser ersten Besprechung werden große Bauklötze oder auch einfach gehobelte Holzklötze (bekommt man von einem Schreiner) senkrecht auf den Plan gestellt. Kleine Vierecke sind nun plötzlich als Tragsäulen zu erkennen, lange Doppellinien als Mauern, die Rekonstruktion des Gebäudes entsteht durch praktisches Handeln vor den Augen der Kinder.

Nimmt man die Klötze wieder weg, ist die Grundrisszeichnung einsichtig geworden. Mit einem großen Zeigestab kann der Weg durch die Anlage noch einmal gezeigt werden. Zur Überprüfung des Verständnisses bittet man einzelne Kinder, z. B. den „Altar" oder die „Orgel" in Form eines Holzklotzes an der richtigen Stelle auf dem Plan zu platzieren.

Danach erhält jedes Kind einen Grundrissplan für sein „Buch", auf dem wichtige Stellen des Gebäudes Nummern zuzuordnen und bestimmte Räume farblich zu kennzeichnen sind.

✂ Großer Karton mit Grundrisszeichnung, Holzklötze, Arbeitsblatt

Beim Nachbauen der Anlage mit Holzklötzen stoßen die Kinder auf Schwierigkeiten bei der Konstruktion: „Aber, wie schafft man es, den Bogen über dem Kirchenschiff zu bauen?" – „Und, wie war das vor 900 Jahren möglich?" – „Welche Hilfsgeräte hatten die damals?"

Sehr anschaulich, mit klaren Schwarzweißzeichnungen gibt das Buch „Sie bauten ein Kathedrale" Antwort auf alle diese Fragen. Vom Ausheben der Erde für das Fundament, über das Aufrichten der Seitenteile bis zur Fertigstellung der Kathedrale können die Schülerinnen und Schüler Schritt für Schritt die Bauweise verfolgen.

Einige interessierte Schülergruppen können in Freiarbeitsphasen mit einem Technikkasten den Bau und die Funktion eines Laufrades nachvollziehen, andere werden vielleicht gerne mit selbstgefertigten Holz- oder Tonbausteinen einen Rundbogen nachbauen, während manche Kinder vielleicht versuchen werden, aus Speckstein, der sich leichter als harte Steine bearbeiten lässt, einen Wasserspeier oder eine andere Figur herauszuarbeiten.

### d) Kräuter und Heilpflanzen

Eine weitere Station für unsere Kleingruppen war der Kräutergarten des Klosters. Hier erfuhren die Kinder, dass früher zum Kloster ein Krankenhaus gehörte und dass die Mönche in früheren Zeiten auf dem Gebiet der Heilkunst sehr viel geleistet hatten.

Die Pflanzen wurden sehr genau betrachtet, die deutschen und auch die lateinischen Namen gelesen.

Schüler beim Sammeln von Wildkräutern

Später erhielten die einzelnen Gruppen im Kapitelsaal Broschüren, die uns Krankenkassen zur Verfügung gestellt hatten. Hier konnten sie die Pflanzen noch einmal betrachten und über die verschiedenen Heilwirkungen und Anwendungsbereiche nachlesen.

Dies alles war der Anfang für vielfältige Aktivitäten im Zusammenhang mit Heilpflanzen in den kommenden Schulwochen. (Mit den kleinen Ringbüchern im A6-Format, Bestell-Nr. F630 und den dazugehörigen Karteikarten, Bestell-Nr. V856, kann man wunderschöne Nachschlagewerke gestalten. Vorne das Bild – auf der Rückseite den Text. Erhältlich beim AOL-Verlag, Lichtenau, Tel. (07227) 95 88-0.)

☛ Von welcher Seite auch immer die historischen Hintergründe eines Ortes aufgerollt werden, Krankheiten, Seuchen und deren Bekämpfung sind in jedem Fall ein Themenbereich, der angesprochen werden sollte.

✂ Broschüren über Heilpflanzen (erhält man von vielen Krankenkassen kostenlos in ganzen Klassensätzen).

**Pflanzen sammeln und trocknen**

In allen Klassenstufen sammeln die Kinder gerne Pflanzen. Bei Brennesseln und Löwenzahn geht es besonders schnell. Die Pflanzen werden gewaschen und dann großflächig zum Trocknen ausgelegt. Schließlich werden sie in kleine Gläschen abgefüllt und sorgsam beschriftet. Ein Blatt mit dem Rezept für die Zubereitung des Pflanzentees und der versprochenen Heilwirkung wird ausgestaltet, zusammengerollt oder sorgfältig gefaltet und mit einer dünnen Kordel an das Glas gebunden.

✂ Gesammelte Pflanzenteile, kleine, sorgfältig gereinigte und vom Etikett befreite Marmeladen- oder Babynahrungsgläser, Papier für Etiketten und Schmuckblätter, Wolle für Kordeln, Broschüren oder Bücher zum Nachlesen und Abschreiben.

☛ Für Schüler und Schülerinnen mit Allergien müssen wir für diese Stunden (eventuell bei Kolleg/innen) andere Beschäftigungen finden, z. B. Ausgestaltung der Etiketten. Gegebenenfalls können wir die Pflanzen auch nicht im Klassenzimmer trocknen!

**Ein Herbarium anlegen**

Sorgsam gepresste Pflanzen werden auf ein Blatt geklebt, mit Namen beschriftet und mit einer Beschreibung über Anwendung und Heilwirkung versehen. Auch hier können Sie die wunderschönen Ringbücher im A6-Format mit der Bestell-Nr. F630 bzw. A5-Format mit der Bestell-Nr. F849 oder in A4 mit der Bestell-Nr. F850 verwenden.

☛ Für die Bücher „Ein Tag im Kloster Alpirsbach", die zum Verkauf angeboten werden, können solche Seiten kopiert werden.

Kinder mit Allergien dürfen nicht unmittelbar mit den Pflanzen in Berührung kommen, sie arbeiten mit den Büchern oder Broschüren, möglicherweise sogar in einem angrenzenden Raum.

✂ Pflanzenteile, Pflanzenpresse oder dicke Bücher, saugfähiges Papier, zwischen das die Pflanzen gelegt werden, DIN A4-Blätter

☛ Die Presse lässt sich mit einigem handwerklichen Geschick aus der Drehspindel eines alten Bürostuhles anfertigen. Ansonsten können Sie sich mit Brettern und Schraubzwingen behelfen.

**Schülerarbeit „Brennnessel"**

## e) Kirchenfenster, Licht und Farbe

Das Spiel von Farbe und Licht verzaubert Kinder und Erwachsene. Gebündeltes Licht, Farbstrahlen, Blitze aus Licht neben dunklen Nischen, Symbole der Hoffnung und der Geborgenheit, lassen den Betrachter Wesentliches erahnen.

Gönnen wir unseren Kindern einige Minuten des Staunens und des Schweigens in großen lichtdurchfluteten Räumen. Lassen wir sie Farb- und Schattenspiele entdecken und Lichtstreifen im Gesicht des Freundes oder auf der eigenen Hand.
Im Anschluss an dieses Erlebnis versuchen sich die Schüler/innen selbst im Spiel mit den Farben.

**Vorlage ausmalen**
Wenn es irgendwie möglich ist, geben wir den Kindern eine Zeichnung eines der Fenster, das sie gesehen haben, oder das mit dem Gebäude in einem Zusammenhang steht. Solche Zeichnungen von vielflächigen Fensterbildern oder strengen geometrischen Ornamenten haben einen starken Aufforderungscharakter, insbesondere, wenn man, wie früher die Mönche, die hier lebten, in einem kleinen Nebenraum des Klosters mit dem Malen beginnen darf und vielleicht noch aus der Ferne Orgelmusik hört, weil dort gerade eine andere Gruppe sich mit Musik beschäftigt.

✂ Arbeitsblatt mit der Zeichnung eines Kirchenfensters oder Ornamentes (siehe unsere Vorlage auf Seite 154)

**Ornamente entwerfen**
Später, im Klassenzimmer, können die Schüler und Schülerinnen mit einem Zirkel selbst kreisförmige Ornamente entwerfen und diese bunt ausmalen. Die farbenprächtigen Gemälde werden so ausgeschnitten, dass rundum noch ein etwa 1 cm breiter, unbemalter Rahmen zu sehen ist. Die farblich gestaltete Fläche wird dann mit Öl überpinselt, der weiße Rand mit Klebstoff versehen, so dass das Bild hinter einen schwarzen Rahmen geklebt werden kann, aus dem zuvor die entsprechend große Kreisfläche herausgeschnitten wurde.

Auf diese Weise erhalten wir ein Farbtransparent zur Fenstergestaltung, denn die eingeölte Fläche ist ja lichtdurchlässig geworden.

✂ Weißes Butterbrotpapier, Zirkel, Farben, Kinderöl (riecht nicht unangenehm, wie es bei Salatöl mit der Zeit passieren könnte!), schwarzes Tonpapier

**Transparente Farbfenster**
Aus schwarzem Tonpapier schneiden die Kinder große Bogenfenster, die mit Facetten und Innenbögen oder auch geraden Linien vielfach gegliedert werden. Diese Fenster werden nun mit buntem Transparentpapier hinterklebt.

Die Kinder entdecken, dass verschiedenfarbiges Papier, das aufeinandergelegt wird, neue Farbtöne erzeugen kann. Wenn alle Kinder der Schule an dem Projekt beteiligt sind, können wir vielleicht den Flur unseres Schulhauses in neuem Licht erleben, wenn alle Fenster farbig ausgestaltet werden.

Beim Schulfest verwenden wir diese Transparente als Bühnendekoration. Kirchen- oder Burgfenster werden mit ihnen gestaltet und zusätzlich mit bunten Scheinwerfern hinterstrahlt.

✂ Schwarzes Tonpapier, großer Tafelzirkel und Lineal, farbiges Transparent- oder Seidenpapier, Klebstoff

## f) Gesang und Musik
Töne verhallen wie zerfließende Zeit, schneller als das Sonnenlicht im Fenster, das wir lange beobachten, schneller als der Duft kostbarer Essenzen, der durch so manches Kirchenschiff zieht. Deshalb vermitteln die Töne ein besonderes Erlebnis von neuer Gegenwärtigkeit.
Wir haben bei unserem Besuch im Kloster in Anlehnung an die Taizé-Gesänge mitten im Kirchenraum Matten ausgelegt, auf denen die Kinder sitzen konnten.

**Samson trägt die Pforten von Gaza**

Glasfenster aus der Klosterkirche Alpirsbach gegen 1200; jetzt Württ. Landesmuseum Stuttgart. Aufnahme der Württ. Landesbildstelle Stuttgart in: Kleines Alpirsbacher Heimatbuch.

Eifrig übten sie den kleinen lateinischen Text und lauschten dem Klang ihrer eigenen Stimmen.

**Ubi caritas et amor, ubi caritas Deus ibi est.**

**Wo Güte und Liebe herrscht, da ist Gott.**

Ein Hörerlebnis ganz besonderer Art sind die Klänge alter Instrumente in historischen Räumen. In einem Schloss oder in einer Burg werden wir versuchen einen Musiker zu finden, der uns vielleicht etwas auf einem Spinett vorspielt. In der Kirche ist es natürlich die Orgel, die unsere Schülerinnen und Schüler näher kennen lernen sollen (auch wenn sie nicht aus dem Mittelalter stammt).

Alle Kinder waren fasziniert von dem überwältigenden Brausen der Orgel, als alle Register gezogen worden waren, alle zeigten sich gerührt beim Hören der leisen, geheimnisvollen Töne des Fernwerks und alle staunten über die vielen verschiedenartigen Klangnuancen, die sich mit diesem Instrument erzeugen lassen.

Ein unmittelbarer Vergleich der größten Holzpfeife mit der kleinsten Metallpfeife, die herausgenommen worden war, und in die man hineinblasen durfte, nachdem man sie neben ihre riesige „Schwester" gehalten hatte, wird wohl den meisten Kindern unvergesslich bleiben.

### g) Schrift und Schriftrollen

Aus Packpapier werden lange Streifen ausgeschnitten. Die schmalen Enden werden um Rundhölzer geklebt, an deren Enden eine Holzkugel gesteckt wird. Die Kinder schreiben nun ihre Texte in ihrer „schönsten Schönschrift" und gestalten die Anfangsbuchstaben farblich aus.

☛ Ein paar sehr schöne Beispiele findet man in: *F. Stephan-Kühn*: Viel Spaß im Mittelalter, dort auf den Seiten 64 und 65.

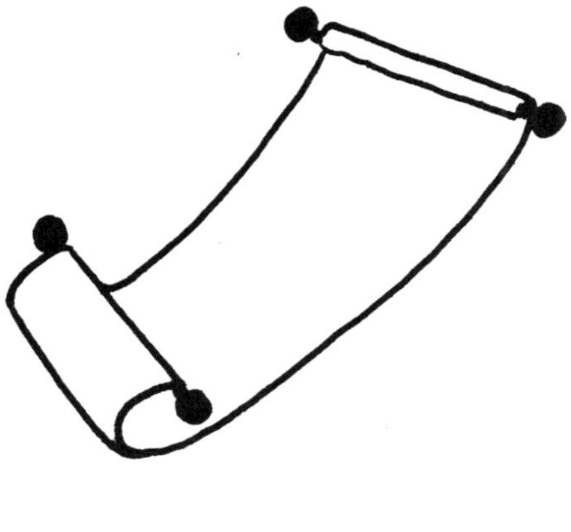

## 2. Ritter und Burgen, Könige und Schlösser

Dieser Teilbereich fällt den meisten Leuten ein, wenn sie auf das Thema „Mittelalter" angesprochen werden. Er ist für alle Kinder faszinierend, auch wenn sich in ihrem eigenen Heimatort keine Burg und kein Schloss befindet, so dass man den Einstieg in das Projekt in dieses Gebäude verlegen könnte.

Viele Kinder haben Bücher über Burgen, allen sind Schlösser, Könige und Prinzessinnen aus den Märchen bekannt, viele besitzen Ritterburgen aus Holz, Plastik oder Pappe.
Wir tragen mit den Kindern soviel Anschauungsmaterial wie möglich zusammen. Bücher, die nicht in der Klassenbücherei vorhanden sind, bringen die Schülerinnen und Schüler gerne von daheim mit oder wir leihen sie in der öffentlichen Bücherei aus.

Alle diese Kinder- und Sachbücher und das sonstige zusammengetragene Material wie Spielzeugritter, Spielzeugpferde, Ritterrüstungen und Schwerter vom letzten Faschingsfest, Fahnen, Lexika und Bilder machen wir den Schülern in einer kleinen Ausstellung zum Schmökern und untereinander Besprechen zugänglich. Die Materialien geben ihnen Anregungen zum Gestalten eigener Ritterbücher.
Texte und Zeichnungen werden gerne übernommen und alphabetisch in einem „Ritterlexikon" geordnet. Wandzeitungen mit wichtigen Informationen werden gestaltet und geben unserem Raum Farbe und den Kindern Anregungen zum weiteren Lesen und Lernen.

### a) Verschiedene Bastel- und Gestaltungsaktionen

**Burgen bauen**
Für eine große Bau- und Bastelaktion legen wir viele Holzklötze, sowie Pappschachteln, Klebstoff und Farbe bereit. Das reichhaltige Material allein ist Impuls genug zum Bauen und Rekonstruieren.

✂ Große Holzklötze, Schachteln in verschiedenen Größen, Klebepistole mit entsprechendem Klebstoff (hält auch große Schachteln effektiv zusammen!), weiße Farbe zum Grundieren, Plakafarben zum Bemalen, eventuell Technikkästen zum Bauen von Zugbrücken

☛ Wenn wir von einem Schreiner oder einer holzverarbeitenden Fabrik (z. B. auch Fensterbau) genügend Klötze bekommen können, führen wir beim Schulfest einen „Burgenbau-Wettbewerb" durch. Die Jury sollte entweder die höchste oder die originellste Burg prämieren. Das muss natürlich vorher bekannt gegeben werden!

**Fahnen**
Einfarbige Stoffreste werden bunt bemalt oder bedruckt und an eine Stange geheftet.

✂ Stoffe, rechteckig für Fahnen, dreieckig für Wimpel, Stoffmalfarben, Stangen, Tacker oder Reißnägel

**Schilder und Wappen**
Aus dicker Pappe werden Schilder und Wappen ausgeschnitten und mit vorher entworfenen Motiven bemalt.

✂ Starke Pappe oder auch Holz, Plaka- oder Lackfarben

Geschickte Ritter basteln sich auch **Helme** und **Rüstungen** aus stabiler Pappe, die mit Silberbronze besprüht, wie echt aussehen!

**Wandbilder, Gobelins**
Einfarbige, quadratische Stoffe werden in einen Holzrahmen gespannt und mit bunten Blumenmotiven frei bestickt.

✂ Flache Holzlatten, Stoff, Zwirn, Stickgarn

**Tischregeln**
In vielen Büchern finden sich für uns lustig anmutende Tischregeln aus der Ritterzeit, wie zum Beispiel: „Man bohre nicht mit dem Messer in den Zähnen!" „Man knacke seine Läuse nicht bei Tisch!" oder „Man schneuze seine Nase nicht ins Tischtuch!"
Die Kinder schreiben sie auf pergamentartiges oder marmoriertes Papier. Dabei werden die Anfangsbuchstaben zu jeder der Regeln groß und bunt ausgestaltet. Diese Schriftrollen werden beim Fest auf der Rittertafel ausgelegt.

### b) Besichtigung einer Burg

Bei einem so groß angelegten Projekt sollten wir den Jahresausflug miteinbeziehen und ein historisches Gebäude, das es am Schulort nicht gibt, bei dieser Gelegenheit besuchen.

Nach allen unseren Vorbereitungen werden die Schüler/innen sehr aufmerksam durch die Räume gehen und sich Möbel, Haushaltsgeräte, Waffen, Schmuck oder ausgestellte Bücher genau ansehen und den Ausführungen eines Experten interessiert lauschen. Wenn es irgendwie möglich ist, versuchen wir eine Vesperpause in den Burghof zu verlegen, vielleicht kommen wir mit unserer Klasse sogar in einer als Jugendherberge eingerichteten Burg unter.

### c) Balladen, Gedichte, kleine Ritterspiele

Beim Lesen des vielfältigen Buchangebotes finden die Kinder bestimmt kurze Texte, die sie am Schulfest vortragen und vorspielen können. Schon frühzeitig wählen wir geeignete Texte aus, um ein buntes, vielfältiges Festprogramm zusammenstellen und benötigte Requisiten anfertigen zu können.

In dem Gedichte-Sammelband „So viele Tage wie das Jahr hat" von James Krüss findet man geeignete Balladen wie „Ballade vom schweren Leben des Ritters Kauz von Rabensee" oder „Der Handschuh", die sich sehr gut zum szenischen Vorspielen eignen.

Mit den Jüngsten kann man das Gedicht „Der General Bumbum" zum „Ritter Schrum Bumm-bumm" abwandeln und den kleinen Ritter mit Papierhelm und Steckenpferd über die Bühne reiten lassen.

### d) Turnierspiele

**Lanzenstechen**
Einige Tennisringe werden hintereinander von der Decke gehängt, so dass sie die Kinder mit einem ausgestreckten Gymnastikstab, der als Lanze dient, erreichen können.

Auf einem Steckenpferd (zur Not tut es ein Besen), galoppieren die Ritter an den Ringen vorbei und versuchen so viele wie möglich, mit ihrer „Lanze" aufzuspießen.

✂ Steckenpferd, Gymnastikstab, der mit rotem Kreppband umwickelt wurde, Tennisringe, die an Schnüre gebunden werden.

**Dosenwerfen**
Leere Konservendosen werden mit Buntpapier umklebt und aufgestapelt. Aus einer genau bestimmten Entfernung müssen sie mit Tennisbällen beworfen werden.

Man kann auf die bunt beklebten Dosen auch Buchstaben schreiben und das Spiel zum Buchstabenspiel ausweiten. (Vgl. ABC mit allen Sinnen, S. 33)

✂ Dosen, Buntpapier, Schulbänke

**Gaukler bewerfen**
Eine lustige Spielfigur aus stabiler Pappe wird beworfen. Die Aufgabe kann darin bestehen, ihr einen Hut vom Kopf zu schießen, oder aber mit einem Ball beispielsweise den geöffneten Mund zu treffen.

✂ Figur aus Pappe, Tennisbälle, Hut

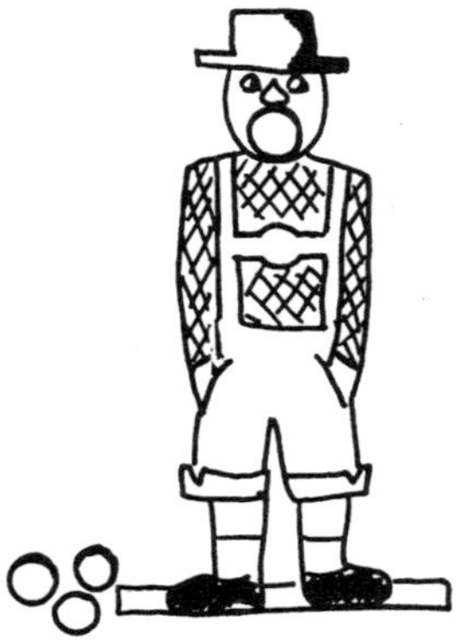

**Steckenpferde-Rennen**
Mit Steckenpferden oder Besen wird ein Wettrennen veranstaltet. Man kann eine Bahn mit vielen Hindernissen aufbauen.
Nach Beendigung dieser Spiele findet die Siegerehrung statt. Wer eine bestimmte Punktzahl (Stempel bei jeder bewältigten Aufgabe) erreicht hat, erhält eine schön gestaltete Urkunde und wird zum Ritter geschlagen.

✂ Vorbereitete Turnierzettel (siehe Seite 158) für jeden Teilnehmer. Die Spiele sind aufgeführt, dahinter ist Platz für die Stempel, Bildstempel, Urkunden, kleine Preise, Spielzeugschwert.

**Einhorn jagen**
Das Einhorn sollte von einem guten Sportler gespielt werden. Es trägt eine Mütze, an der ein Horn befestigt wurde. Hierzu wird ein langes, gebogenes Horn aus Stoff genäht und ausgestopft.

Das Fabeltier trägt einen weiten Umhang aus zwei aneinandergeknoteten Leintüchern. Überall an die Tücher werden vor dem Spiel bunte Bonbons mit einigen lockeren Vorstichen geheftet.

Sobald das Einhorn auftritt, wird es von der Kinderschar verfolgt, weil sich jedes Kind ein Bonbon abreißen möchte.

✂ Einhornmaske, Tücher, Bonbons

☛ Als Spielfläche eignet sich am besten eine Wiese. Nehmen verschiedenaltrige Kinder teil, wird die Jagd jeweils für bestimmte Altersgruppen freigegeben.

**3. Bauern, Bürger, Zünfte, Gaukler**

Auch in diesem Teilbereich der Geschichte unseres Ortes wollen wir wieder, so weit es möglich ist, an konkreten Gegenständen und Gegebenheiten aus der Vergangenheit anknüpfen.

Deshalb überlegen wir, durchaus auch zusammen mit den Schulkindern, wo solche Anknüpfungspunkte vorhanden sein könnten.

Wir stellen Nachforschungen darüber an, wo es noch alte Geräte und Werkzeuge gibt in Familien oder in Museen, und ob sich noch Leute finden, die diese Geräte auch vorführen könnten und wollten.

Bei Aktionstagen in Heimatmuseen kann man noch engagierte Personen treffen, die auch fast vergessene Handwerkskünste demonstrieren können. Vielleicht lassen sie sich auch für ein Schulfest gewinnen?

Bei uns zeigten zwei Frauen, wie man Wolle spinnt und ein alter Schäfer, wie man früher Schafe geschoren hat, während nebenan auf dem großen Grill ein Spanferkel gedreht wurde. Am Abend konnte das Spanferkel an der großen Rittertafel zusammen mit dem in einem Holzofen gebackenen Brot verzehrt werden.

# Siegerehrung
# TURNIERSPIELE

## Name des Turnierteilnehmers

_______________________________

**Lanzenstechen:** _______ **Punkte**

**Dosenwerfen:** _______ **Punkte**

**Gaukler bewerfen:** _______ **Punkte**

**Pferderennen:** _______ **Punkte**

**Gesamt:** _______ **Punkte**

_______________________________

**Unterschrift**

## a) Backen wie im Mittelalter

### Brot aus dem Holzofen

Für unser großes Fest hatten viele Mütter sich bereit erklärt einen Brotteig zuzubereiten. Eine Portion allerdings sollte vor den Augen der Schülerinnen und Schüler gemischt werden, denn die Kinder staunen immer wieder, wie einfach das ist:

**Zutaten:**
1 kg Brotmehl,
1 bis 2 Würfel Hefe,
1 Esslöffel Salz,
520 ml Wasser,
1 Teelöffel Honig

Zunächst müssen wir den Vorteig gehen lassen. Hierzu wird eine Mulde ins Mehl gedrückt, die Hefe hineingebröselt, 1 Teelöffel Honig und Wasser hinzugefügt.

Ist diese Mischung gegangen, fügen wir das Wasser und das Salz hinzu und kneten den Teig gründlich durch, bis er sich von der Schüssel löst.
Nach dem Gehen wird das Brot ausgeformt. Nun muss es noch einmal gehen und kann dann gebacken werden.

Am Morgen unseres großen Festes haben die Mütter das Ausformen ihres Teiges in der Küche eines Bauernhofes der Großmutter einer unserer Schülerinnen gemeinsam vorgenommen, damit die Brote alle gleich groß waren. In kleinen, wechselnden Gruppen konnten die Kinder dabei zusehen, manche sogar mithelfen. Alle anderen standen draußen vor dem Backhäuschen, in dem ein großes Holzfeuer prasselte.
Schließlich wurde die Holzkohle aus dem Ofen genommen und dieser mit Wasser und einem Reisigbesen ausgefegt. Danach konnten die inzwischen aufgegangen Laibe eingeschossen werden.
Am Abend waren dann alle von dem herrlich duftenden selbst gebackenen Brot begeistert.

Weniger gut fanden die Kinder, dass diese Menge an Broten in früheren Zeiten für eine einzige Großfamilie gebacken worden waren und dann wochenlang gehortet werden musste, was zur Folge hatte, dass man die letzten erst in der Brotsuppe wieder aufweichen musste, bevor man sie aufessen konnte.

☛ Mit etwas Glück kann man in manchen Gemeinden noch alte Dreschflegel auftreiben und Leute finden, die das Dreschen mit diesen Geräten demonstrieren können. Der Weg vom Korn zum Brot kann in diesem Fall äußerst anschaulich verfolgt werden, zum einen, wie er früher mit einfachsten Werkzeugen verlief und im Gegensatz dazu, wie heute mit dem Mähdrescher geerntet und das Mehl in großen Fabriken weiterverarbeitet wird.

Unsere Kinder dürfen das Korn ausdreschen

### Brezeln backen

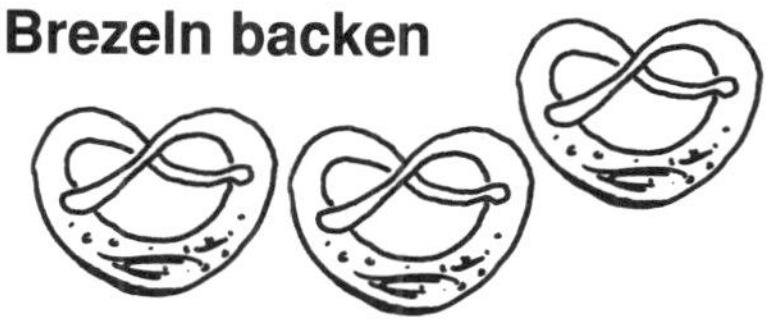

Diese in Lauge getauchten Backwerke waren lange haltbar. Sie sind nicht nur wegen ihrer Farbe und ihrer Form, sondern auch wegen ihres feinen Geschmacks bei den meisten Kindern beliebt.
Man wird sie zweckmäßigerweise schon vorher zubereiten und einfrieren. Wenn man sie dann am Vormittag aus der Kühltruhe nimmt und vor dem Verzehr am Abend kurz aufbäckt, schmecken sie wieder wie frisch.

**Rezept:**
500 g Weißmehl,
1 Würfel Hefe,
210 ml Wasser,
50 ml Milch,
50 g Margarine,
1 Teelöffel Salz,
für die Lauge 100 g Soda aus der Apotheke oder fertige Lauge vom Bäcker.

Der Hefeteig wird zubereitet wie der Brotteig. Nach dem zweiten Gehen dürfen die Kinder die Brezeln ausformen. Dann muss man sie gehen lassen, in die Lauge tauchen. Bei 220 Grad schön knusprig braun backen.

☛ Die Arbeit mit der Lauge darf nur von Erwachsenen vorgenommen werden. Das Soda muss hierzu aufgekocht werden. Die fertig geformten Brezeln werden mit einer Kelle kurz eingetaucht, an ihrer breitesten Stelle mit einem scharfen Messer eingeritzt und dann zum Abtropfen auf einen Kuchenrost gelegt. Nicht mit den Händen anfassen!

Weil die Lauge auch spritzen kann, sollten die Kinder einen großen Abstand zum Demonstrationstisch einhalten.

Wem das alles zu aufwendig ist, kann die Brezeln auch von den Kindern mit einer Mischung aus Eigelb und Milch bestreichen lassen. Es gibt dann auch schöne Brezeln, aber eben keine Laugenbrezeln!

Auch die **Butter** können wir zusammen mit den Kindern zubereiten, wenn es uns gelingt von irgendwoher ein altes Butterfass aufzutreiben. Wenn jeder einige Male mit dem Drehen des Rades an dem alten Gerät beschäftigt wurde, entsteht aus der flüssigen Sahne schöne cremige Butter und dünnflüssige Molke.

**Eulen und Katzen**

In unserem Theaterstück haben wir Till Eulenspiegel mit seinem eigenwilligen Gebäck eingeplant. Er soll nach seinem Auftritt die Eulen und Katzen an die Zuschauer verkaufen oder an die mitspielenden Kinder verteilen können.

Auch dieses Gebäck muss eine unserer Klassen schon einige Tage vor dem Fest zubereiten.

**Rezept:**
Hefeteig aus 500 g Weizenmehl,
1 Würfel Hefe,
250 ml Milch,
60 g Zucker,
1 Ei,
1 Prise Salz

Zubereitung des Teiges wie vorher beschrieben.

Nach dem Gehen formen die Kinder entweder Eulen oder Katzen und verzieren ihre Tiere mit Rosinen, Haselnüssen und Mandeln.
Auch das Eulenspiegelgebäck wird nach dem Gehen mit Milch und Eigelb überpinselt, damit es eine schöne Farbe bekommt.
Bei 175 bis 200 Grad backen. Bis zum Fest wird das Gebäck eingefroren!

☛ Wir haben „Katzen" gebacken, weil sie für die Kinder einfacher herzustellen waren als „Meerkatzen".

## b) Vom Schaf zur Wolldecke

Im Rahmen dieses Projektes sollen die Kinder den Werdegang einfacher Gegenstände vom Rohmaterial bis zum Fertigprodukt nachvollziehen können. Deshalb erhält jedes von ihnen zunächst eine kleine ungewaschene Locke von einem frisch geschorenen Schaf.
Zunächst darf jeder an der völlig unbehandelten Wolle riechen und sie zwischen den Fingern reiben, um das darin enthaltene Fett zu spüren. Sind noch Schmutzteile darin, werden diese jetzt herausgezupft. Danach zupfen und ziehen die Kinder an ihrer Schaflocke und erleben, wie sie sich zur herrlich duftigen, leichten Watteflocke verwandelt. Ein kleines Stück davon wird zwischen den Fingern gezwirbelt, der erste Wollfaden entsteht. Doch dieser Faden ist grau. Deshalb wollen wir die fein verzupfte oder kardierte Rohwolle vor dem Spinnen noch färben.

**Wolle färben**

Zunächst muss die Wolle für den Färbevorgang vorbereitet werden. Hierzu müssen alle Pflanzen- und Schmutzteile herausgezupft werden. Dann wird die Wolle gründlich gewaschen.
Für die Vorbeize erhitzen wir pro 100 g Wolle 3 bis 5 Liter Wasser, bis es handwarm ist.
Für je 100 g Wolle lösen wir 15 g Alaun in einer Tasse mit heißem Wasser und geben diese Lösung ins Vorbeizbad. Erst danach können wir mit dem eigentlichen Färbevorgang beginnen. Hierzu mussten die Kinder schon vorher Naturmaterialien sammeln. Wir wollen mit Zwiebelschalen und Rosskastanienblättern färben, weil diese leicht zu beschaffen sind. Im Frühling eignet sich aber auch frischer Kerbel (ergibt Grüntöne), im Winter findet man immer noch Baumflechten oder Tannenzapfen.

Die Rosskastanienblätter werden eine Stunde lang in reichlich Wasser ausgekocht. Danach werden sie in ein Sieb gegeben. Die ganze Flüssigkeit wird gründlich herausgepresst und auf etwa 20 l mit Wasser ergänzt. In diese Färbeflotte wird die vorbehandelte Rohwolle hineingegeben.

**Achtung:** Die Wolle und Farbbad sollten etwa dieselbe Temperatur haben!

Nun wird die Wolle in diesem Farbbad noch einmal eine Stunde gekocht. Danach wird sie herausgenommen und nach dem Abtropfen über der Flotte in immer kälter werdenden Wasserbädern, denen man gegen Ende etwas Feinwaschmittel zusetzt, gründlich ausgewaschen. Dem letzten Bad fügen wir einen Schuss Essig hinzu, damit die Farbe haltbarer wird. Unsere Wolle ist nun dottergelb geworden!

**Rezept:**
1 kg Rohwolle,
2 kg getrocknete Blätter einer Rosskastanie,
150 g Alaun

Fügen wir dem Farbbad nun 2 % Eisensulfat (also 2 g auf 100 g Wolle) zu, und kochen einen Teil der Wolle darin etwa 30 Minuten weiter, wird sie lindgrün.

☛ Das Sulfat wird zunächst in einer kleinen Menge Flüssigkeit aufgelöst.

Beim Färbeverfahren mit der Zwiebelschale gehen wir ähnlich vor. Hier müssen wir lediglich den Färbevorgang im Farbbad nach etwa 30 Minuten unterbrechen, die Wolle herausnehmen, abpressen und an der Luft drei Stunden ausbreiten. Erst danach wird der Färbevorgang um eine weitere halbe Stunde fortgesetzt.
Vor dem Waschen und Klarspülen braucht unsere Wolle, um farbbeständig zu bleiben, noch einmal ein dreistündiges Luftbad.
Für unsere Mühe und Ausdauer erhalten wir eine leuchtend orange-gelbe Wolle!

**Rezept:**
1 kg Rohwolle,
1 kg Zwiebelschale,
150 g Alaun

**Weiteres Material:**
Für alle Färbevorgänge brauchen wir zwei alte große Töpfe (man kann sie hinterher nicht wieder in der Küche verwenden!), ein Sieb, das man mit einem durchlässigen Tuch auslegt, Rührlöffel und eine Schöpfkelle, eine große Schüssel zum Ausspülen der Wolle.

☛ Die Rohwolle erhalten wir von einem Schäfer, Alaun und Sulfat bekommt man in der Drogerie.
Weitere Wollrezepte finden Sie in *E. Bächi-Nußbaumer:* So färbt man mit Pflanzen. P. Haupt Verlag.

Mehr über Wolle färben finden Sie auf Seite 138 im Kapitel *Kinder aus fernen Ländern.*

## Spinnen der Wolle
Ein Teil unserer Wolle wird versponnen, der andere wird als Rohwolle in einen grob strukturierten Wandteppich eingewoben.

### Die Spindel
Eine einfache Spindel erhalten wir, wenn wir durch eine kleine Holzscheibe (ca. 8 cm Durchmesser) ein Loch bohren, in das wir einen Holzstab stecken. Der Stab wird am oberen Ende rundherum eingekerbt, damit wir den Wollfaden daran befestigen können.

### Der Vorgang des Spinnens
Ein Stück weit wird der Wollfaden zwischen den Fingern gezwirbelt. Dann erst kann man ihn um die Spindel wickeln, so dass er oben und unten Halt findet. Nun bedarf es einiger Übung, die Spindel so in Schwung zu versetzen, dass der Faden gleichmäßig aufgedreht wird und dabei immer noch Zeit bleibt, um die Rohwolle gleichmäßig nachzuziehen, dass der Faden nicht zu dick wird und nicht abreißt.

Sicher werden die Kinder nur ein kleines Stück schaffen, aber das Prinzip des Spinnens wird ihnen auf eindrückliche Art und Weise einsichtig! Hier wäre es nun wichtig, jemanden zu finden, der die restliche Wolle fertig spinnt und auch zeigt, wie man die dünnen Fäden miteinander verzwirnt.

### Einfacher Wandteppich

Wir versuchen uns mit einem Wandteppich.

Wir spannen die Kettfäden zwischen zwei bizarr geformte Äste. Damit die Kette gespannt bleibt, binden wir an die Enden des unteren Astes Steine zur Beschwerung. Um die Kettfäden gleichmäßig zu verteilen, weben wir oben und unten eine dünne Holzlatte ein und im Anschluss daran eine Randbefestigung aus grobem Bindfaden. Danach dürfen die Kinder ihre gefärbte Wolle einweben.

Die gesponnene Wolle ergibt ein enges, gleichmäßiges Muster, wir müssen sie zum Einweben auf Weberschiffchen aufwickeln, die ungesponnene Rohwolle ergibt eine aufgelockerte, grobe Strukturierung, sie wird jeweils für ein bestimmtes Teilstück als Ganzes durch die Kette gezogen.
Das angefangene Gewebe hängen wir irgendwo im Klassenzimmer auf, so dass jeder, der gerade Zeit und Lust hat, ein Stück daran weiterarbeiten kann.

✂ Äste, Steine, Bindfaden, Holzlatten, Wolle, Weberschiffchen

**c) Trinkbecher aus Ton**

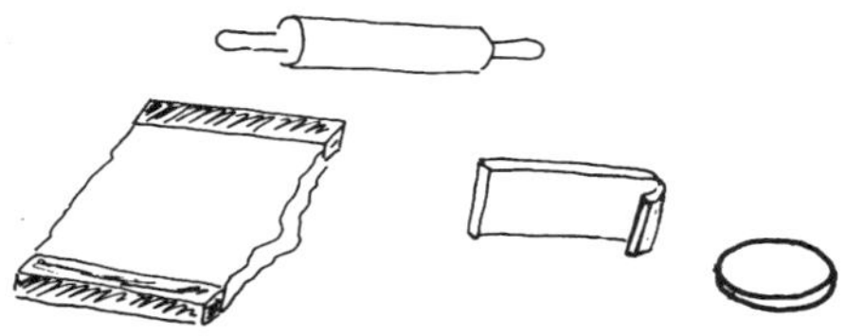

Für seinen Trinkbecher erhält jedes Kind einen Klumpen Ton, den es zunächst einmal gründlich durchkneten muss. Nach diesem Arbeitsvorgang wird der Ton zwischen zwei ca. 50 mm starken Latten ausgewellt, so dass eine gleichmäßige Platte in Stärke der Latten entstehen kann.

Aus dieser Platte wird nun ein Rechteck ausgeschnitten, das die Höhe des Trinkbechers haben soll und eine Länge, die dem Kreisumfang des Becherbodens entspricht. Für den Becherboden selbst umfahren wir einen Kreis aus Holz oder ein kleines, rundes Gefäß. Um die richtige Länge des Rechteckes zu erhalten, rollt man den Boden ab und markiert Anfang und Ende.
Danach wird das Rechteck vorsichtig gebogen und auf die Bodenplatte aufgesetzt. Alle Tonteile, die dabei zusammengefügt werden, müssen zuvor mit dem Tonmesser eingeritzt und mit Wasser und Schlickermasse (stark wässriger Tonbrei) eingestrichen werden.

Auch alle von außen und innen sichtbaren „Nahtstellen“ müssen auf diese Art und Weise sorgfältig verschlickert werden. Dies ist unbedingt notwendig, weil sonst der Becher beim Brennvorgang zerspringen könnte.

Nach dem Schrühbrand bei etwa 800 Grad ist unser Becher noch wasserdurchlässig. Deshalb müssen wir ihn für einen zweiten Brand in eine lebensmittelechte Glasur eintauchen und bei 1000 bis 1200 Grad, je nach Glasur, noch einmal brennen.

✂ Ton, Glasur, Holzlatten, Wellholz, Tonmesser

# III. Theaterstück: Die Ratten von Römtinszell

## 1. Vorbereitungen

### a) Kulissen herstellen

Als Bühnenhintergrund wählen wir das Bild einer mittelalterlichen Stadt. In Gruppen schneiden die Kinder aus 2 bis 3 m großen Kartons Häuser aus. Sie werden mit Fachwerk, Erkern, Türmchen und bunten Fenstern ausgestaltet.

Die Kirche wird aus einem Stahlgerüst aufgebaut. Als Fenster wählen wir die auf Seite 153 beschriebenen Transparente.
Ein noch höherer Turm, ebenfalls ein Stahlgerüst, deutet die Burg an. Er wird mit Fahnen geschmückt. Aus Teppichrollen kann man schöne Kanonen auf alten Karrenrädern herstellen.

☛ Das Stahlgerüst wird sicher der Maler am Ort gerne ausleihen. Wir hatten das Glück und konnten uns aufgrund einer Firmenspende das variable System von Mero-Form zulegen.

Die Marktstände können aus Brettern bestehen, die über Malerböcke gelegt werden, man kann aber auch alte Schultische nehmen, die man mit bunten Stoffen umspannt.

Auf den Tischen legen wir die von den Kindern gefertigten Gegenstände aus, die tatsächlich zum Kauf angeboten werden können. Auf ein besonderes Tuch kommt altes Tongeschirr, das beim Ansturm der Ratten herunterfallen soll. Becher und Teller, die verkauft werden sollen, bleiben so unbeschädigt, wenn nur das dazu bestimmte Tuch heruntergezogen werden soll.

☛ Schadhaftes Geschirr kann man von verschiedenen Geschirrfabriken, wie z. B. der Fa. Majolika, der Geschirrfabrik in Zell am Harmersbach oder den elsässischen Töpfern aus Soufflenheim günstig erstehen.

Textile Arbeiten, wie schön bestickte Tischsets, Bilder oder Wandbehänge legen wir auf den Tisch der Weber und Tuchverkäufer.

Als Holzarbeiten sägen die Kinder Holzbretter in Tierform aus und schleifen die Kanten schön rund. Wurst und Fleisch fertigen wir im Kunstunterricht aus Salzteig an, wir können diese Dinge immer wieder im Rechenunterricht verwenden!

Die Backwaren wurden schon vorher in der Schulküche hergestellt (siehe Seite 159/160), ergänzt werden sie durch zahlreiche Spenden.

Auf Spendenbasis kann auch ein Obst- und Gemüsestand beruhen, der zusätzlich mit Eiern, Honig, Marmelade und ähnlichen Gütern bereichert werden kann.
Ein beliebter Stand war auch der Kräuterstand, an dem selbst gesammelte Kräuter und Tees zusammen mit den schön gestalteten Indikationen feilgeboten wurden.

### b) Lieder und Tänze

In vielen Musikbüchern finden sich geeignete Lieder und Tänze, die mit verschiedenen einfachen Instrumenten begleitet werden können.

Im Spiel „Die Ratten von Römtinszell" singen die Kinder die angegebenen Strophen nach der Melodie von „Wollt ihr fleißige Handwerker sehen" und begleiten den Gesang mit einfachen Hand- und Rhythmikinstrumenten.

☛ Der Name des Ortes, in dem die Ratten auftreten, sollte mit dem jeweiligen Aufführungsort übereinstimmen.

Bei uns wurde er aus den drei Teilorten, die zum Einzugsgebiet unserer Schule gehören, zusammengesetzt: **Röm**linsdorf, Reu**tin**, Peter**zell**.

Im Sportunterricht üben wir verschiedene Kreistänze ein, auch eine Polonaise wird beim großen Fest sicher gut ankommen. Es ist dann von Vorteil, wenn eine Schülergruppe diese mit bereits bekannten Figuren und Formationen anführen kann.

### c) Kostüme

Die Anregungen für die Kostüme der dargestellten Personen entnehmen wir Geschichts- und Märchenbüchern. Vielleicht lässt sich auch einiges „Anschauungsmaterial im Heimatmuseum betrachten. Vielleicht schauen wir mit den Schülern und den Eltern einen passenden Film an.

Die Ratten werden von Kindern dargestellt. Sie tragen weiße oder graue Strumpfhosen und ein passendes T-Shirt.

Jedes Kind bekommt eine Wollmütze, an der die Rattenohren festgenäht werden.

Für die Schnauze drehen wir eine „Tüte" aus Tonpapier, an der aus demselben Material dünne Streifen für die Barthaare festgeklebt werden. Mit einem Wäschegummi versehen, lässt sich diese kleine Maske leicht aufsetzen.

### d) Einladung gestalten

Die Kinder machen Entwürfe für einen Holzdruck für die Titelseite. Als besonders ansprechendes Motiv hat sich die Ansicht einer Ritterburg erwiesen.
Sehr interessant dürfte es aber auch sein, ein Motiv aus dem Heimatort der Kinder abstrahieren zu lassen.

Das Motiv wird ausgesägt und wie ein Pappschablonendruck (siehe Seite 91/92) gedruckt. Mit Stempeln drucken wir den Text dazu. Auf der Innenseite des Blattes geben wir die Programmpunkte mit den entsprechenden Uhrzeiten bekannt.

Da unser Holzdruck einfarbig gehalten ist, können wir die Vorlage beliebig kopieren.

**Einladung**
**zu unserem Schulfest am ...**

**16.00 Uhr:** **Kleine Ritterspiele**
Der Ritter Schrumm Bumm-Bumm
Der Handschuh
Ballade vom schweren Leben des Ritters Kauz von Rabensee

**16.20 Uhr:** **Süße Speisen und Getränke an der Rittertafel**

**16.30 Uhr:** **Marktgeschehen**
**Turnier**

**18.00 Uhr:** **Die Ratten von Römtinszell**
**Klassen 1, 2, 3 und 4**

**18.30 Uhr:** **Gemütliches Zusammensein**
**Spanferkelessen**

**2. Theaterstück: Die Ratten von Römtinszell**
(Hier können Sie auch den Namen Ihres Schulortes einfügen!)

*Musik.*
*Die Spieler ziehen durch den Zuschauerraum auf die Bühne.*
*Musikbegleitung mit einfachen Rhythmusinstrumenten.*

**Herold:** Bürgerinnen und Bürger von Römtinszell! Hiermit erkläre ich im Namen unseres Fürsten Petersilius von Peterzell den Markt der Stadt Römtinszell von Stund' an bis zum Einbruch der Dunkelheit als geöffnet. Es gelten nachfolgende Marktverordnungen:

1. Niemand darf stinkende, schadhafte oder unsittliche Ware feilbieten. Über Verstöße wacht und urteilt das Marktgericht.
2. Gültige und für alle verbindliche Maße sind die Römtinszeller Elle, die Reupetersdorfer Spanne und der Römreuzeller Fuß, welchselbige ihr hier an der Rathauswand in Eisen geschlagen findet.

Bevor ich weiter Vorschriften und Verordnungen verlesen werde, lasset euch durch einen Tanz unserer Römtinszeller Jungfern erfreuen.

☛ Die Namen muss man entsprechend den Einzugsgebieten der Schülerinnen anpassen. Bei uns wurden die Namen aus den Teilorten von Alpirsbach Reutin, Peterzell und Römlinsdorf gebildet.

*Tanz der Mädchengruppe*

**Herold:** Es folget nunmehr die 3. Bekanntmachung! Bürger und Bürgerinnen! Um schwerwiegenden Schaden von unserer Stadt fernzuhalten, gebe ich hiermit kund und zu wissen, dass es unter Androhung schwerster Strafe verboten ist, den Namen dieser großen, grauen, langschwänzigen Nagetiere zu benennen, die seit geraumer Zeit ihr Unwesen in unserer Stadt treiben. Das Benennen ihres Namens lockt diese Untiere aus ihren Verstecken hervor und, wie ihr alle wisset, kann nur das Läuten unserer gewaltigen Kirchenglocken gleichselbige Untiere wieder aus unseren Straßen verbannen. Deshalb ergeht an alle, ob Mann, Weib, Knecht, Magd oder Kind, das Verbot den abscheulichen Namen im Munde zu führen!

**Sprechchor aller Marktbesucher:**
Wir nennen diesen Namen nicht!
Nicht einer darf ihn sagen!
Und wer ihn spricht, kommt vor's Gericht!
Nein, niemand darf es wagen!
Wir nennen diesen Namen nicht!
Nicht einer darf ihn sagen!

*Trompetentöne*

**Herold:** Fürst Petersilius von Peterzell mit seinem Gefolge!

*Alle Anwesenden verneigen sich tief. Fürst und Gefolge kommen durch den Zuschauerraum auf die Bühne.*

*Musikbegleitung.*

**Fürst:** Sagt an, ihr Bürgerinnen und Bürger von Römtinszell, welchen Namen wollt ihr nicht nennen?

*Schweigen.*

**Fürst:** Los, antwortet eurem Fürsten! Ich gebiete es euch!

*Er schaut einen nach dem anderen an, alle schauen weg und schweigen.*

**Fürst:** Wollt ihr wohl antworten!

*Er zieht sein Schwert und geht auf einen der Umherstehenden zu.*

**Fürst:** So antworte er! Los, los, alle, nennt mir den geheimnisvollen Namen!

*Alle murmeln den Namen und werden dann immer lauter!*
*Stimmengewirr. Geschrei.*
*Jedes Kind sagt das Wort „Ratte" zweimal ganz leise, zweimal ganz laut und schreit es einmal.*

**Kinder:** Ratte! Ratte! Ratte! Ratte! Ratte!

*Schrille, schnelle Musik: Korsakov, Hummelflug*

*Der Fürst rettet sich auf einen Marktstand. Die Ratten toben über die Bühne, die Marktbesucher schreien und laufen durcheinander, die Verkäufer versuchen ihre Stände zu beschützen und schreien. Die Ratten stoßen einen Obststand um, Bälle oder gebasteltes Obst kullern über die Bühne.*

**Obstfrau:** Oh, meine Melonen! Meine schönen großen Melonen.

*Geläut der Kirchenglocken. Geräuschkonserve.*
*Ratten ab.*
*Die Fürstin fällt in Ohnmacht, unter ihrem Rock kommt die kleinste Ratte hervor und jagt den anderen nach.*

**Fürst** *(klettert vom Tisch):* Mm, also, mm, hiermit verkündige ich mein höchst fürstliches Gebot: Keiner von euch darf jemals wieder das Wort Ra... *(ein Mitspieler hält ihm schnell den Mund zu)* in seinem Munde führen. Es ergeht das strengste Verbot, das Wort Ra... (*wieder hält ihm ein Mitspieler den Mund zu*) laut auszusprechen.

*Trompetentöne*

*Der Fürst reicht der Fürstin die Hand und führt sie von Stand zu Stand.*

**Fürst:** So zeigt, was ihr feilzubieten habt!

**Alle singen:**
Wollt ihr die schönsten Schuhe sehn,
müsst ihr auf unsern Markt hier gehn.

**Schuster und Schustergesellen:**
Poch, poch, poch,
poch, poch, poch,
das weichste Leder
biet' ich doch.

**Alle singen:**
Habt ihr das schöne Schuhwerk gesehn,
da kann keiner widerstehn.

**Fürstin singt:**
Packt schon ein, packt schon ein,
die roten sind so zierlich klein!

*Begleitung mit Klanghölzern, um das Pochen und Klopfen zu untermalen.*

**Fürstin:** Seht doch, dort drüben, der Fleischer! Lasst uns sehen, wie sie hier in der Stadt es verstehen, Köstlichkeiten aus Fleisch zuzubreiten. Vielleicht können wir noch so manch unbekannte Rezeptur entdecken.

**Alle singen:**
Wollt ihr die deftigsten Würste sehn,
müsst ihr auf unseren Markt nur gehn!
Vom Schaf, vom Schwein, vom Kälbelein,
die Würste und das Fleisch sind fein.

**Fürstin:** Mmm, diese Würste riechen vortrefflich. Gebt uns diese ... und diese ... und diese hier!

*Sie lässt einpacken. Dann gehen alle weiter zum Bäcker.*

**Alle singen:**
Wollt ihr das köstlichste Backwerk sehn,
müsst ihr auf unsern Markt nur gehn!

**Bäcker singt:**
Es riecht so fein, oh packt nur ein,
die Brote groß, die Brezeln klein!

**Fürstin** *(zu ihren Dienern):* So packet ein von dieser köstlichen, wohlriechenden Ware!

*Diener laden die Körbe voll.*
*Till Eulenspiegel kommt hüpfend und radschlagend auf den Stand zu.*

**Till:** Großer Meister der Backwurst, äh, der Kunstwurst, äh, der Backkunst, darf ich ihm meine bescheidenen Dienste anbieten?

**Bäcker:** Kann er denn backen?

**Till** *(verneigt sich geziert):* Für meine Backkunst werde ich bald berühmt werden!

**Bäcker:** Gut, eile er in meine Backstube und sorge für neues Backwerk!

*Er zeigt auf den fast leeren Marktstand.*

**Till:** Und was soll ich backen?

**Bäcker** *(schreit):* Wenn er das nicht weiß, so backe er Eulen und Katzen!

**Till:** Gut, gut! So backe ich Eulen und Katzen!

*Till ab.*

**Alle singen:**
Jetzt sollt ihr zu den Schneidern gehn,
sie machen euch Gewänder schön!

**Schneider singt:**
Stich, stich, stich, stich, stich, stich,
den Königsmantel nähe ich.

**Fürst:** Lasst eure Waren besehen!

*Sie gehen zum Stand und begutachten einige Kleidungsstücke.*

**Fürst und Gefolge singen dabei:**
Wir wollen eure Waren sehn,
fürwahr, sie sind vortrefflich schön!
Ihr näht sehr fein, mit Stichen klein,
da soll uns nichts zu teuer sein!

**Fürstin:** Ja, ein neues Gewand, das sollte ich haben! Aber, warte er, Schneider! Ich besorge mir ein schönes Tuch dort drüben beim Tuchhändler. Dann mag er seine Künste beweisen.

*Sie gehen zum Stand des Tuchhändlers.*

**Gedicht des Tuchhändlers:**
Nur prächtige Tücher biete ich feil,
befühlt sie, seht sie ohne Eil!
Die zarten hier aus China, fern,
die hat doch jede Dame gern.
Ein Wams aus Samt in königsblau,
o großer Fürst, befühlt's genau!
Und hier das Tuch, gewirkt mit Gold,
Prinzessin, seid ihm nicht abhold!
Ein Loden für die Jagd, oh Herr,
ist herrlich warm und weich und schwer!
Ein Tuch, für jeden eine Zier,
verehrte Herrschaft, glaubt es mir!

☛ Diese Verse können auch gesungen werden. Erfahrungsgemäß singen aber die wenigsten Kinder gern ganz allein vor einem großen Publikum. Man müsste in diesem Fall dem Tuchhändler also auch Gehilfen zuordnen.

**Melodie:** Wollt ihr fleißige Handwerker seh'n ...

**Fürstin** *(zeigt auf einen Stoff):* Gebe er mir von diesem vortrefflichen Tuche ein Dutzend Ellen!

*Der Händler misst mit seinem Unterarm und zählt dabei laut auf 12.*

**Fürstin** *(zu ihren Dienern):* Faltet das Tuch sorgfältig zusammen!

**Fürst:** Gemach, gemach! Es scheint mir zu kurz bemessen. Marktaufseher! Marktaufseher! Hierher! Messe er nach!

*Der Marktaufseher nimmt das Eisenmaß von der Rathauswand und misst nach. Alle zählen mit bis 10*

**Fürst:** Oh, dieser Halsabschneider! An den Pranger mit ihm! An den Pranger mit dieser Ratte!

**Alle Marktbesucher durcheinander:** An den Pranger mit dieser Ratte!

*Sie schleppen ihn zum Pranger.*
*Schrille, laute Musik wie oben, Durcheinander, Ratten toben umher, der Geschirrstand fällt um.*

*Die Marktfrau jammert und fängt an die Scherben wegzufegen. Der Tuchhändler entkommt.*
*Kirchenglocken. Ratten ab.*
*Die Fürstin fällt in Ohnmacht, die kleine Ratte saust wieder aus ihrem Rock. Fürst klettert vom Tisch.*
*Musik aus dem Zuschauerraum.*

**Alle:** Die Gaukler kommen!

*Musikbegleitung mit einfachen Instrumenten. Sie führen ihre Kunststücke vor. Tänze, Bodenturnen, Jonglieren, Zaubertricks, Puppenspiel.*
*Till Eulenspiegel kommt auf die Bühne. Er stellt beim Bäcker einen großen Korb ab und geht dann mit einem dicken Seil zur Bühnenmitte.*

**Till:** Hach, ihr Gaukler! Schön, schön, eure Kunststücke! Aber das Beste, das Beste habt ihr nicht gezeigt! Das beste aller Kunststücke, ihr Leute, kann euch nur einer vorführen! Ich, Till Eulenspiegel! Der beste Seiltänzer aller Zeiten! Seht her, ihr Leute! Auf diesem dünnen Seil tanze ich quer über den Markplatz!

**Zuschauer** *(ungläubig):* Das muss er zeigen! Beweisen! Vorführen! Jetzt! Sofort! Zur Schau stellen!

**Till:** Gut, gut! Aber zuerst erbitte ich euer Scherflein!

*Er sammelt Geld ein, dann legt er das Seil auf den Boden und balanciert umständlich darüber.*

**Zuschauer:** Betrüger! Angeber! Aufschneider! Verschwinde er aus unserer Stadt! Das ist doch kein Kunststück! Das kann doch jeder von uns! Raus! Aus der Stadt mit ihm!

*Bäcker schleppt Eulenspiegels Korb heran.*

**Bäcker** *(wütend):* Ja und dieses missratene Backwerk kann er auch fortschaffen! Und bringe er mir das Geld für die Zutaten auf Heller und Pfennig, sonst bringe ich ihn an den Galgen!

**Zuschauer:** Jawohl, an den Galgen mit dieser betrügerischen Ratte!

*Musik wie oben. Die Ratten kommen.*
*Eulenspiegel schnappt den Korb und verschwindet.*

*Ein Flötenspieler tritt aus der Reihe der Gaukler. Laute Musik aus. Stille. Alle bleiben bewegungslos stehen. Der Rattenfänger spielt auf seiner Flöte. Alle Ratten kauern sich um ihn herum auf den Boden und lauschen.*

**Rattenfänger:** Ich könnte euch von dieser Plage befreien. Aber es kostet euch 100 Goldstücke.

**Alle:** Das ist es uns wert! *(Als Welle!)* Jeder soll etwas geben!

*Eine Frau beginnt das Geld einzusammeln.*
*Eine andere Frau tritt vor. Sie hebt die Hand.*

**Frau:** Halt ein! Bürgerinnen und Bürger! Begeht keine Torheit! Genauso wie dieser da, hat schon einmal ein Rattenfänger seine Hilfe angeboten! In der Stadt Hameln ...

**Zuschauer** *(Welle)*: Was, was, was geschah in Hameln?

**Frau:** Was in Hameln geschah, wollt ihr wissen? *(Beschwörend)* So höret: Zuerst führte er die Ratten fort und dann die Kinder! Niemand hat diese Kinder jemals wieder gesehen!

**Rattenfänger:** Aber nur deshalb, weil die Leute von Hameln dem Rattenfänger seinen gerechten Lohn verweigert haben. Nur deshalb!

*Frau mit dem Geldsack tritt vor.*

**Frau:** Und diese Gefahr besteht bei uns nicht! Hier, seht selbst! Ein Sack voller Goldstücke.

*Sie zeigt den offenen Sack und setzt ihn dann neben dem Rattenfänger ab.*

*Während sie den Sack zuknotet, kommt der Müller und stellt seinen Mehlsack daneben.*

*Lied des Müllers, zum Beispiel: Der Müller hat ein Mühlenhaus oder Ähnliches.*

**Müller:** Mit Schauder denk ich an der Arbeit Plagen, wenn mir diese Biester das Korn zernagen. *(Er deutet auf die Ratten).* Es bleibt mir nur noch Dreck und Stroh, ich werd' des Lebens nicht mehr froh.

**Zuschauer:** Doch diese Not wird nun ein Ende haben! Es lebe der Rattenfänger von Römtinszell!

**Alle:** Hoch! Hoch! Hoch!

*Der Rattenfänger nimmt den Sack und hängt ihn sich über die Schulter. Dann spielt er auf seiner Flöte und geht. Alle Ratten folgen ihm.*
*Als der Müller den zweiten Sack hochhebt, fallen Geldstücke heraus.*

*Da bemerken alle die Verwechslung.*

*Flötenspiel aus.*

**Sprechchor:** Oh weh, oh weh, wir armen Toren, oh weh, oh weh, wir sind verloren!

*Aber ein kleiner Junge schnappt den Sack und ruft.*

**Junge:** Noch nicht, ihr Leute! Schnell! Wir bringen dem Rattenfänger seinen Lohn. Warte er, Herr Rattenfänger! Hier euer Gold! Warte er!

*Er rennt ihm nach.*

*Der Rattenfänger nimmt das Gold und nickt freundlich. Er spielt weiter. Alle Spieler ziehen hinter ihm her aus dem Saal.*

# IV. Film: König Drosselbart

Das Märchen „König Drosselbart“ eignet sich besonders gut für eine Verfilmung mit einer ganzen Schulklasse oder eine Theatergruppe,

weil a) viele Kinder mitspielen können und

b) viele interessante Handlungsorte, die zu unserem geschichtlich orientierten Rahmenthema gehören, zu einem abwechslungsreichen, farbenprächtigen Geschehen beitragen.

Wie die Prinzessin im Märchen ihre Freier parodiert, dürfen auch die Kinder bei der Ausarbeitung der einzelnen Szenen mit Namen, Gesten und Redewendungen spielen und humorvolle Abwandlungen suchen.

Sie werden dies besonders gern tun im Anschluss an die Lektüre der beiden Bücher „G. Beyerlein erzählt vom Mittelalter“ und „Ritter Alfons und der Drache“, denn nichts tun Kinder unseres Zeitalters lieber, als die strengen Einengungen der Lebensbedingungen des Mittelalters im Spiel zu sprengen, wobei sie unzählige Impulse und Anregungen in dem Buch von *Jörn-Peter Dirx* finden können.

Zunächst wollen wir mit den Kindern die Handlungsorte durchgehen.

- Wo finden wir einen Rittersaal, in dem die Freier der Prinzessin vorgestellt werden? In diesem Saal kann man auch die Schlussszene drehen. Man braucht dann nicht unbedingt die Festtafel ins Bild zu bringen, um sich Geschirr und Speisen zu sparen. Die Prinzessin wird an der Tür gezeigt, wo sie auch die Schüssel fallen lässt, dann führt sie König Drosselbart vor ein Fenster. Die Szene kann dann mit einem Tanz enden, an dem alle teilnehmen. Bei uns am Ort gibt es keine Burg, also sind wir in den Sitzungssaal des Rathauses gezogen, den die Kinder auf diese Art und Weise kennen lernen konnten. Die mit rotem Samt bezogenen Stühle an dem großen Tisch und die Butzenglasfenster ergaben einen fürstlichen Rahmen für unsere Ritterszenen.
- Gibt es einen Nebenraum oder eine Nische, die sich als Kemenate der Prinzessin eignet? Da wir die Szenen „ineinanderschneiden“ wollen, was beim Video aber nicht gut möglich ist, sollten wir schnell von einem Handlungsort zum anderen gelangen können.
- Wo befindet sich ein großes Portal, aus dem die abgewiesenen Ritter und Edelleute kommen können? Wir haben hierzu den Kreuzgang unseres Klosters gewählt.
- Für die Marktszene brauchen wir den Innenhof eines alten Hauses, damit keine Fahrzeuge und Lichtanlagen ins Bild kommen. Unser Drehort war ein malerischer Treppenaufgang im Schulhof des Progymnasiums.
- Wo spielen wir die Szene in Drosselbarts Hütte? Eine sehr eindrucksvolle Kulisse ist eine kleine Waldhütte. Wir nehmen als Requisiten eine Tonschüssel und ein paar Kartoffeln mit, die die Prinzessin demonstrativ viereckig schneidet, als sie sie schälen soll und, wenn möglich, ein Spinnrad oder aber eine von unseren selbst gefertigten Spindeln.

Im nächsten Arbeitsgang überlegen wir anhand der Märchenhandlung, was in den einzelnen Spielszenen passieren muss und wie wir die Szene wirkungsvoll durch Wortabwandlungen und übertriebenes Handlungsgebaren ausgestalten können. Mit Feuereifer werden sich die Schülerinnen und Schüler ans Schreiben eines Rollenbuches machen.

Klar abgesprochen und schriftlich festgehalten muss auch werden, welche Kostüme und Requisiten wir zu den einzelnen Spielorten mitnehmen müssen.
Im Vorfeld dazu müssen bereits Briefe geschrieben oder Gespräche geführt werden, ob und zu welchem Zeitpunkt wir in den benötigten Räumen filmen dürfen. Auch hier sollten die Kinder aktiv beteiligt werden.

Nach all diesen Vorbereitungen wird das Spiel im Film für die Kinder einfacher sein als das Theaterspielen auf der Bühne.

Wir können vor jeder Szene die Handlung noch einmal durchsprechen oder -proben, vieles kann aus dem Stegreif gesagt und getan werden. Szenen können auch wiederholt werden, wenn wir uns im Anschluss an die Aufnahmen die Mühe machen, den Film von einer Kassette auf eine zweite zu überspielen und dabei nur die guten Wiederholungen übernehmen.

**Mögliche Szenenfolge**

**1. Szene:**
Der König teilt seiner Tochter mit, dass er ein großes Fest geben wird, auf dem sie sich für einen ihrer zahlreichen Freier entscheiden muss.

**2. Szene:**
Ritter- bzw. Schloss-Saal. An der Tür werden die Freier begrüßt und in einer langen Reihe aufgestellt.

**3. Szene:**
Die Prinzessin wird in einem kleinen Raum von ihren Zofen gekämmt.

**4. Szene:**
Immer mehr Freier kommen an. Die ersten sinken schon in sich zusammen und richten sich ruckartig wieder auf, wenn der Hofmarschall mit seinem Stab auf den Boden klopft.

**5. Szene:**
Die Prinzessin bekommt Bänder ins Haar geflochten. Alle finden, dass es zu schade sei, wenn dieses schöne Haar schon bald „unter die Haube" müsste.

**6. Szene:**
Alle Freier sind in sich zusammengesunken.
Der Hofmarschall lässt sie aufschrecken.
Mit einem riesigen Stundenglas (zwei zusammengebundene und mit Sand gefüllte Weißglasflaschen) tritt er ans Fenster und schüttelt den Kopf. Die Prinzessin soll geholt werden.

**7. Szene:**
Der Hofmarschall stößt mit seinem Stab auf den Boden. Die Freier schrecken hoch.
Die Prinzessin betritt würdevoll und hochmütig den Saal. Sie geht die Reihe ab und macht sich über jeden lustig, der ihr vorgestellt wird.

**8. Szene:**
Die Könige und Ritter verlassen gedemütigt und niedergeschlagen den Saal. (Aufnahme von der Außenanlage her) Der König schwört, seine Tochter dem ersten besten Bettler zu geben. Drosselbart hört es.

**9. Szene:**
Hofmarschall blickt aus dem Saalfenster.

**10. Szene:**
Bettler singt vor dem Schloss und schaut zum Fenster hinauf.

**11. Szene:**
Die Prinzessin wird dem Bettler zur Frau gegeben.

**12. Szene:**
Wald- oder Wiesenweg: Der Bettler zieht die widerstrebende Prinzessin hinter sich her und erzählt, dass diese Gebiete alle König Drosselbart gehören.

**13. Szene:**
Vor der Waldhütte: Prinzessin beim Versuch, Kartoffeln zu schälen und Wolle zu spinnen.

**14. Marktszene:**
Stände vor einem alten Haus. Marktgeschehen.
Drosselbart, als Herr verkleidet, wirft den Geschirrstand der Prinzessin um.

**15. Szene:**
Schlossküche: Prinzessin beim Gemüsekochen. (Kann man nicht in einer alten Küche filmen, sieht man nur einen einfachen Holztisch mit irdenem Geschirr.)
Sie erfährt, dass König Drosselbart heute seine Hochzeit feiern wird und ist traurig.

**16. Szene:**
Vor einer Saaltür: Die Prinzessin späht durch den Türspalt. Drosselbart zieht sie hinein. Der Topf mit dem Essen fällt zu Boden.
Alle vornehmen Herrschaften, die sich jetzt hinter der weit geöffneten Tür drängen, lachen sie aus.

**17. Szene:**
Dunkler Flur: Die Prinzessin will flüchten.
König Drosselbart holt sie aber ein und erzählt ihr alles. Sie soll sich umkleiden lassen und in den Schloss-Saal kommen.

**18. Szene:**
Hochzeitstanz im Schloss-Saal.

☛ Wenn man ein paar kleine Änderungen, z.B. in Form eines Blumenschmucks oder auch nur der Einstellung vornimmt, kann man durchaus die Anfangs- und Schluss-Szene im selben Saal aufnehmen.

Zu einem ganz besonderen Erlebnis dürfte es für die Kinder werden, wenn man zur Durchführung dieses Teilprojektes ein paar Tage in einer Jugendherberge, die in einer alten Burg untergebracht ist, verbringt und dort filmt (wie z. B. Burg Wildenstein bei Beuron, Burg Rabeneck bei Pforzheim oder Burg Offenburg).

# Lernen mit allen Sinnen in der Grundschule

**... im AOL-Verlag**
Waldstr. 18 · D-77839 Lichtenau
Fon (07227) 95 88-0 · Fax 95 88 95

Helga Grimm:

## ABC MIT ALLEN SINNEN

„Dieses Buch ist eine Fundgrube für Lehrerinnen, die ein erstes Schuljahr unterrichten und den Kindern die Buchstaben auf möglichst vielfältige Art und Weise nahe bringen wollen. Da gibt es Handpuppenspiele, Vorlesegeschichten, Tanzgeschichten und Bewegungsspiele (...) und vieles mehr. Das Angebot ist so vielfältig, dass jeder Lehrer etwas finden wird, was in ihren Unterricht passt ...“ (E. Brinkmann in der Grundschul-Zeitschrift 6/93).
Das „ABC mit allen Sinnen“ ist 1997 bereits in der 7. – und natürlich nach den Regeln der neuen Rechtschreibung und Zeichensetzung überarbeiteten – Auflage heraus gekommen!

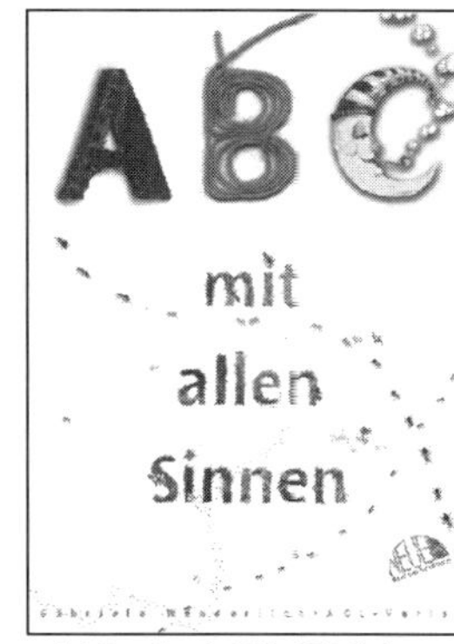

*A4-Buch mit KV, 170 Seiten*
*Bestell-Nr. A344*
*48,00 DM*

## REIM, RHYTHMUS & BEWEGUNG

– Das ABC erleben: Geschichten, Gedichte, Lieder zum ABC

Klatschen, stampfen, sich bewegen – allein und in der Gruppe: Kinder im Grundschulalter sind weitgehend kinästhetische Lerntypen, das heißt, sie lernen durch aktives Handeln, sie begreifen durch Begreifen ...
Auch genau die Kinder, die körperlich gehemmt sind, können so ihren Rhythmus finden. Schlechte Rechtschreiber sind sehr häufig Kinder, die kein Gefühl für Rhythmus haben. Hier setzt dieses Buch an: Im Rhythmus des einfachen Versmaßes der Reime wird die Sprache selbst zu Bewegung, wird ein Medium, mit dem man spielen kann, das veränderbar ist. Das dicke A4-Buch bietet eine Fülle von Ideen und Kopiervorlagen mit wunderschönen Zeichnungen. – Auf diese Weise erleben Kinder Sprache sinnlich und werden so – ganz nebenbei – gute (Recht-)Schreiber.

*A4-Buch mit KV, 165 Seiten*
*Bestell-Nr. A352*
*48,00 DM*

Gabriele Wunderlich:

## 1, 2, 3 MIT ALLEN SINNEN

Eine Forschungsreise ins Land der Zahlen in Klasse 1 und 2

Irgendwo ist uns allen klar, dass man nicht nur mit der linken Hirnhälfte lernt, sondern die rechte ebenfalls braucht, die Zusammenarbeit der beiden Hirnhälften. Wir wissen, dass Kinder Zahlen sozusagen anfassen müssen, bevor sie damit rechnen können. Es erscheint uns nachvollziehbar, doch erst wenn Sie *1, 2, 3 mit allen Sinnen* kennen, wissen Sie, was Ihnen alles nicht eingefallen ist: Mengen fühlen mit Kastanien, Zählen mit Hinkekästchen, Rechnen mit der Rechenschürze, Abziehen mit Fingerhüten, ...
Eine Rezension: „G. Wunderlich bringt 20 Jahre Unterrichtserfahrung im offenen, handlungsorientierten Unterricht ein. Sie lässt die Kinder den Zahlenraum bis 10, bis 20, in Zehnern, bis 100 erobern, stellt sich der Null, lässt Sachaufgaben spielen, erzählt Rechengeschichten ...“

*A4-Buch mit KV, 168 Seiten*
*Bestell-Nr. A346*
*48,00 DM*

## 1 x 1 MIT ALLEN SINNEN

Hundert flinke Rechenmäuse im Dschungel der Mathematik

Diese Sinnen-Bücher sind ein Ereignis! So durften Sie noch nie aus dem Vollen schöpfen: Aus der Praxis zurück in die Grundschule – mit offenen Sinnen für die Welt, in der wir leben. Und einen Blick für die Kinder und die Möglichkeiten, die in ihnen stecken!
*Aus dem Inhalt:* Die Erarbeitung: Kleine und große Rechentabelle • 1x1-Bonbons • Verdoppeln und Halbieren • Übungen zum kleinen Einmaleins • 1 x 1-Knüller • Geschichten zum Vorlesen und Lachen • Sachtexte zum kleinen 1 x 1: Rezepte zum Nachkochen • Das-kann-ich-schon-1 x 1 • Spiele zum Selbermachen ... Der Anhang: 1 x 1-Werkstatt • Die Schatzkiste • Kopiervorlagen: „Die verrückten Köpfe“, Zahlenkärtchen, „Die kleinen Mäuse“, Maßband ...
Unter der Mitarbeit von Dr. paed Hartmut Giest.

*A4-Buch mit KV, 175 Seiten*
*Bestell-Nr. A347*
*48,00 DM*

# ... und weiter geht's mit allen Sinnen

... im AOL-Verlag
Waldstr. 18 · D-77839 Lichtenau
Fon (07227) 95 88-0 · Fax 95 88 95

Gabriele Wunderlich:

## RECHNEN KANN MAN ÜBERALL

Mathematik mit allen Sinnen für die Klassen 2 bis 4

Mit diesem Buch helfen Sie den Kindern die Techniken des schriftlichen Multiplizierens und Dividierens sinnlich zu erlernen, den Sinn von Textaufgaben zu begreifen: indem sie sie selbst entwickeln! – Ein neues Buch der Erfolgsautorin von „1, 2, 3" und „1 x 1 mit allen Sinnen", erscheint im Sommer 1997.

***A4-Buch mit KV, ca. 176 Seiten***
***Bestell-Nr. A348***
***48,00 DM***

***A4-Buch mit KV, 158 Seiten***
***Bestell-Nr. A355***
***48,00 DM***

Helga Grimm

## ... UND WEITER GEHT'S MIT ALLEN SINNEN (BAND 2)

– Pflanzen, Tiere, Welt entdecken

Helga Grimm ist eine „Bestseller"-Autorin des AOL-Verlages. Nachdem ihr „ABC mit allen Sinnen" eines der erfolgreichsten pädagogischen Bücher der letzten Jahre wurde, hat sie mit den beiden Bänden „... und weiter geht's mit allen Sinnen" projekt- und handlungsorientierte Unterrichtsvorschläge, auch für die Klassen 2 bis 4, vorgelegt: animierend und vielfältig.
Projekte, die Spaß machen, die Kinder begeistern, die Eltern wieder in die Schule locken.
Aktionen, die man schon immer machen wollte:
Mein, dein, unser Garten • Mit Büchern durch das ganze Jahr • Hund & Katze, Kröte, Storch • Schiffe schwimmen auf dem Meer • Licht und Schatten, Feuer, Frost • Nur Fliegen ist schöner! – In 6 großen fächerübergreifenden Kapiteln lädt die Autorin ein.
Dazu gibt es Fotos, Rezepte, Bastelarbeiten ...

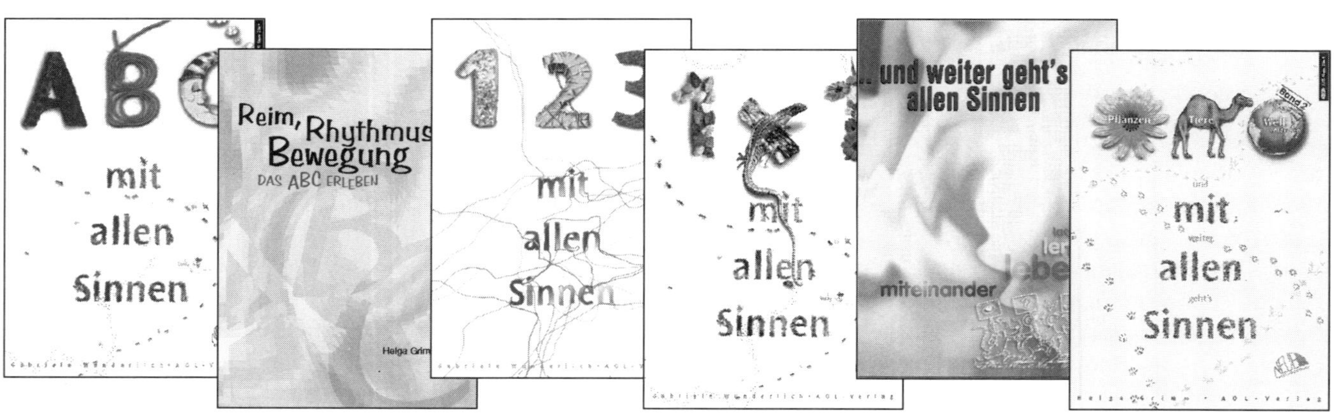


## DAS SINNEN-PAKET für die Klassen 1 und 2:

Die Bände „ABC mit allen Sinnen" ***(A344)*** und „1, 2, 3 mit allen Sinnen" ***(A346)*** im Set.

***Bestell-Nr. A350***
***92,00 DM***

## DAS KOMPLETTE SINNEN-PAKET

Alle 6 Bände komplett: „ABC mit allen Sinnen" ***(A344),*** „Reim, Rhythmus & Bewegung" ***(A352),*** „1, 2, 3 mit allen Sinnen" ***(A346),*** „1 x 1 mit allen Sinnen" ***(A347),*** „... und weiter geht's mit allen Sinnen, Band 1: miteinander leben, lernen, lachen" ***(A345)*** und „Band 2: Pflanzen, Tiere, Welt entdecken" ***(A355).***
Statt der Einzelpreise von insgesamt 288,00 DM zum Komplettpreis:

***Bestell-Nr. P100***
***260,00 DM***

Gudrun Schröter

## MUSIK MIT ALLEN SINNEN

An Tonis Hand durchs Notenland

Eine elementare, verständliche, sinnliche Einführung in die Notenlehre: Rhythmus, Notennamen, Notenwerte ... für die Grundschule und Kinder ab 5.
Die Kopiervorlagen wurden aus der langjährigen Praxis heraus entwickelt und sind von Werner Jäckel sehr ansprechend illustriert: Toni Taktvoll, das Notenmännchen, spricht die Kinder persönlich an, erklärt und führt Schritt für Schritt zur Praxis mit Musik – vermittelt also spielerisch nicht nur die Musiktheorie.
Rechts eine Beispielseite: *Henne Bertas Hühnernotenleiter.*

**KV-Sammlung mit 72 Seiten**
**Bestell-Nr. A339**
**44,00 DM**

Elke Kohlwey und Edelgard Moers

## MIT OFFENEN SINNEN DURCH DEN WALD

Sinnliche Projekte für Klasse 1 bis 6

Das, was wir mit allen Sinnen wahrnehmen, das schätzen und lieben wir. Und schützen es. *Mit offenen Sinnen durch den Wald* beinhaltet 8 Waldprojekte für alle Sinne für Vor- und Grundschüler bis Klasse 6: Früchte des Waldes • Der Waldboden lebt • Der Baum ist Wohnung • Der Waldboden ist Lebensraum • Leben wie die Indianer • Wir machen eine Rundfunksendung • Alte Bäume erzählen ihre Geschichte • Wir richten einen Waldlehrpfad ein.

> Der Grund verdirbt. Das Astwerk stirbt. Gebietet niemand Halt?
> Sorgt, dass er bleibt und Blätter treibt, der schöne grüne Wald.
> (Aus dem Vorwort von James Krüss.)

**A5-Buch mit 96 Seiten**
**Bestell-Nr. A364**
**25,00 DM**

## Michael Max: HUBERTS AUFKLAPP-ZOO

10 Pop-up-Tiere zum Basteln, Kennenlernen und Liebhaben: Igel, Hund, Fledermaus oder Rinderschädel für die dritte Dimension in den Sachunterrichts- und Biologieheften!

**A4-KV mit 53 Seiten**
**Bestell-Nr. A335**
**44,00 DM**

Christa Messner und Michael Gasser (Hrsg.)

## UMWELT ERFAHREN – UMWELT BEWAHREN

Projektarbeit in der Umwelterziehung in Kindergarten und Schule

Nahezu 400 Klassen und 25 Kindergartengruppen haben sich mit engagierten und fantasievollen Beiträgen an der Aktion mit dem gleichnamigen Titel beteiligt. Heraus kamen eine große Zahl von Projektarbeiten (insgesamt 192!) zu den Themenkreisen:
Lebensraum Schule • Wasser, Luft, Boden • Pflanzen und Tiere • Wald • Landschaft, Biotop • Verantwortliches Umgehen mit den Gütern der Erde • Verkehr.
In diesem Buch sind sie beschrieben und als Unterrichtsbeispiele dokumentiert, so dass sich auch nicht beteiligte Gruppen und Klassen wieder Ideen und Anregungen holen können.
Eine wertvolle Unterstützung in der Umwelterziehung. Ein tolles Projektebuch, eine wunderschöne, mit zahlreichen (Farb-)Fotos illustrierte Dokumentation.

**A5-Paperback mit 309 Seiten**
**Bestell-Nr. A363**
**38,00 DM**

Greenpeace (Hrsg.)

## UMWELTÄNGSTE – ZUKUNFTSHOFFNUNGEN

Beiträge zur umweltpädagogischen Debatte

Berichte über Umweltzerstörungen und ökologische Katastrophen gehören zum täglichen Nachrichtenmenü von Kindern und Jugendlichen. Sie wachsen in einem extremen Spannungsfeld zwischen *Umweltängsten* und *Zukunftshoffnungen* auf.
Grundlage dieses Buches ist ein von Greenpeace initiiertes Symposium. Expertinnen und Experten aus den Bereichen Psychologie, Pädagogik, Sozial- und Naturwissenschaften analysieren Hintergründe und Folgen kindlicher Zukunftsängste. Ihre Beiträge liefern wichtige Impulse für die Diskussion um die künftige Umwelterziehung – auch außerhalb der Schule–, und sie zeigen Handlungsmöglichkeiten auf.
Umwelterziehung von und mit Kindern wird als allgemeine politische Aufgabe umrissen.

**Paperback mit 255 Seiten**
**Bestell-Nr. A177**
**38,00 DM**

# Lernen ist wie Atmen ...

**... im AOL-Verlag**
Waldstr. 18 · D-77839 Lichtenau
Fon (07227) 95 88-0 · Fax 95 88 95

*A5-Paperback, 124 Seiten*
*Bestell-Nr. A340*
*25,00 DM*

Rolf Robischon

## LERNEN IST WIE ATMEN

Texte aus der anderen Schule

... zur Offenen Schule, zum entdeckenden Lernen, zu einer grundsätzlichen Veränderung der Sicht auf Schule und Erziehung.
ICH KAN SCHREIBEN WAS ICH WIL. Bei Rolf Robischon lernen Kinder lesen, indem sie die Schrift erfinden. Sie lernen, wie sie atmen. Ihre „Fehler" sind Schritte auf dem Weg zum Verstehen. Darüber berichtet dieses Buch. Es sind Texte aus der anderen Schule. Der Schule, wie sie sein könnte. Es gibt sie. Die Schule, in der Rolf Robischon seit mehr als 20 Jahren arbeitet. Er stellt nicht einfach Forderungen, sondern zeigt auch aus seinem Schul*alltag,* wie es geht und dass es geht.
Mit Cartoons von Ernst Böse sowie dem Ernst-Böse-Wörterbuch.

Rolf Robischon: **ABC-SCHUL-ANFANG**

Nach der Methode Lesen durch Schreiben hat der erfahrene Grundschullehrer und -leiter hier Arbeitsblätter für eine Eigenfibel für die Klasse 1 zusammengestellt: Die Großbuchstaben werden von jedem Kind sehr schnell gelernt. Es forscht, liest, schreibt und malt in seinem individuellen Tempo.

*93 A4-KV in 2 Ringbüchern*
*Bestell-Nr. F681*
*98,00 DM*

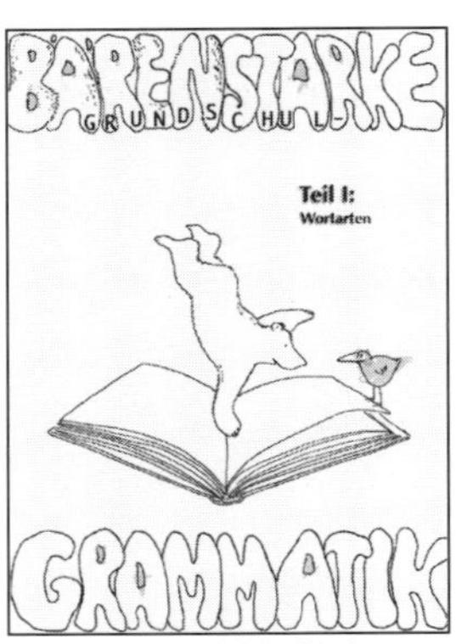


*72 A4-KV in 2 Ringbüchern*
*Bestell-Nr. F682*
*98,00 DM*

Rolf Robischon

## BÄRENSTARKE GRAMMATIK

Vorbereitende Sprachkundeaufgaben für Klasse 1 bis 4

Klar nach Themen unterteilt finden sich in den beiden großen Ringbüchern die zwei Teile von Rolf Robischons „Bärenstarker Grammatik": Teil I beinhaltet die Wortarten, Teil II befasst sich mit Formen und Sätzen.
In übersichtlicher Anordnung und leicht verständlich fordern die Texte und Zeichnungen zu eigenen Ideen und zur Eigenarbeit auf. Warum nennt er sich bloß als Cartoonist Ernst Böse? Robischons Zeichnungen wirken einfach ansprechend, nett, ermunternd. Und der Grammatik-Unterricht macht wieder Spaß!

Rolf und Marie Robischon

## GESCHICHTEN-WERKSTATT

Texte verfassen in der Grundschule

Die Robischons wollen ihre Schulkinder veranlassen selbstständige Texte zu verfassen und ihre Ausdrucksfähigkeit weiterzuentwickeln. Sie haben die Erfahrung gemacht, dass die Kinder freier und lieber schreiben, je offener dieser Unterricht ist, je mehr den Kindern zugetraut und je weniger ihre Textform zunächst eingeengt und genormt wird.
Hier verführen anmutende Bilder zum Schreiben. Allein die Titel lassen es schon erahnen:
Nachlaufen • Kummer • Das Geheimnis • Ein Traum • Eis und Schnee • Das arme Vögelchen • Im Zirkus • UFO • Briefpapier • Der Regenschirm • Vater und Kind • Auskunft • Der Flaschengeist • Ein Gespräch • Wörter, die ich lustig finde • Wörter aus einem Streit ... Mit verschiedenen Lineaturen im Anhang. Und: ein Blatt ist noch leer ...!

*35 A4-KV im Ringbuch*
*Bestell-Nr. F685*
*49,00 DM*

# LIFE – Interkulturelles Lernen

**... im AOL-Verlag**

Waldstr. 18 · D-77839 Lichtenau
Fon (07227) 95 88-0 · Fax 95 88 95

LERNEN MIT ALLEN SINNEN
LERNEN MIT ALLEN NATIONEN
LERNEN MIT ALLEN HAUTFARBEN
LERNEN MIT ALLEN KULTUREN

## LIFE

Eine Ideen- und Materialienkiste für das interkulturelle Lernen

LIFE wie Leben!
Miteinander leben, voneinander lernen.
American Graffiti, internationale Pop-Musik, die vielen Nationalitäten in unseren Klassen, die vielgeliebte asiatische, italienische Küche, der Europäische Einigungsprozess, weltweite Migrationsbewegungen, „Minderheiten", ...

INTERKULTUR ist Alltag,
INTERKULTURELLES LERNEN ist es nicht.

Zwar gibt es vereinzelt Schulversuche, gelegentlich werden mit ministeriellem Segen Handreichungen erstellt – die finanzielle und personelle Ausstattung ist aber noch überwiegend gering – und das trotz der Misere in den Klassenzimmern, wo wir als unzulänglich darauf vorbereitete Lehrerinnen und Lehrer mit unseren nationalen pädagogischen Konzepten oft recht hilflos vor multinationalen Klassen, vor Sprachschwierigkeiten und sozialen Spannungen stehen.

Grund genug um mit LIFE eine (fortlaufende) Ideen- und Materialienkiste zu konzipieren:

Praktische Handreichungen für das Interkulturelle Lernen vom Kindergarten bis zur Sekundarstufe.
Im Zentrum der Loseblattsammlung stehen Ideen und Materialien, die im Unterricht in allen Klassenstufen, im vorschulischen Bereich und in Freizeiteinrichtungen eingesetzt werden können:

- Literarische und aktuelle Sachtexte mit Arbeitsaufträgen
- Unterrichtsskizzen
- Kopiervorlagen
- Projektbeschreibungen
- Entwürfe zur Herstellung von Spielen und Freiarbeit-Materialien
- Fotos, Bilder, Materialien zum Einstieg in andere Sprachen
- Minisprachkurse
- bilinguale Textangebote

⋮

Daneben werden Konzepte interkulturellen Lernens vorgestellt, Lehrplanentwürfe, einführende Beiträge sowie Literatur-, Material- und Medienlisten geboten. Und ein Register, das auf Diskette, aber auch als separater Ausdruck bezogen werden kann.

**Kolleginnen und Kollegen, die mitarbeiten wollen, wenden sich bitte an:**
Jörg Knobloch (Hrsg. n. a.), Kiebitzweg 48, D-85356 Freising, Fon & Fax (08161) 8 13 32.

LIFE – Ideen- und Materialienkiste für Interkulturelles Lernen – Das Grundwerk *Loseblattsammlung im Abonnement, ca. 140 Seiten im A4-Ordner Bestell-Nr. A730 86,00 DM*

LIFE – 1. Ergänzungslieferung, erscheint Sommer '97 *ca. 80 Seiten Bestell-Nr. A731, 39,80 DM*

LIFE – 2. Ergänzungslieferung, erscheint 1998 *ca. 80 Seiten Bestell-Nr. A732, 39,80 DM*

LIFE – Infoblatt zum Kennenlernen *Bestell-Nr. F111, kostenlos*

# die AOL Regionalstellen

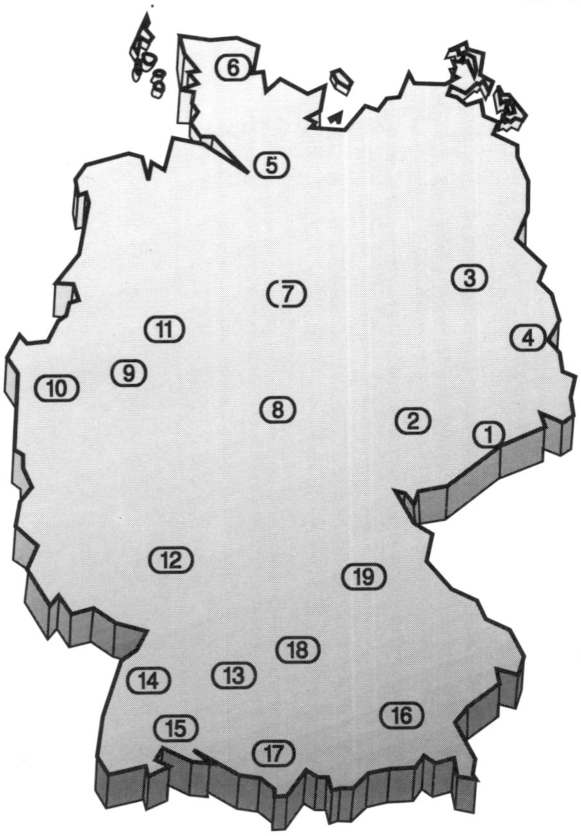


sind **Ihre Verbündeten** vor Ort.

**Sie helfen Ihnen**
- beim Übergang zur neuen Rechtschreibung
- bei Elternabenden und Buchausstellungen
- mit kostenlosen Büchertischen des AOL-Verlags und
- mit spannenden Workshops (Kosten nach Absprache)

**und vermitteln Ihnen Projekte wie**
- das Projekt Rucksackbücherei, • Europa er-fahren
- die AOL-ComputerCampCommunity • und viele andere

Wir informieren Sie auch gern über unser Programm im ausführlichen SCHWARZEN BUCH (Nr. A444, 3,– DM) oder im kostenlosen Gesamtverzeichnis (Nr. A420):
**AOL-Verlag • Waldstr. 18 • D-77839 Lichtenau •**
**Fon (07227) 95 88-0 • Fax 95 88 95**

**Die nebenstehende Karte zeigt Ihnen unsere Regionalstellen.** Fehlt eine in Ihrer Nähe, rufen Sie uns an. Vielleicht hat sich das bereits geändert. Vielleicht haben Sie (oder eine Freundin oder ein Verwandter) aber auch selbst Lust, Leiterin einer AOL-Regionalstelle in Ihrer Gegend zu werden. Lehrer brauchen Sie dazu nicht zu sein. Es genügt Mut, ein klarer Kopf und Mutterwitz. Für alles andere sorgen wir: **Fon (07227) 95 88-0.**

1: **01217 Dresden:** Dr. Bärbel Hickmann, Pestitzer Weg 4, Fon & Fax (0351) 4 71 96 86
2: **04177 Leipzig:** Dr. Evelyn Becker, Rückertstraße 18, Fon & Fax (0341) 9 12 03 05
3: **10405 Berlin:** Wolfgang Loth, Winsstraße 70, Fon & Fax (030) 4 42 10 12
4: **15890 Pohlitz:** Petra Schulze, Am Kanal 5, Fon (033653) 56 35
5: **22607 Hamburg**: Enno Köppen, Notkestraße 7 (UBI-Haus), Fon (040) 8 90 43 90 Fax 8 90 44 64
6: **24890 Stolk:** Hartmut Hein, Zum Rüholz 2, Fon & Fax (04623) 71 35
7: **30163 Hannover:** Dieter Groth, Harnischstraße 9, Fon (0511) 62 51 00 Fax 3 94 16 26
8: **37339 Kirchworbis:** Isabell Bode, Nordstraße 32, Fon & Fax (036074) 3 10 48
9: **44795 Bochum:** Wolfgang Cordes, Karl–Friedrichstraße 102, Fon (0234) 47 65 78 Fax 9 48 97 79
10: **47906 Kempen:** Hildegard van der Gieth, Lilienstraße 140, Fon (02152) 5 29 76 Fax 5 28 73
11: **48317 Drensteinfurt:** Irmgard Schemmelmann-Niehues, Brockamp 38, Fon & Fax (02538) 10 50
12: **68165 Mannheim:** Ingrid Littmann, Viktoriastraße 23, Fon & Fax (0621) 41 80 40
13: **72072 Tübingen:** Heike Sinner, Sieben-Höfe-Straße 27, Fon & Fax (07071) 76 31 72
14: **77866 Rheinau:** Christel Zittel, Zieglerstraße 4, Fon (07844) 76 17 Fax 28 59
15: **79271 St. Peter:** Jürgen Imaschewski, Im Wechselfeld 17, Fon & Fax (07660) 16 52
16: **83355 Grabenstätt:** Eugen Wette-Köhler, Mühlenstraße 15b, Fon & Fax (08661) 92 99 06
17: **88069 Tettnang:** Rudi Brunold, Storchenstraße 11, Fon (07542) 89 46 Fax 61 34
18: **89522 Heidenheim:** Dieter-M. Schöttler, Unteres Paradies 18, Fon & Fax (07321) 97 31 08
19: **90471 Nürnberg:** Ingrid Stoltmann, Saturnweg 12, Fon & Fax (0911) 86 19 10

**Fehlt Ihnen in Ihrer Nachbarschaft eine Regionalstelle?**
**Oder wollen Sie selbst eine eröffnen?**
Rufen Sie uns an: Fon (07227) 95 88-0 und fragen Sie nach Andrea Hänsel, Monika Feder oder Joachim Petry.

**In Italien:** in I-39030 Vintl: Andreas Hinteregger, Pustertaler Str. 7, Fon (0472) 86 91 70 Fax 86 92 68
**In Österreich:** in A-6845 Hohenems: Reinhard Bachmann, Letzeleweg 4, Fon (05576) 7 52 13 Fax 7 69 88 und in A-1080 Wien: Päd. Buchhdlg. Sigrid Ilgner, Strozzigasse 14-16, Fon & Fax (01) 4 08 11 20
**In der Schweiz:** in CH-8180 Bülach: Froschkönig Gribi, Postfach, Fon (01) 8 61 13 77 Fax 8 62 04 76
**In Portugal:** in P-4850 Vieira do Minho: Quinta Pedrogo, Sanguinhedo, Caixa 98, Fon & Fax (053) 64 80 61